PONS

PRAXIS-SPRACHFÜHRER

PORTUGIESISCH

NS GmbH
ttg rt

PONS Praxis-Sprachführer
PORTUGIESISCH

Bearbeitet von: Isabel Kessler

Entwickelt auf der Basis von
PONS Reise-Sprachführer Portugiesisch ISBN 978-3-12-518137-3

1. Auflage 2016 (1,01 - 2016)

www.pons.de
E-Mail: info@pons.de

Projektleitung: Gabriela Neumann
Umschlaggestaltung: Anne Helbich
Umschlagfoto: Shutterstock/Cantemir Olaru
Logoentwurf: Erwin Poell, Heidelberg
Satz: Lumina Datamatics Ltd.
Logoüberarbeitung: Sabine Redlin, Ludwigsburg

Printed in China by CTPS

ISBN 978-3-12-518006-2

Liebe Leserin, lieber Leser,

Sie reisen nach Portugal und suchen die passende Sprachbegleitung? Mit dem Praxis-Sprachführer von PONS haben Sie immer die wichtigsten Sätze und Worte besonders schnell zur Hand.

Ob Sie mal eben nach dem Weg fragen oder eine Übernachtung buchen möchten: In **sechs thematischen Kapiteln** finden Sie den passenden vorformulierten Satz für jede Situation. Und wenn es schnell gehen muss, schlagen Sie einfach im **Portugiesisch - Deutschen, Deutsch - Portugiesischen Wörterbuch** nach, der den wichtigsten Wortschatz von A wie *Abendessen* bis Z wie *Zwischenlandung* für Sie enthält.

Alle Themen sind für Sie mit dem innovativen **Farbleitsystem** gekennzeichnet und dadurch ohne langes Blättern ganz einfach zu finden. Die **praktische Ringbindung** unterstützt Sie dabei ganz besonders in der Handhabung dieses Sprachführers: Einmal im Restaurant z.B. die Speisekarte aufgeschlagen, können Sie den Sprachführer bequem wieder in die Tasche stecken und bei Bedarf erneut herausziehen und haben immer die Speisekarte parat, ohne erneutes langes Blättern.

Ganz gleich ob Sie einen Kurztrip oder eine längere Reise planen: Der Praxis-Sprachführer von PONS bietet Ihnen alles was Sie brauchen, um sich unterwegs schnell, bequem und sicher zu verständigen.

Eine schöne Reise wünscht Ihnen

Ihre

PONS Redaktion

INHALT

KÖNNEN SIE MIR DAS BUCHSTABIEREN?

In manchen Situationen, z. B. am Telefon, hilft meist nur das Buchstabieren. Damit es dabei zu keinen Missverständnissen kommt, anbei für Sie das Alphabet mit der richtigen Aussprache.

A	a	[a]	N	n	[ˈɛnə]
B	b	[be]	O	o	[ɔ]
C	c	[se]	P	p	[pe]
D	d	[de]	Q	q	[ke]
E	e	[ɛ]	R	r	[ˈɛʀə]
F	f	[ˈɛfə]	S	s	[ˈɛsə]
G	g	[ge]	T	t	[te]
H	h	[ɐˈga]	U	u	[u]
I	i	[i]	V	v	[ve]
J	j	[ˈʒɔtɐ]	W	w	[veduˈbradu]
K	k	[ˈkapɐ]	X	x	[ʃiʃ]
L	l	[ˈɛlə]	Y	y	[iˈgregu]
M	m	[ˈɛmə]	Z	z	[ze]

ABKÜRZUNGEN IM PRAXIS-SPRACHFÜHRER

Mit dieser Liste finden Sie sich im PONS Praxis-Sprachführer Portugiesisch schnell zurecht.

„WAS BEDEUTET …?“

adj	Adjektiv, Eigenschaftswort	adjetivo
adv	Adverb, Umstandswort	advérbio
alg	jemand(en)	alguém
Bras	brasilianisches Portugiesisch	brasileiro
conj	Konjunktion, Bindewort	conjunção
el	Elektrizität	eletricidade
etw	etwas	algo
f	Femininum, weiblich	feminino
jdm	jemandem	a alguém
jdn	jemanden	alguém
m	Maskulinum, männlich	masculino
med	Medizin	medicina
P	Portugal	Portugal
pers prn	Personalpronomen	pronome pessoal
pl	Plural, Mehrzahl	plural
poss prn	Possessivpronomen	pronome possessivo
prn	Pronomen, Fürwort	pronome
prp	Präposition, Verhältniswort	preposição
rel	kirchlich, geistlich	religioso
s.	sich	se
sing	Singular, Einzahl	singular
tele	Telefon, Telegraf	telefone, telégrafo
verb	Verb, Tätigkeitswort	verbo

DIE BASICS

Für den leichten Einstieg: Hier finden Sie die nützlichsten Wörter und Ausdrücke auf einen Blick.

Das Allernotwendigste

Ja.
Sim. [sĩ]

Nein.
Não. [nɐ̃u]

Bitte.
Faz favor.
[faʃ fɐˈvor]

Danke!
Obrigado/Obrigada!
[obriˈgadu/obriˈgadɐ]

Wie bitte?
Como? [ˈkomu]

Selbstverständlich!
Evidentemente!
[ividẽntəˈmẽntə]

Einverstanden!
De acordo!
[d‿ɐˈkordu]

Okay!
o.k.
[oˈkei]

In Ordnung!
Está bem!
[ʃta bɐ̃i]

OLÁ! Die Begrüßung ist einfach: Morgens bis ca. 12 Uhr sagen Sie **bom dia** (*Guten Morgen Guten Tag*); bis es dunkel wird, wünschen Sie **boa tarde** (*Guten Nachmittag*); wenn es dunkel ist und bis zum nächsten Morgen, wird **boa noite** gesagt, das sowohl *Guten Abend* als auch *Gute Nacht* heißt. Bei Leuten, die Sie nicht (gut) kennen, verwenden Sie zum Abschied die gleichen Ausdrücke.

Unter Bekannten und Freunden sagt man gerne **olá** (*Hallo*), wenn man sich trifft. In Brasilien sagt man **oi** (*Hallo*) und **tudo bem?** (*Alles in Ordnung?*). Man verabschiedet sich mit **adeus** (*Auf Wiedersehen*) oder immer öfter mit **tchau** (*Tschüss*).

Entschuldigung!/ Verzeihung!
Desculpe!/Desculpa!
[dəʃ'kulpə/dəʃ'kulpɐ]

Das reicht jetzt!
Já chega!
[ʒa 'ʃegɐ]

Hilfe!
Socorro! [su'koʀu]

Ich hätte gern ...
Queria ... [kə'riɐ]

Gibt es ...?
Há ...? [a]

Begrüßen und Verabschieden

BEGRÜSSEN

Guten Morgen!
Bom dia!
[bõ 'diɐ]

Guten Tag!
Bom dia!/Boa tarde!
[bõ 'diɐ/'boɐ 'tardə]

Guten Abend!
Boa tarde!/Boa noite!
['boɐ 'tardə/'boɐ 'noitə]

Hallo!/Grüß dich!
Olá! [ɔ'la]
(Bras) Oi! [oi]

Wie geht es Ihnen?
Como está? [ˈkomu ʃta]

Wie geht's?
Como é que vais/estás? [ˈkomu ɛ kə vaiʃ/ʃtaʃ]

Danke. Und Ihnen/dir?
Bem, obrigado/obrigada. E o senhor/a senhora/você/tu?
[bɐĩ obriˈgadu/obriˈgadɐ. i u səˈɲor/ɐ səˈɲorɐ/vɔˈse/tu]

SICH VORSTELLEN

Wie ist Ihr Name, bitte?
Como se chama? [ˈkomu sə ˈʃɐmɐ]
Como é o seu nome? [ˈkomu ɛ u seu ˈnomə]

Wie heißt du?
Como te chamas? [ˈkomu tə ˈʃɐmɐʃ]

Ich heiße ...
Chamo-me ... [ˈʃɐmumə]

Das ist ...
É ... [ɛ]

– Frau X.
a senhora/dona X. [ɐ səˈɲorɐ/ˈdonɐ]
– Herr X.
o senhor X. [u səˈɲor]
– mein Mann/meine Frau.
o meu marido/a minha mulher.
[u meu mɐˈridu/ɐ ˈmiɲɐ muˈʎɛr]
– mein Partner/meine Partnerin.
o meu companheiro/a minha companheira.
[u meu kõmpɐˈɲeiru/ɐ ˈmiɲɐ kõmpɐˈɲeirɐ]
– mein Sohn/meine Tochter.
o meu filho/a minha filha.
[u meu ˈfiʎu/ɐ ˈmiɲɐ ˈfiʎɐ]
– mein Freund/meine Freundin.
o meu amigo/a minha amiga.
[u meu ɐˈmigu/ɐ ˈmiɲ‿aˈmigɐ]

Darf ich Ihnen/dir meine Visitenkarte geben?
Posso dar-lhe/dar-te o meu cartão de visita?
[ˈpɔsu ˈdarʎə/ˈdartə u meu kɐrˈtɐ̃u də viˈzitɐ]

VERABSCHIEDEN

Auf Wiedersehen!
Bom dia!/Boa tarde!/Boa noite!
[bõ ˈdiɐ/ˈboɐ ˈtardə/ˈboɐ ˈnoitə]
Adeus! [ɐˈdeuʃ]
(Bras) Até logo! [aˈtɛ ˈlɔgu]

Bis bald!
Até breve!
[ɐˈtɛ ˈbrɛvə]

Bis später!
Até logo!
[ɐˈtɛ ˈlɔgu]

Bis morgen!
Até amanhã!
[ɐˈtɛ amɐˈɲɐ̃]

Viel Spaß!
Divirta-se!/Diverte-te!
[diˈvirtəsə/diˈvɛrtətə]

Gute Nacht!
Boa noite! [ˈboɐ ˈnoitə]

Tschüss!
Adeus! [ɐˈdeuʃ]
(Bras) Tchau! [tʃau]

Gute Reise!
Boa viagem!
[ˈboɐ ˈvjaʒɐĩ]

Es war schön, Sie/dich kennen zu lernen.
Foi bom tê-lo/-la/ter-te conhecido.
[foi bõ ˈtelu/ˈtelɐ/ˈtertə kuɲəˈsidu]

KLEINE HÖFLICHKEITEN

In Portugal sind die kleinen, alltäglichen Höflichkeiten wichtig. Man legt Wert auf **faz favor, obrigado, desculpe, com licença**.Übrigens: Bedankt sich der Mann, sagt er **obrigado**, tut es die Frau, so sagt sie **obrigada**. Aber machen Sie sich deswegen nicht verrückt: Im Zweifelsfall verschlucken Sie einfach die Endung. Die Portugiesen tun es angeblich die ganze Zeit ...

Höflichkeit

BITTE

Bitte.
Faz favor. [faʃ fɐˈvor]

Ja, bitte.
Sim, faz favor. [sĩ faʃ fɐˈvor]

Nein, danke!
Não, obrigado/obrigada!
[nɐ̃ũ obriˈgadu/obriˈgadɐ]

Gestatten Sie?
Dá licença? [da liˈsẽsɐ]

Entschuldigen Sie bitte, dürfte ich Sie etwas fragen?
Desculpe, posso-lhe perguntar uma coisa?
[dəʃˈkulpə ˈpɔsuʎə pərgũnˈtar umə koizɐ]

Können Sie mir bitte helfen?
Pode-me ajudar, por favor?
[ˈpɔdəm‿ɐʒuˈdar pur fɐˈvor]

Darf/Dürfte ich Sie um einen Gefallen bitten?
Posso-lhe pedir um favor?
[ˈpɔsuʎə pədir‿ũ fɐˈvor]

Können Sie mir bitte sagen, ...
Pode-me dizer, faz favor ... [ˈpɔdəmə diˈzer faʃ fɐˈvor]

DANK

Danke!
Obrigado/Obrigada! [obriˈgadu/obriˈgadɐ]

Vielen/Tausend Dank, Sie haben mir sehr geholfen.
Muito obrigado/obrigada, fez-me um grande favor.
[ˈmũint‿obriˈgadu/‿obriˈgadɐ ˈfeʒm‿ũ grɐ̃ndə fɐˈvor]

Danke, sehr gern!
Obrigado/Obrigada, com muito prazer!
[obriˈgadu/obriˈgadɐ kõ ˈmũintu prɐˈzer]

Bitte sehr!/Gern geschehen!
De nada!/Não tem de quê!
[də ˈnadɐ/nɐ̃ũ tɐ̃ĩ də ˈke]

ENTSCHULDIGUNG

Entschuldigung!
Desculpe!/Desculpa!
[dəʃˈkulpə/dəʃˈkulpɐ]

Das tut mir sehr leid!
Tenho muita pena! [ˈteɲu ˈmũintɐ ˈpenɐ]

Tut mir leid(, dass ich zu spät komme).
Lamento (ter chegado tarde)!
[lɐˈmẽntu (ter ʃəˈgadu ˈtardə)]

Es war nicht so gemeint.
Não era isso que eu queria dizer.
[nɐ̃ũ ˈɛrɐ ˈisu kjeu kəˈriɐ diˈzer]

Macht nichts!
Não tem mal!
[nɐ̃ũ tɐ̃ĩ mal]

Das ist leider nicht möglich.
Infelizmente não é possível.
[ĩfəliʒˈmẽntə nɐ̃ũ ɛ puˈsivɛl]

Wer? Wie? Was?

Wer?
Quem? [kẽi]

Was?
O quê? [u ke]

Welcher?/Welche?/Welches?
Qual? [kwal]

Wem?
A quem? [ɐ kẽi]

Wen?
Quem? [kẽi]

Wo?
Onde? [ˈõndə]

Wo ist …?/Wo sind …?
Onde está …?/Onde estão …? [ˈõndə ʃta/ˈõndə ʃtẽu]

Warum?/Weshalb?/Wozu?
Porquê?/Para quê? [purˈke/ˈpɐrɐ ke]

Wie?
Como? [ˈkomu]

Wie viel?
Quanto? [ˈkwẽntu]

Wie lange?
Quanto tempo? [ˈkwẽntu ˈtẽmpu]

Wann?
Quando? [ˈkwẽndu]

Zeitangaben

UHRZEIT UND TAGESZEITEN

Wie viel Uhr ist es bitte?
Faz favor, que horas são? [faʃ fɐˈvor ˈkjɔrɐʃ sɐ̃ũ]

Es ist (genau/ungefähr) ...
São (exatamente/mais ou menos) ...
[ʃɐ̃ũ (izatɐˈmẽntə/maiz‿o ˈmenuʃ)]

- *3 Uhr.*
  três horas. [trez‿ˈɔrɐʃ]
- *5 nach 3.*
  três e cinco. [trez‿i sĩŋku]
- *Viertel nach 3.*
  três e um quarto. [trez‿i ũm ˈkwartu]
- *halb 4.*
  três e meia. [trez‿i ˈmejɐ]
- *Viertel vor 4.*
  quatro menos um quarto. [ˈkwatru ˈmenuz‿ũm kwartu]
- *5 vor 4.*
  quatro menos cinco. [ˈkwatru ˈmenuʃ ˈsĩŋku]
- *12 Uhr mittag/Mitternacht.*
  é meio-dia/meia-noite. [ɛ ˈmeju ˈdiɐ/ˈmejɐ ˈnoitə]

Um wie viel Uhr?/Wann?
A que horas?/Quando? [ɐ ˈkjɔrɐʃ/ˈkwɐ̃ndu]

Um 2 Uhr.
Às duas horas. [aʒ ˈduɐz‿ˈɔrɐʃ]

In einer Stunde.
Dentro de uma hora. [ˈdẽntru d‿ˈumɐ ˈɔrɐ]

In zwei Stunden.
Dentro de duas horas. [ˈdẽntru də ˈduɐz‿ˈɔrɐʃ]

Nicht vor 9 Uhr morgens.
Não antes das nove da manhã.
[nɐũ ˈɐ̃ntəʒ dɐʒ ˈnɔvə dɐ mɐˈɲɐ̃]

Nach 8 Uhr abends.
Depois das oito da noite. [dəˈpoiʒ dɐz‿ˈoitu dɐ ˈnoitə]

Wie lange?
Quanto tempo? [ˈkwɐ̃ntu ˈtẽmpu]

Zwei Stunden (lang).
(Durante) duas horas. [(duˈrɐ̃ntə) ˈduɐz‿ˈɔrɐʃ]

Von 10 bis 11.
Das dez às onze. [dɐʒ dɛz‿az‿ˈõzə]

Seit wann?
Desde quando? [ˈdeʒdə ˈkwɐ̃ndu]

Seit 8 Uhr morgens.
Desde as oito da manhã. [ˈdeʒd‿ɐz‿ˈoitu dɐ mɐˈɲɐ̃]

Seit einer halben Stunde.
Há meia hora. [a ˈmejɐ ˈɔrɐ]

Seit acht Tagen.
Há oito dias. [a ˈoitu ˈdiɐʃ]

ab und zu …… de vez em quando [də vez‿ɐĩ ˈkwɐ̃ndu]
abends …… à tarde [a ˈtardə]; à noite [a ˈnoitə]
am Sonntag …… no domingo [nu duˈmĩŋgu]
am Wochenende …… no fim de semana [nu fĩ də səˈmɐnɐ]
bald …… em breve [ɐĩ ˈbrɛvə]
früh …… cedo [ˈsedu]
früher …… mais cedo [maiʃ ˈsedu]
gestern …… ontem [ˈõntɐĩ]
heute …… hoje [ˈoʒə]

in einer Woche	dentro de uma semana ['dẽntru d‿'umɐ sə'mɐnɐ]
jeden Tag	todos os dias ['toduz‿uʒ 'diɐʃ]
jetzt	agora [ɐ'gɔrɐ]
kürzlich	recentemente [ʀəsẽntə'mẽntə]
manchmal	às vezes [aʒ 'vezəʃ]
mittags	ao meio-dia [ɐu 'meju 'diɐ]
morgen	amanhã [amɐ'ɲɐ̃]
morgen früh/ morgen Abend	amanhã de manhã/ amanhã à noite [amɐ'ɲɐ̃ də mɐ'ɲɐ̃/ amɐ'ɲɐ̃ a 'noitə]
nachmittags	de tarde [də 'tardə]
nachts	de noite [də 'noitə]
spät	tarde ['tardə]
später	mais tarde [maiʃ 'tardə]
stündlich (jede Stunde)	de hora a hora [d‿'ɔra 'ɔrɐ]
(pro Stunde)	por hora [pur‿'ɔrɐ]
täglich (jeden Tag)	todos os dias ['toduz‿uʒ 'diɐʃ]
(pro Tag)	por dia [pur 'diɐ]
tagsüber	durante o dia [du'rɐ̃nt‿u 'diɐ]
übermorgen	depois de amanhã [də'poiʒ d‿amɐ'ɲɐ̃]
vorgestern	anteontem [ɐ̃'tjõntɐ̃ĩ]
vormittags	de manhã [də mɐ'ɲɐ̃]
am Vormittag	de manhã [də mɐ'ɲɐ̃]

Zahlen

0
zero ['zɛru]

1
um [ũ]

2
dois [doiʃ]

3
três [treʃ]

4
quatro ['kwatru]

5
cinco ['sĩŋku]

6
seis [seiʃ]

7
sete ['sɛtə]

8
oito ['oitu]

9
nove ['nɔvə]

10
dez [dɛʃ]

11
onze ['õzə]

12
doze ['dozə]

13
treze
['trezə]

14
catorze [kɐ'torzə]

15
quinze ['kĩzə]

16
dezasseis [dəzɐ'seiʃ]

17
dezassete [dəzɐ'sɛtə]

18
dezoito [də'zɔitu]

19
dezanove [dəzɐ'nɔvə]

20
vinte ['vĩntə]

21
vinte e um ['vĩnt‿i 'ũ]

22
vinte e dois ['vĩnt‿i 'doiʃ]

23
vinte e três ['vĩnt‿i 'treʃ]

24
vinte e quatro
['vĩnt‿i 'kwatru]

25
vinte e cinco ['vĩnt‿i 'sĩŋku]

26
vinte e seis ['vĩnt‿i 'seiʃ]

27
vinte e sete ['vĩnt‿i 'sɛtə]

28
vinte e oito ['vĩnt͜i 'oitu]

29
vinte e nove ['vĩnt͜i 'nɔvə]

30
trinta ['trĩntɐ]

31
trinta e um ['trĩntɐ i 'ũ]

32
trinta e dois ['trĩntɐ i 'doiʃ]

40
quarenta [kwɐ'rẽntɐ]

50
cinquenta [sĩŋ'kwẽntɐ]

60
sessenta [sə'sẽntɐ]

70
setenta [sə'tẽntɐ]

80
oitenta [oi'tẽntɐ]

90
noventa [nu'vẽntɐ]

100
cem [sɐĩ]

101
cento e um ['sẽntwi ũ]

200
duzentos [du'zẽntuʃ]

300
trezentos [trə'zẽntuʃ]

1000
mil [mil]

2 000
dois mil [doiʒ mil]

10 000
dez mil [dɛʒ mil]

100 000
cem mil [sɐ̃i mil]

1 000 000
um milhão [ũ mə'ʎɐ̃ũ]

1.
primeiro [pri'meiru]

2.
segundo [sə'gũndu]

3.
terceiro [tər'seiru]

4.
quarto ['kwartu]

5.
quinto ['kĩntu]

6.
sexto ['seiʃtu]

7.
sétimo ['sɛtimu]

8.
oitavo [oi'tavu]

9.
nono ['nonu]

10.
décimo ['dɛsimu]

1/2
um meio [ũ ˈmeju]

1/3
um terço [ũ ˈtersu]

1/4
um quarto [ũm ˈkwartu]

3/4
três quartos [treʃ ˈkwartuʃ]

3,5 %
três e meio por cento
[trez‿i ˈmeju pur ˈsẽntu]

27 °C
vinte e sete graus
[ˈvĩnt‿i ˈsɛtə grauʃ]

-5 °C
cinco graus negativos
[ˈsĩŋku grauʒ nəgɐˈtivuʃ]

2016
Dois mil e dezasseis
[doiʒ mil‿i dəzɐˈseiʃ]

2017
Dois mil e dezasette
[doiʒ mil‿i dəzɐˈsɛtə]

Millimeter
milímetro
[miˈlimətru]

Zentimeter
centímetro
[sẽnˈtimətru]

Meter
metro [ˈmɛtru]

Kilometer
quilómetro (ô)
[kiˈlɔmətru]

Quadratmeter
metro quadrado
[ˈmɛtru kwaˈdradu]

Liter
litro [ˈlitru]

Gramm
o grama [u ˈgrɐmɐ]

Pfund
meio quilo [ˈmeju ˈkilu]

Kilogramm
o quilograma
[u kiluˈgrɐmɐ];
quilo [ˈkilu]

UNTERWEGS

Einreisen

Ihren Pass, bitte!
O seu passaporte, faz favor! [u seu pasɐˈpɔrtə faʃ fɐˈvor]

Haben Sie ein Visum?
Tem um visto? [tɐ̃ĩ ũ ˈviʃtu]

Kann ich das Visum hier bekommen?
Podem-me dar o visto aqui? [ˈpɔdɐ̃ĩmə dar u ˈviʃt‿ɐˈki]

Haben Sie etwas zu verzollen?
Tem alguma coisa a declarar?
[tɐ̃ĩ alˈgumɐ ˈkoiz‿a dəklɐˈrar]

Muss ich das verzollen?
Tenho que pagar direitos por isso?
[ˈteɲu kə pɐˈgar diˈreituʃ pur ˈisu]

PERSONALIEN

Familienname	apelido [ɐpəˈlidu]; *(Bras)* o sobrenome [u sobreˈnomi]
Familienstand	estado civil [ˈʃtadu səˈvil]
– ledig	solteiro [solˈteiru]
– verheiratet	casado [kɐˈzadu]
– verwitwet	viúvo [ˈvjuvu]

PACIÊNCIA Die Hauptstrecke liegt zwischen Porto – Coimbra – Lissabon (ca. 320 km). Hier empfiehlt es sich, mit der Bahn zu fahren. Es gibt schnelle und bequeme Züge (z. B. den **Alfa Pendular**), die einen unabhängig von Nebel und Staus für wenig Geld problemlos ans Ziel bringen.

Das übrige Eisenbahnnetz ist nicht so gut ausgebaut. Für diese Strecken wäre es besser, mit dem Pkw zu fahren.

Geburtsdatum	data de nascimento [ˈdatɐ də nɐʃsiˈmẽntu]
Geburtsname	o nome de solteira [u ˈnomə də solˈtɐirɐ]
Geburtsort	o local de nascimento [u luˈkal də nɐʃsiˈmẽntu]
Staatsangehörigkeit	a nacionalidade [ɐ nɐsjunɐliˈdadə]
Vorname	o nome de batismo [u ˈnomə də baˈtiʒmu]
Wohnort	domicílio [dumiˈsilju]

AN DER GRENZE

Ausreise	saída [sɐˈidɐ]
Einreise	entrada [ẽnˈtradɐ]
EU-Bürger	o cidadão da UE [u sidɐˈdɐ̃ũ dɐ uɛ]
Führerschein	carta (*(Bras)* carteira) de condução [ˈkartɐ (karˈtɐrɐ) də kõnduˈsɐ̃ũ]
Grenze	fronteira [frõnˈtɐirɐ]
Nummernschild	placa de matrícula [ˈplakɐ də mɐˈtrikulɐ]
Passkontrolle	o controle de passaportes [u kõnˈtrolə də pasɐˈpɔrtəʃ]
Personalausweis	o bilhete (*(Bras)* a carteira) de identidade [u bəˈʎetə (a karˈtɐrɐ) d‿idẽntiˈdadə]

Reisepass	o passaporte [u pasɐˈpɔrtə]
grüne Versicherungskarte	carta verde [ˈkartɐ ˈverdə]
Visum	visto [ˈviʃtu]
Zoll	alfândega [alˈfɐ̃ndəgɐ]
zollfrei	livre de taxa alfandegária [ˈlivrə də ˈtaʃ‿alfɐñdəˈgarjɐ]
Zollgebühren	os direitos alfandegários [uʒ diˈreituz‿alfɐñdəˈgarjuʃ]
zollpflichtig	sujeito a taxa alfandegária [suˈʒeit‿ɐ ˈtaʒ‿alfɐñdəˈgarjɐ]

Nach dem Weg fragen

ORTSANGABEN

links	à esquerda [a ˈʃkerdɐ]
rechts	à direita [a diˈreitɐ]
geradeaus	em frente [ɐĩ ˈfrẽntə]; a direito [ɐ diˈreitu]
vor	defronte de [dəˈfrõntə də]
hinter	atrás de [ɐˈtraʒ də]
neben	junto de [ˈʒũntu də]; ao lado de [ɐu ˈladu də]
gegenüber	em frente (de) [ɐĩ ˈfrẽntə (də)]
hier	aqui [ɐˈki]
dort	ali [ɐˈli]; lá [la]; aí [ɐˈi]
nah	perto [ˈpɛrtu]
weit	longe [ˈlõʒə]
nach	para [ˈpɐrɐ]
Ampel	semáforo [səˈmafuru]
Straße	rua [ˈʀuɐ]
Straßenecke	esquina [ˈʃkinɐ]
Kreuzung	cruzamento [kruzɐˈmẽntu]
Kurve	curva [ˈkurvɐ]

WO GEHT ES LANG?

Entschuldigen Sie bitte, wie komme ich nach ...?
Desculpe, por favor, como se vai para ...?
[dəʃˈkulpə pur fɐˈvor ˈkomu sə vai ˈpɐrɐ]

Immer geradeaus bis ...
Sempre em frente até ...
[ˈsẽmpr‿ɐĩ ˈfrẽnt‿ɐˈtɛ]

Dann bei der Ampel links/rechts abbiegen.
Depois no semáforo vire à esquerda/à direita.
[də ˈpoiʒ nu səˈmafuru ˈvir‿a ˈʃkerdɐ/a diˈreitɐ]

Bitte, ist das die Straße nach ...?
Faz favor, é esta a estrada para ...?
[faʃ fɐˈvor ɛ ˈɛʃta ˈʃtradɐ ˈpɐrɐ]

Bitte, wo ist ...?
Faz favor, onde é ...?
[faʃ fɐˈvor ˈõnd‿ɛ]

Tut mir leid, das weiß ich nicht.
Lamento muito, mas não sei.
[lɐˈmẽntu ˈmũintu mɐʒ nɐũ sei]

Gehen Sie geradeaus/nach links/nach rechts.
Siga em frente./Vire à esquerda/à direita.
[sig‿ɐĩ ˈfrẽntə/vir‿a ˈʃkerdɐ/a diˈreitɐ]

Erste/Zweite Straße links/rechts.
A primeira/A segunda estrada à esquerda/à direita.
[ɐ priˈmeirɐ/ɐ səˈgũndɐ ˈʃtrad‿a ˈʃkerdɐ/a diˈreitɐ]

Überqueren Sie ...
Atravesse ... [ɐtrɐˈvɛs‿]

– die Brücke.
a ponte. [‿ɐ ˈpõntə]
– den Platz.
a praça. [‿ɐ ˈprasɐ]
– die Straße.
a estrada. [‿ɐ ˈʃtradɐ]

UNTERWEGS

TEURES VERGNÜGEN

Lassen Sie sich nicht von der Raserei der anderen anstecken. Das kann ganz schön teuer werden - auch für mitteleuropäische Verhältnisse!

Handy am Steuer - Das Thema ist in Portugal auch heiß: Das Bußgeld ist richtig saftig!

Die Höchstgeschwindigkeit beträgt in Portugal 120 km/h auf Autobahnen, 90 km/h bzw. 100 km/h auf Landstraßen und 50 km/h innerorts. Die Promillegrenze liegt bei 0,5.

Auf Zwei- und Vierrädern

A BIS Z FÜR FAHRER

Ausfahrt (Autobahn)	saída (de autoestrada) [sɐˈidɐ (də ˈautɔ ˈʃtradɐ]
Autobahn	autoestrada [ˈautɔ ˈʃtradɐ]
Autobahngebühr	a portagem [ɐ purˈtaʒɐĩ]; *(Bras)* pedágio [peˈdaʒju]
Bußgeld	multa [ˈmultɐ]
Einfahrt	entrada [ẽnˈtradɐ]
Hauptstraße	rua principal [ˈʀuɐ prɪ̃siˈpal]
Landstraße	estrada [ˈʃtradɐ]
Maut	a portagem [ɐ purˈtaʒẽi]
Nebenstraße	rua lateral [ˈʀuɐ lɐtəˈral]
Radarkontrolle	velocidade controlada por radar [vəlusiˈdadə kõntruˈladɐ pur ʀaˈdar]
Rastplatz	área de repouso [ˈarjɐ də ʀəˈpozu]
Raststätte	área de serviço [ˈarjɐ də sərˈvisu]
Schnellstraße	via rápida [ˈviɐ ˈʀapidɐ]; IP (itinerário principal) [iˈpe (itənəˈrarju prɪ̃siˈpal)]

Stau — engarrafamento [ẽŋgɐʀɐfɐ'mẽntu]

Wegweiser — o sinal itinerário [u si'nal itənə'rarju]

AN DER TANKSTELLE/RASTSTÄTTE

Wo ist bitte die nächste Tankstelle?
Faz favor, onde é a estação de serviço mais próxima?
[faʃ fɐ'vor 'õnd‿ɛ ɐ ʃtɐ'sɐ̃ũ də sər'visu maiʃ 'prɔsimɐ]

Gibt es hier eine Elektrotankstelle?
Há aqui um posto de abastecimento de energia elétrica?
[a ɐ'ki ũ 'poʃtu d‿ɐbɐʃtəsi'mẽntu d‿inər'ʒiɐ i'lɛtrikɐ]

Ich möchte ... Liter
... litros de ... ['litruʒ də]

– Benzin (bleifrei).
gasolina sem chumbo com 95 octanas.
[gɐzu'linɐ sɐ̃ĩ 'ʃũmbu kõ nu'vẽnt‿i 'sĩŋku ok'tɐnɐʃ]

– Super (bleifrei).
gasolina sem chumbo com 98 octanas.
[gɐzu'linɐ sɐ̃ĩ 'ʃũmbu kõ nuvẽnt‿i 'oitu ok'tɐnɐʃ]

– Diesel.
gasóleo. [ga'zɔlju]

Super bitte, für 30 Euro.
Trinta euros de sem chumbo 98, faz favor.
['trĩntɐ 'euruʃ də sɐ̃ĩ 'ʃũmbu nu'vẽnt‿i 'oitu faʃ fɐ'vor]

Voll tanken, bitte!
Cheio, faz favor! ['ʃeju faʃ fɐ'vor]

Wo sind bitte die Toiletten?
Onde é a casa de banho (*(Bras)* o banheiro)?
[õnd‿ɛ ɐ 'kazɐ də 'bɐɲu (u ba'ɲeru)]

Gibt es eine Behindertentoilette?
Há casa de banho (*(Bras)* banheiro) para deficientes?
[a 'kazɐ də 'bɐɲu (ba'ɲeru) 'pɐrɐ dəfəsi'ẽntəʃ]

Gibt es hier einen Wickelraum?
Há aqui um fraldário? [a ɐ'ki ũ fral'darju]

BENZIN

... ist in Portugal *bleifrei* (**sem chumbo**). An der Tankstelle ist die Bezeichnung für Oktanzahlen 95 und 98 wichtig. Wenn alternative Energien ein Thema für Sie sind: In Portugal gibt es sehr viele Tankstellen, die Autogas anbieten. Halten Sie Ausschau nach GPL-Autogas.

HINWEISE UND INFORMATIONEN

Alta tensão	Hochspannung
Atenção	Achtung
Crianças	Auf Schulkinder achten
Curva perigosa	Gefährliche Kurve
Dê passagem	Vorfahrt achten
Desvio	Umleitung
Diminuir a velocidade	Langsamer fahren
Entrada proibida	Einfahrt verboten
Estacionamento proibido	Parkverbot
Fim da proibição de estacionar	Ende des Parkverbots
Hospital	Krankenhaus
Ir pela direita (esquerda)	Rechts (Links) fahren
Obras	Baustelle
Paragem proibida	Halteverbot
Pare	Halt
Pavimento escorregadio	Schleudergefahr
Perigos	Gefahr
Posto de socorros	Pannenhilfe, Straßenwacht
Projeção de gravilha	Rollsplitt
Prudência	Vorsicht
Saída de autoestrada	Autobahnausfahrt
Saída de automóveis	Ausfahrt frei halten
Saída de fábrica	Werkausfahrt
Veículos de carga	Lastwagen

Via em mau estado Schlechte Fahrbahn

Zona de estacionamento regulamentado Kurzparkzone

PARKEN

Entschuldigen Sie bitte, gibt es hier in der Nähe eine Parkmöglichkeit?
Desculpe, há aqui perto um parque de estacionamento?
[dəʃˈkulpə a ɐˈki ˈpɛrt‿ũm ˈparkə də‿ʃtɜsjunɐˈmẽntu]

Kann ich den Wagen hier abstellen?
Posso deixar o carro aqui? [ˈpɔsu deiˈʃar‿u ˈkaʀɹ ɐˈki]

Ist der Parkplatz bewacht?
O parque é vigiado? [u ˈpark‿ɛ viʒjˈadu]

Wie hoch ist die Parkgebühr pro Stunde?
Qual é o preço do estacionamento por hora?
[kwal‿ɛ u ˈpresu do ʃtɐsjunɐˈmẽntu pur ˈɔrɐ]

Ist das Parkhaus die ganze Nacht geöffnet?
O parque está aberto toda a noite?
[u ˈparkə ʃta ɐˈbɛrtu ˈtod‿a ˈnoitə]

EINE PANNE

Ich habe eine Panne.
Tenho uma avaria. [ˈteɲ‿um‿avɐˈriɐ]

Ich habe einen Platten.
Tenho um furo. [ˈteɲ‿ũ ˈfuru]

Ich habe kein Benzin mehr.
A minha gasolina acabou-se. [ɐ ˈmiɲɐ gɐzuˈlinɐ ɐkɐˈbosə]

Die Batterie ist leer.
A bateria está vazia. [ɐ bɐtəˈriɐ ʃta vɐˈziɐ]

Können Sie mir Starthilfe geben?
Podia ajudar-me com o seu cabo de bateria?
[puˈdiɐ ɐʒuˈdarmə kõ u seu ˈkabu də bɛtəˈriɐ]

UNTERWEGS

Gibt es hier in der Nähe eine Werkstatt?
Há alguma oficina aqui perto?
[a al'gum͜ ofə'sin͜ a'ki 'pɛrtu]

Abschleppdienst — serviço de reboque [sər'visu də ʀə'bɔkə]
abschleppen — rebocar [ʀəbu'kar]
Abschleppseil — cabo de reboque ['kabu də ʀə'bɔkə]
Abschleppwagen — carro de reboque ['kaʀu də ʀə'bɔkə]
Benzinkanister — o bidão ((*Bras*) a lata) de gasolina [u bi'dɐ̃ũ (a 'latɐ) də gɐzu'linɐ]
Erdgas-/ Elektrotankstelle — posto de abastecimento de gás natural/ de energia elétrica ['poʃtu d͜ ɐbɐʃtəsi 'mẽntu də gaʃ nɐtu'ral/d͜ inər'ʒiɐ i'lɛtrikɐ]
Ersatzrad — roda sobresselente ['ʀɔdɐ sobrəsə'lẽntə]
Flickzeug — caixa de remendos ['kaiʃɐ də ʀə'mẽnduʃ]
Luftpumpe — bomba de ar ['bõmbɐ d͜ ar]
Notrufsäule — o telefone de socorro [u tələ'fɔnə də su'koru]
Panne — avaria [ɐvɐ'riɐ]
Pannendienst — serviço de assistência [sər'visu d͜ ɐsiʃ'tẽsja]
Platten — furo ['furu]
Starthilfekabel — cabo de ligação ['kabu də ligɐ'sɐ̃ũ]
Wagenheber — macaco [mɐ'kaku]
Warnblinkanlage — o sinal de pisca-pisca de emergência [u si'nal də 'piʃkɐ 'piʃkɐ d͜ imər'ʒẽsjɐ]
Warndreieck — triângulo [tri'ɐ̃ŋgulu]
Werkzeug — ferramenta [fəʀɐ'mẽntɐ]

UNTERWEGS

IN DER WERKSTATT

Was wird es ungefähr kosten?
Quanto irá custar mais ou menos?
[ˈkwɐñtw͜iˈra kuʃˈtar maiz͜o ˈmenuʃ]

Abblendlicht	os médios [uʒ ˈmɛdjuʃ]
Alarmanlage	dispositivo de alarme [dəʃpuziˈtivu d͜ɐˈlarmə]
Anlasser	o motor de arranque [u muˈtor d͜ɐˈʀɐñkə]
Auspuff	o escape [u ʃkapə]
Automatik(getriebe)	caixa de velocidades automática [ˈkaiʃɐ də vəlusiˈdadəz͜autuˈmatikɐ]
Benzinpumpe	bomba para gasolina [ˈbõmbɐ ˈpɐrɐ gɐzuˈlinɐ]
Blinklicht	o pisca-pisca [u ˈpiʃkɐ ˈpiʃkɐ]
Bremse	o travão [u trɐˈvɐ̃ũ]; *(Bras)* freio [ˈfreju]
Bremsflüssigkeit	líquido dos travões (*(Bras)* dos freios) [ˈlikidu duʃ trɐˈvõiʃ (dus ˈfrejus)]
Bremslichter	as luzes dos travões (*(Bras)* dos freios) [ɐʒ ˈluzəʒ duʃ trɐˈvõiʃ (dus ˈfrejus)]
Defekt	falha [ˈfaʎɐ]
Fernlicht	os máximos [uʒ ˈmasimuʃ]
Frostschutzmittel	líquido anticongelante [ˈlikidu ɐ̃tikõʒəˈlɐ̃tə]
Gang (Auto)	a velocidade [ɐ vəlusiˈdadə]
– erster Gang	primeira (velocidade) [priˈmeirɐ (vəlusiˈdadə)]
– Leerlauf	ponto morto [ˈpõntu ˈmortu]
– Rückwärtsgang	marcha atrás [ˈmarʃ͜aˈtraʃ]; *(Bras)* marcha à ré [ˈmarʃ͜a ʀɛ]
Gaspedal	o acelerador [u ɐsələrɐˈdor]

UNTERWEGS

UNTERWEGS

Getriebe	caixa de velocidades ['kaiʃɐ də vəlusi'dadəʃ]
Handbremse	o travão ((*Bras*) freio) de mão [u trɐ'vɐ̃ũ ('freju) də mɐ̃ũ]
Hupe	buzina [bu'zinɐ]
Kofferraum	mala do carro ['malɐ du 'kaʀu]
Kühler	o radiador [u ʀɐdjɐ'dor]
Kühlwasser	água de refrigeração ['agwɐ də ʀəfriʒərɐ'sɐ̃ũ]
Kupplung	a embraiagem [ɐ ẽmbrɐ'jaʒɐ̃ĩ]
Lichtmaschine	o alternador [altərnɐ'dor]; dínamo ['dinɐmu]
Luftfilter	filtro de ar ['filtru d‿ ar]
Motor	o motor [u mu'tor]
Öl	óleo ['ɔlju]
Ölwechsel	mudança de óleo [mu'dɐ̃sɐ d‿'ɔlju]
Rad	roda ['ʀɔdɐ]
Reifen	o pneu [u pneu]
Rücklicht	as luzes traseiras [ɐʒ 'luzəʃ trɐ'zeirɐʃ]
Schaden	dano ['dɐnu]
Scheibenwischer	o limpa-para-brisas [u 'lĩ mpɐ 'parɐ 'brizɐʃ]
Scheinwerfer	o farol [u fɐ'rɔl]
Sicherheitsgurt	cinto de segurança ['sɪ ñtu də səgu'rɐ̃sɐ]
Stoßstange	o para-choques [u 'parɐ 'ʃɔkəʃ]
Tachometer	o conta-quilómetros [u 'kõntɐ ki'lɔmətruʃ]
Tank	depósito [də'pɔzitu]
Verbandskasten	mala de primeiros socorros ['malɐ də pri'meiruʃ su'kɔʀuʃ]
Warndreieck	triângulo [tri'ɐñgulu]
Werkstatt	oficina [ofə'sinɐ]
Winterreifen	o pneu de inverno [u pneu d‿ĩ 'vɛrnu]
Zündkerze	vela ['vɛlɐ]
Zündung	a ignição [ɐ igni'sɐ̃ũ]

VERKEHRSUNFALL

Ein Unfall ist passiert!
Houve um acidente!
['ov‿ũ ɐsi'dẽntə]

Rufen Sie bitte schnell …
Faz favor, chame depressa …
[faʃ fɐ'vor 'ʃɐmə də'prɛsɐ]

- ***einen Krankenwagen!***
  uma ambulância! [um‿ẽmbu'lẽsjɐ]
- ***die Polizei!***
  a polícia! [ɐ pu'lisjɐ]
- ***die Feuerwehr!***
  os bombeiros! [uʒ bõm'beiruʃ]

Haben Sie Verbandszeug?
Tem mala de primeiros socorros?
[tɐĩ 'malɐ də pri'meiruʃ su'kɔʀuʃ]

Sie haben …
O senhor/A senhora …
[u sə'ɲor/ɐ sə'ɲorɐ]

- ***die Vorfahrt nicht beachtet.***
  não respeitou a prioridade.
  [nɐũ ʀəʃpei'to ɐ prjuri'dadə]
- ***nicht geblinkt.***
  não fez sinal com o pisca-pisca.
  [nɐũ feʃ si'nal kõ u 'piʃkɐ 'piʃkɐ]

Sie sind …
O senhor/A senhora …
[u sə'ɲor/ɐ sə'ɲorɐ]

- ***zu schnell gefahren.***
  ia depressa de mais. ['iɐ də'prɛsɐ də maiʃ]
- ***bei Rot über die Kreuzung gefahren.***
  passou com o vermelho. [pɐ'so kõ u vər'meʎu]

Geben Sie mir bitte Ihren Namen und Ihre Anschrift.
Pode-me dizer o seu nome e o seu endereço, faz favor?
['pɔdəmə di'zer‿u seu 'nom‿i u seu ẽndə'resu faʃ fɐ'vor]

UNTERWEGS

AUTO-, MOTORRAD- UND FAHRRADVERMIETUNG

Ich möchte für zwei Tage/eine Woche ... mieten.
Queria alugar por dois dias/uma semana ...
[kəˈri‿ɐluˈgar pur doiʒ diɐʃ/umɐ səˈmɐnɐ]

- ***einen (Gelände-) Wagen***
  um carro (todo-o-terreno). [ũ ˈkaʀu (ˈtodu təˈʀenu)]
- ***ein Motorrad***
  uma mota. [ˈumɐ ˈmɔtɐ]
- ***einen Motorroller***
  uma lambreta/vespa. [ˈumɐ lẽmˈbretɐ/ˈveʃpɐ]
- ***ein Mofa***
  um velomotor. [ũ vɛlɔmuˈtor]
- ***ein Fahrrad***
  uma bicicleta. [ˈumɐ bəsiˈklɛtɐ]

Bitte mit ...
Por favor com ... [pur fɐˈvor kõ]

- ***Automatik.***
  transmissão automática. [trãnʃmiˈsɐ̃u autuˈmatikɐ]
- ***Klimaanlage.***
  ar condicionado. [ar kõndisjuˈnadu]
- ***Navigationsgerät.***
  GPS. [ʒepeˈɛsə]

Wie viel kostet es pro Tag/Woche?
Quanto custa por dia/por semana?
[ˈkwɐñtu ˈkuʃtɐ pur ˈdiɐ/pur səˈmɐnɐ]

Wie viel verlangen Sie pro gefahrenen Kilometer?
Quanto se paga por quilómetro?
[ˈkwɐñtu sə ˈpagɐ pur kiˈlɔmətru]

Ist das Fahrzeug vollkaskoversichert?
O veículo tem seguro contra todos os riscos?
[u veˈikulu tɐ̃ĩ səˈguru ˈkõntrɐ ˈároduz‿uʒ ˈʀiʃkuʃ]

Haben Sie eine Straßenkarte?
Tem um mapa das estradas? [tẽi ũ 'mapɐ dɐʃ ʃ'tradɐʃ]

Ich möchte auch einen Schutzhelm leihen.
Também queria alugar um capacete.
[tẽm'bɐĩ kərie ɐlu'gar ũ kɐpɐ'setə]

Verleihen Sie Kinderautositze?
Aluga assentos de automóvel para criança?
[ɐ'lug‿a'sẽntuʒ d‿autu'mɔvɛl 'pɐrɐ kr‿'ẽsɐ]

Führerschein	carta ((*Bras*) carteira) de condução ['kartɐ (kar'tɐrɐ) də kõndu'sɐũ]
Handbike	andarilho [ɐ̃ndɐ'riʎu]
Handgas	o acelerador manual [u ɐsələrɐ'dor mɐnu'al]
hinterlegen	depositar [dəpuzi'tar]
Kaution	a caução [ɐ kau'sɐũ]
Kindersitz	assento para criança [ɐ'sẽntu 'pɐrɐ krj'ẽsɐ]
Navigationssystem	o GPS [u ʒepe'ɛsə]
Papiere	os documentos [uʒ duku'mẽntuʃ]
Schiebedach	teto de abrir ['tɛtu d‿ɐ'brir]
Sturzhelm	o capacete [u kɐpɐ'setə]
Teilkasko	seguro contra terceiros, roubo e incêndio [sə'guru 'kõntrɐ tər'seiruʒ 'ʀob‿i ĩ'sẽndju]
grüne Versicherungskarte	carta verde ['kartɐ 'verdə]
Vollkasko	seguro contra todos os riscos [sə'guru 'kõntrɐ 'toduz‿uʒ 'ʀiʃkuʃ]
Wochenendpauschale	tarifa de fim de semana [tɐ'rifɐ də fĩm də sə'mɐnɐ]
Zündschlüssel	a chave de ignição [ɐ 'ʃavə d‿igni'sɐũ]

UNTERWEGS

Mit dem Flugzeug

EINEN FLUG BUCHEN

Ich möchte einen einfachen Flug nach ...
Quero uma passagem simples de avião para ...
['kɛr‿'umɐ pɐ'saʒɐĩ 'sĩmpləʒ d‿ɐvi'ɐũ 'pɐrɐ]

Ich möchte einen Hin- und Rückflug nach ... buchen.
Quero marcar uma passagem de ida e volta para ...
['kɛru mɐr'kar 'umɐ pɐ'saʒɐĩ d‿'idɐ i 'vɔltɐ 'pɐrɐ]

Was kostet bitte der Flug Touristenklasse/1. Klasse?
Quanto custa a passagem de avião em classe turística/em primeira classe? ['kwɐñtu 'kuʃt‿a pɐ'saʒɐĩ d‿ɐvi'ɐũ ɐĩ 'klasə tu'riʃtikɐ/ɐĩ pri'meirɐ 'klasə]

Ich möchte bitte ...
Faz favor, queria ... [faʃ fɐ'vor kə'riɐ]

- *einen Fensterplatz.*
  um lugar à janela. [ũ lu'gar‿a ʒɐ'nɛlɐ]
- *einen Platz am Gang.*
  um lugar junto ao corredor. [ũ lu'gar ʒũnt‿'au kuʀə'dor]

Ich möchte diesen Flug stornieren.
Queria cancelar este voo. [kə'riɐ kẽsə'lar‿'eʃtə 'vou]

Ich möchte diesen Flug umbuchen.
Queria mudar este voo. [kə'riɐ mu'dar 'eʃtə 'vou]

AM FLUGHAFEN

Wo ist bitte ...
Faz favor, onde é ... [faʃ fɐ'vor õnd‿ɛ]

- *... der Schalter der ...-Fluggesellschaft?*
  ... o balcão da ...? [u bal'kẽu dɐ]
- *... Halle/Terminal ...?*
  ... sala de embarque/o terminal...?
  ['salɐ d‿ẽm'barkə/u tərmi'nal]

– … der Check-in-Automat?
… máquina automática para fazer o check-in?
['makin‿autu'matikɐ 'pɐrɐ fɐ'zer u ʃɛ'kin]

Ich habe einen Laptop im Handgepäck.
Tenho um portátil na bagagem de mão.
['teɲ‿ũ pur'tatil nɐ bɐ'gaʒɐ̃i də mɐ̃u]

Kann ich einen eigenen (faltbaren) Rollstuhl/ einen Buggy im Flugzeug mitnehmen?
Posso levar no avião a minha cadeira de rodas (desdobrável)/um carrinho de criança? ['pɔsu lə'var nu ɐvi'ɐ̃u ɐ 'miɲɐ kɐ'deirɐ də 'rɔdɐʒ (dəʒdu'bravɛl)/ um kɐ'ʀiɲu də krj'ɐ̃sɐ]

Wird ein Rollstuhl am Abflug-/Zielflughafen bereitgestellt?
Há cadeiras de rodas à disposição no aeroporto de partida/chegada? [a kɐ'deirɐʒ də 'rɔdɐz‿a diʃpuzi'sɐ̃u nu ɐɛrɔ'portu də pɐr'tidɐ/ʃə'gadɐ]

Wann landet die Maschine aus …?
Quando aterra o avião de …? ['kwɐ̃du ɐ'tɛʀɐ u ɐvi'ɐ̃u də]

AN BORD

Könnten Sie mir bitte ein Glas Wasser bringen?
Pode-me trazer um copo de água, faz favor?
['pɔdəmə trɐ'zer‿ũm 'kɔpu d‿'agwɐ faʃ fɐ'vor]

Könnte ich bitte noch ein Kissen/eine Decke haben?
Pode-me trazer mais uma almofada/mais uma manta, faz favor? ['pɔdəmə trɐ'zer maiz‿um‿almu'fadɐ/maiz‿umɐ 'mɐ̃tɐ faʃ fɐ'vor]

Würde es Ihnen etwas ausmachen, mit mir den Platz zu tauschen?
Importava-se de trocar de lugar comigo?
[ĩmpur'tavɐsə də tru'kar də lu'gar ku'migu]

ANKUNFT

Mein Gepäck ist verloren gegangen.
A minha bagagem perdeu-se.
[ɐ 'miɲɐ bɐ'gaʒɐĩ pər'deusə]

Mein Koffer ist beschädigt worden.
A minha mala está estragada.
[ɐ 'miɲɐ 'malɐ ʃta ʃtrɐ'gadɐ]

Wo fährt der Bus in Richtung ... ab?
Donde parte o autocarro ((*Bras*) ônibus) na direção de ...?
['dõndə 'part‿u autɔ'kaʀu ('onibus) nɐ dirɛ'sɐũ də]

Abflug — partida [pɐr'tidɐ]
Ankunft — chegada [ʃə'gadɐ]
Ankunftszeit — hora de chegada ['ɔrɐ də ʃə'gadɐ]
Anschluss — a ligação [ɐ ligɐ'sɐũ]; (*Bras*) a conexão [a konɛ'ksɐũ]
Auslandsflug — voo internacional ['vou ɪ ñtərnɐsju'nal]
Bordkarte — o cartão de embarque [u kɐr'tɐũ d‿ẽm'barkə]
einchecken — fazer o check-in [fɐ'zer‿u ʃɛ'kin]
elektronisches Ticket — o bilhete eletrónico [u bə'ʎet‿ilɛ'trɔniku]
Flug — voo ['vou]
Flugbegleiter/in — comissário/hospedeira de bordo [kumi'sarju/oʃpə'deirɐ də 'bɔrdu]
Flughafen — aeroporto [ɐɛro'portu]
Flugsteig, Gate — porta de embarque ['pɔrtɐ d‿ẽm'barkə]
Gepäck — a bagagem [ɐ bɐ'gaʒɐĩ]
Gepäckausgabeband — o tapete de entrega de bagagens [u tɐ'petə d‿ẽn'trɛgɐ də bɐ'gaʒɐĩʃ]

Gepäckausgabe entrega da bagagem [ẽnˈtrɛgɐ dɐ bɐˈgaʒɐĩ]

Gepäckwagen carro de bagagem [ˈkaʀu də bɐˈgaʒɐĩ]

Inlandsflug voo doméstico [ˈvou duˈmɛʃtiku]

Internetbuchung reserva por Internet [ʀəˈsɛrvɐ pur ĩnterˈnɛtə]

Landung a aterragem [a‿təˈʀaʒɐĩ]; *(Bras)* a aterrissagem [a‿ateʀiˈsaʒɐĩ]

Notausgang saída de emergência [sɐˈidɐ d‿imərˈʒẽsjɐ]

Notlandung a aterragem (*(Bras)* aterrissagem) forçada [a‿təˈʀaʒɐĩ (ateʀiˈsaʒɐĩ) furˈsadɐ]

Notrutsche o tobogã de emergência [u tɔbɔˈgɐ̃ d‿imərˈʒẽsjɐ]

Passagier passageiro [pɐsɐˈʒeiru]

Pilot piloto [piˈlɔtu]

Schwimmweste o colete de salvação [u kuˈletə də salvɐsɐ̃ũ]

Sicherheitsgebühr taxa de segurança [ˈtaʃɐ də səguˈrɐ̃sɐ]

Sicherheitskontrolle o controle de segurança [u kõnˈtrɔlə də səguˈrɐ̃sɐ]

Spucktüte saco de vómito [ˈsaku də ˈvɔmitu]

stornieren cancelar [kɐ̃səˈlar]

Terminal o terminal [u tərmiˈnal]

Übergepäck excesso de peso [ʃˈsɛsu də ˈpezu]

umbuchen mudar o voo [muˈdar‿u ˈvɔu]

Verspätung atraso [ɐˈtrazu]

zollfreier Laden loja franca [ˈlɔʒɐ ˈfrɐ̃ŋkɐ]; duty-free shop [ˈdjuti fɹi ʃɔp]

Zwischenlandung escala [ˈʃkalɐ]

Auf Schienen

UNTERWEGS

IM BAHNHOF

Wo kann ich eine Fahrkarte kaufen?
Onde posso comprar um bilhete?
[ˈõnde ˈpɔsu kõmˈprar ũ bəˈʎetə]

Ich möchte diesen Koffer als Reisegepäck aufgeben.
Queria despachar esta mala com o bilhete.
[kəˈriɐ dəʃpɐˈʃar‿ˈɛʃtɐ ˈmalɐ kõ u bəˈʎetə]

Wo kann ich mein Fahrrad aufgeben?
Onde posso despachar a minha bicicleta?
[ˈõndə ˈposu dəʃpɐˈʃar‿ɐ ˈmiɲɐ bəsiˈklɛtɐ]

Entschuldigen Sie bitte, von welchem Gleis fährt der Zug nach ... ab?
Desculpe, de que linha parte o comboio (*(Bras)* trem) para ...?
[dəʃˈkulpə də kə ˈliɲɐ ˈpart‿u kõmˈbɔju (trɐĩ) ˈpɐrɐ]

FAHRKARTEN KAUFEN

Zwei Karten nach ..., einfach bitte.
Dois bilhetes de ida para ..., faz favor.
[doiʒ bəˈʎetəʒ d‿ˈidɐ ˈpɐrɐ ... faʃ fɐˈvor]

2. Klasse/1. Klasse
Segunda classe/Primeira classe
[səˈgũndɐ ˈklasə/priˈmeirɐ ˈklasə]

Nichtraucher/Raucher
Não-fumador/Fumador [nɐ̃ũ fumɐˈdor/fumɐˈdor]

Bitte eine Rückfahrkarte nach ...
Um bilhete de ida e volta para ..., faz favor.
[ũ bəˈʎetə d‿ˈidɐ i ˈvɔltɐ ˈpɐrɐ ... faʃ fɐˈvor]

Gibt es eine Ermäßigung für Kinder/Studenten/ Senioren?
Há redução para crianças/estudantes/a terceira idade?
[a ʀəduˈsɐ̃ũ ˈpɐrɐ krjˈɐ̃sɐʃ/ʃtuˈdɐ̃ntəʃ/‿a tərˈseir‿iˈdadə]

IM ZUG

Ist dieser Platz noch frei?
Desculpe, este lugar está livre?
[dəʃ'kulpə 'eʃtə lu'gar ʃta 'livrə]

Entschuldigen Sie, ich glaube, das ist mein Platz.
Desculpe, parece-me que esse é o meu lugar.
[dəʃ'kulpə pɐ'rɛsəmə kə es‿ɛ u meu lu'gar]

Könnte mir jemand beim Umsteigen behilflich sein?
Alguém me poderia ajudar a mudar de transporte?
[al'gɐĩ mə pudə'ri‿aʒu'dar ɐ mu'dar də trɐ̃ʃ'pɔrtə]

Abfahrt	partida [pɐr'tidɐ]
Abteil	compartimento [kõmpɐrti'mẽntu]
Ankunft	chegada [ʃə'gadɐ]
Aufenthalt	a paragem [ɐ pɐ'raʒɐĩ]
Ausdruck	a impressão [ɐ ĩmprə'sɐ̃u]
aussteigen	descer [dəʃ'ser]
Autoreisezug	comboio ((*Bras*) o trem) para transporte de automóveis [kõm'bɔju (u trɐĩ) 'pɐrɐ trɐ̃ʃ'pɔrtə d‿autu'mɔveiʃ]
Bahnhof	a estação [ɐ ʃtɐ'sɐ̃u]
Begleitperson	pessoa acompanhante [pə'soɐ ɐkõmpɐ'ɲɐ̃ntə]
Bistrowagen	o bar [u bar]
einsteigen	subir [su'bir]
entwerten	obliterar [oblitə'rar]
Ermäßigung	a redução [ɐ ʀədu'sɐ̃u]
Fahrkarte	o bilhete [u bə'ʎetə]
Fahrkartenkontrolle	o controle dos bilhetes [u kõn'trɔlə duʒ bə'ʎetəʃ]
Fahrkartenschalter	bilheteira [bəʎə'teirɐ]; (*Bras*) bilheteria [biʎete'riɐ]
Fahrplan	horário [o'rarju]
Fahrpreis	preço do bilhete ['presu du bə'ʎetə]

UNTERWEGS

Fensterplatz .... o lugar à janela [u lu'gar‿a ʒɐ'nɛlɐ]

Gepäck .... a bagagem [ɐ bɐ'gaʒɐĩ]

Gepäckschalter .... o balcão da bagagem [u bal'kɐũ dɐ bɐ'gaʒɐĩ]

Gleis .... linha ['liɲɐ]

Großraumwagen .... a carruagem de salão [ɐ kɐʀu'aʒɐĩ də sɐ'lɐũ]

Hauptbahnhof .... a estação central [ɐ ʃtɐ'sɐũ sẽn'tral]

Kinderfahrkarte .... o meio-bilhete [u 'meju bə'ʎetə]

Liegewagenplatz .... o lugar de couchette [u lu'gar də ku'ʃɛtə]

Nichtraucherabteil .... compartimento para não-fumadores [kõmpɐrti'mẽntu 'pɐrɐ nɐũ fumɐ'dorəʃ]

Pendolino .... o Alfa Pendular [u 'alfɐ pẽndu'lar]

Platzreservierung .... reserva de lugar [ʀə'zɛrvɐ də lu'gar]

Reservierung .... reserva [ʀə'zɛrvɐ]

Rollstuhlfahrer/in .... pessoa em cadeira de rodas [pə'soɐ ɐĩ kɐ'deirɐ də 'rɔdɐʃ]

Rückfahrkarte .... o bilhete de ida e volta [u bə'ʎetə d‿'idɐ i 'vɔltɐ]

Schaffner/in .... o revisor/a revisora [u ʀəvi'zor/ɐ ʀəvi'zorɐ]

Schwerbehinderte .... o/a deficiente [u/ɐ dəfəsi'ẽntə]

Speisewagen .... o vagão-restaurante [u va'gɐũ ʀəʃtau'rɐ̃ntə]

Wartesaal .... sala de espera ['salɐ də‿ʃ'pɛrɐ]

Werktag .... o dia útil [u 'diɐ 'util]

Zug .... comboio [kõm'bɔju]; *(Bras)* o trem [u trɐĩ]

HINWEISE UND INFORMATIONEN

Acesso às gares	Zu den Bahnsteigen
Água não potável	Kein Trinkwasser
Bebidas	Erfrischungen/Getränke
Chegada	Ankunft
Couchette	Liegewagen
Fumadores	Raucher
Gare/Linha	Bahnsteig/Gleis
Homens	Herrentoilette
Horário	Fahrplan
Informações	Auskunft/Service-Point
Lavabos	Waschraum
Livre	frei
Não-fumadores	Nichtraucher
Ocupado	besetzt
Saída	Ausgang
Sala de espera	Wartesaal
Senhoras	Damentoilette
Sinal de alarme ((Bras) de emergência)	Notbremse
Vagão-cama	Schlafwagen
Vagão-restaurante	Speisewagen
WC	Toilette

Auf dem Wasser

EINE SCHIFFSFAHRT BUCHEN

Könnten Sie mir bitte sagen, wann das nächste Schiff/ die nächste Fähre nach ... abfährt?
Quando parte o próximo navio/o próximo ferryboat ((*Bras*) a próxima barca) para ...?
[ˈkweñdu ˈpart͜u ˈprɔsimu nɐˈviu/ u ˈprɔsimɹ ˈfɛʀi bot (a ˈprɔsimɐ ˈbarkɐ) ˈpɐrɐ]

UNTERWEGS

Ich möchte bitte ...
Faz favor, queria ... [faʃ fɐˈvor kəˈriɐ]

– eine Schiffskarte nach ...
uma passagem para ... [ˈumɐ pɐˈsaʒɐĩ ˈpɐrɐ]
– 1. Klasse
primeira classe [priˈmeirɐ ˈklasə]
– Touristenklasse
classe turística [ˈklasə tuˈriʃtikɐ]
– eine Einzelkabine
um camarote individual [ũm kɐmɐˈrɔtə ɪ ñdəviˈdwal]
– eine Zweibettkabine
um camarote duplo [ũm kɐmɐˈrɔtə ˈduplu]

Ich möchte eine Karte für die Rundfahrt um ... Uhr.
Queria um bilhete para a excursão das ... (horas).
[kəˈriɐ ũm bəˈʎetə ˈpɐr‿a ʃkurˈsɐ̃ũ dɐʃ ... (ˈɔrɐʃ)]

AN BORD

Ich suche Kabine Nr. ...
Procuro o camarote número ...
[proˈkur‿u kɐmɐˈrɔtə ˈnuməru]

Wo ist bitte der Speisesaal/der Aufenthaltsraum?
Faz favor, onde é a sala de jantar/o salão?
[faʃ fɐˈvor õnd‿ɛ ɐ ˈsalɐ də ʒɐ̃ñˈtar/u sɐˈlɐ̃ũ]

Könnten Sie bitte den Schiffsarzt rufen?
Podia chamar o médico de bordo?
[puˈdiɐ ʃɐˈmar‿u ˈmɛdiku də ˈbɔrdu]

anlegen in	atracar em [ɐtrɐˈkar‿ɐĩ]
Anlegestelle	o cais de embarque [u kaiʒ d‿ẽmbarkə]
Buchung	reserva [ʀəˈzɛrvɐ]
Dampfer	o vapor [u vɐˈpor]
Deck	o convés [u kõˈvɛʃ]
Fähre	o ferryboat [u ˈfɛʀi bot]; *(in Lissabon)* cacilheiro [kɐsiˈʎeiru]
Fahrkarte	o bilhete [u bəˈʎetə]

Festland	terra firme/o continente ['tɛʀɐ 'firmə/u kõnti'nẽntə]
Hafen	porto ['portu]
Kabine	o camarote [u kɐmɐ'rɔtə]
Kai	o cais [u 'kaiʃ]
Kapitän	o comandante [u kumɐñ'dɐñtə]
Klimaanlage	o ar condicionado [u ar kõndəsju'nadu]
Kreuzfahrt	cruzeiro [kru'zeiru]
Küste	costa ['kɔʃtɐ]
Landausflug	a excursão a terra [ɐ ʃkur'sɐ̃ũ ɐ 'tɛʀɐ]
Luftkissenboot	o hovercraft [u ovər kraft]
Rettungsboot	barco salva-vidas ['barku 'salvɐ 'vidɐʃ]
Rettungsring	boia salva-vidas ['bɔjɐ 'salvɐ 'vidɐʃ]
Rundfahrt	volta ['vɔltɐ]; a excursão [ɐ ʃkur sɐũ]
Schwimmweste	o colete de salvação [u ku'letə də salvɐ'sɐũ]
Seegang	a ondulação [ɐ õndulɐ'sɐũ]
seekrank sein	estar enjoado [ʃtar ẽ'ʒwadu]
Tragflügelboot	o hidrofoil [u idrɔ'fɔil]

Mit Bus und Bahn

Bitte, wo ist die nächste ...
Faz favor, onde é a ... mais próxima?
[faʃ fɐ'vor õnd‿ɛ ɐ ... maiʃ 'prɔsimɐ]

- ***Bushaltestelle?***
  paragem do autocarro (*(Bras)* parada do ônibus)
  [pɐ'raʒɐ̃ĩ du auto'kaʀu (pa'radɐ du 'onibus)]
- ***Straßenbahnhaltestelle?***
  paragem do elétrico (*(Bras)* parada do bonde)
  [pɐ'raʒɐ̃ĩ du i'lɛtriku (pa'radɐ du 'bõndi)]
- ***U-Bahnstation?***
  estação do metro (*(Bras)* metrô)
  [ʃtɐ'sɐ̃ũ du 'mɛtru (me'tro)]

Welche Linie fährt nach ...?
Qual é a linha que vai para ...? [kwal‿ɛ ɐ ˈliɲɐ kə vai ˈpɐrɐ]

Entschuldigen Sie, ist das der Bus nach ...?
Desculpe, é este o autocarro ((*Bras*) ônibus) para ...?
[dəʃˈkulpə ɛ ˈeʃt‿u autoˈkaʀu (ˈonibus) ˈpɐrɐ]

Könnten Sie mir bitte Bescheid geben, wenn ich aussteigen muss?
Pode-me avisar quando eu tiver de descer?
[ˈpɔdəm‿ɐviˈzar ˈkwɐ̃ndu eu tiˈvɛr də dəʃˈser]

Gibt es ...
Há ... [a]

- ***Tageskarten?***
  bilhetes diários? [bəˈʎetəʒ diˈarjuʃ]
- ***Wochenkarten?***
  passes semanais? [ˈpasəʃ səmɐˈnaiʃ]
- ***Touristentickets?***
  passes turísticos? [ˈpasəʃ tuˈriʃtikuʃ]

Bitte, einen Fahrschein nach ...
Um bilhete para ..., faz favor.
[ũm bəˈʎetə ˈpɐrɐ ... faʃ fɐˈvor]

Der Fahrkartenautomat ist defekt.
A máquina automática de bilhetes está avariada.
[ɐ ˈmakinɐ autuˈmatikɐ də bəˈʎetəʃ ʃta ɐvɐˈrjadɐ]

Abfahrt — partida [pɐrˈtidɐ]
Bus — autocarro ((*Bras*) o ônibus) [autoˈkaʀu (u ˈonibus)]
Busbahnhof — a estação rodoviária [ɐ ʃtɐˈsɐ̃ũ ʀɔdɔˈvjarjɐ]
einsteigen — subir [suˈbir]
Endstation — término [ˈtɛrminu]
Fahrkartenautomat — máquina automática de bilhetes [ˈmakinɐ autuˈmatikɐ də bəˈʎetəʃ]
Fahrplan — horário [oˈrarju]
Fahrpreis — preço do bilhete [ˈpresu du bəˈʎetə]

AUF EINEN WINK

Es ist in Portugal üblich, an den Bus- oder Straßenbahnhaltestellen Schlange zu stehen. Die Warteschlange ist indirekt auch eine Art Fahrplan: Ist sie sehr lang, so wird der Bus/die Straßenbahn bald kommen.

Bus oder Straßenbahn halten nicht automatisch an allen Haltestellen, auch wenn dort Leute stehen. Man muss schon den Arm herausstreken, und zwar so, dass der Fahrer das Zeichen von Weitem sieht. Dies liegt daran, dass an einer Haltestelle meistens mehrere Linien halten. Erst das Handzeichen sagt dem Fahrer, dass jemand mitfahren möchte.

Fahrschein o bilhete [u bəˈʎetə]

Fahrscheinentwerter o obliterador de bilhetes [u oblitəɾɐˈdor də bəˈʎetəʃ]

Haltestelle a paragem [ɐ pɐˈraʒɐ̃ĩ]; *(Bras)* parada [pa radɐ]

Kontrolleur o revisor [u ʀəviˈzor]

Nahverkehrszug comboio (*(Br)* o trem) suburbano [kõmˈbɔju (u trɐ̃ĩ) suburˈbɐnu]

Obus o trólei [u ˈtrɔlei]; *(Bras)* o trolebus [u trɔleˈbus]

Richtung a direção [ɐ dirɛˈsɐ̃ũ]

S-Bahn comboio (o trem) rápido suburbano [kõmˈbɔju (u trɐ̃ĩ) ˈʀapidu suburˈbɐnu]

Schaffner o condutor [u kõnduˈtor]; o revisor [u ʀəviˈzor]

Straßenbahn elétrico [iˈlɛtriku]; *(Bras)* o bonde [u ˈbõndi]

Tageskarte o bilhete diário [u bəˈʎetə diˈarju]

U-Bahn metropolitano [mətrupuliˈtɐnu]; metro [ˈmɛtru]; *(Bras)* o metrô [u meˈtro]

Überlandbus camioneta (*(Bras)* o ônibus interurbano) [kamjuˈnɛtɐ (u ˈonibus ı ñtɛrurˈbɐnu)]

Mit dem Taxi

Hallo! Bitte ein Taxi an die Adresse ... für jetzt gleich/ für (morgen) ... Uhr.
Está? Faz favor um táxi para o endereço ... para já/ para (amanhã) às ... horas [ʃta faʃ fɐˈvor ũ ˈtaksi ˈpɐr‿u ẽndəˈresu ˈpɐrɐ ʒa/ˈpɐr‿amɐɲɐ̃ az‿... ˈɔrɐʃ]

Entschuldigen Sie bitte, wo ist denn der nächste Taxistand?
Desculpe, faz favor, onde é a praça de táxis mais próxima? [dəʃˈkulpə faʃ fɐˈvor ˈond‿ɛ ɐ ˈprasɐ də ˈtaksiʒ maiʃ ˈprɔsimɐ]

Bringen Sie mich bitte zu (dieser Adresse).
Leve-me por favor a (este endereço). [ˈlɛvəmə pur fɐˈvor ɐ (ˈeʃt‿ẽndəˈresu)]

Zum Bahnhof, bitte.
Para a estação, faz favor. [ˈpɐra ʃtɐˈsɐũ faʃ fɐˈvor]

Zum ... Hotel, bitte.
Para o hotel ..., faz favor [ˈpɐrɐ u ɔˈtɛl ... faʃ fɐˈvor]

In die ...-Straße, bitte.
Rua ..., faz favor [ʀuɐ ... faʃ fɐˈvor]

Nach ..., bitte.
Para ..., faz favor. [ˈpɐrɐ ... faʃ fɐˈvor]

ANDERE LÄNDER, ANDERE SITTEN

Sie freuen sich, ein Taxi zu bekommen, und schon machen Sie die Tür des Beifahrers auf. Lassen Sie es lieber. Der Platz neben dem Taxifahrer bleibt nach Möglichkeit frei. Steigen Sie hinten ein, auch wenn es Ihnen komisch vorkommt.

Und bitte: Schlagen Sie beim Ein- und Aussteigen die Autotür nicht zu kräftig zu! Das haben die meisten Taxifahrer gar nicht gerne.

Wie viel kostet es nach ...?
Quanto terei de pagar para ir até ...?
[ˈkwɐntu təˈrei də pɐˈgar ˈpɐrɐ ir‿ɐˈtɛ]

Das ist für Sie.
Isto é para si (*(Bras)* para você).
[ˈiʃtu ɛ ˈpɐrɐ si (ˈparɐ vɔˈse)]

anhalten	parar [pɐˈrar]
anschnallen	pôr o cinto [por‿u ˈsɪ ñtu]
Hausnummer	número da porta [ˈnuməru dɐ ˈpɔrtɐ]
Kilometerpreis	preço por quilómetro (ô) [ˈpresu pur kiˈlɔmətru]
Pauschalpreis	preço total [ˈpresu tuˈtal]
Quittung	recibo [ʀəˈsibu]
Sicherheitsgurt	cinto de segurança [ˈsɪ ñtu də səguˈrɐ̃sɐ]
Taxifahrer/in	o/a taxista [u/ɐ taˈksiʃtɐ]
Taxistand	praça de táxis [ˈprasɐ də ˈtaksiʃ]
Trinkgeld	gorjeta [gurˈʒetɐ]

Sehenswürdigkeiten und Museen

ÖFFNUNGSZEITEN, FÜHRUNGEN, EINTRITTSKARTEN

Wie lange haben Sie geöffnet?
Até quando está aberto? [ɐˈtɛ ˈkwɐ̃ndu ʃta ɐˈbɛrtu]

Wann beginnt die nächste Führung?
A que horas começa a próxima visita guiada?
[ɐ ˈkjɔrɐʃ kuˈmɛs‿a ˈprɔsimɐ vəˈzitɐ ˈgjadɐ]

Gibt es auch eine Führung in Deutsch/Englisch?
Há também uma visita guiada em alemão/inglês?
[a tɐ̃mˈbɐ̃i ˈumɐ vəˈzitɐ ˈgjad‿ɐ̃i ɐləˈmɐ̃u/ĩˈgleʃ]

Darf man hier fotografieren?
Aqui podem-se tirar fotografias?
[ɐˈki ˈpɔdɐĩsə tiˈrar futugrɐˈfiɐʃ]

Zwei Eintrittskarten, bitte!
Duas entradas, faz favor! [ˈduɐz‿ẽnˈtradɐʃ faʃ fɐˈvor]

Zwei Erwachsene und ein Kind.
Dois adultos e uma criança. [doiz‿ɐˈdultuz‿i ˈumɐ krjˈɐ̃sɐ]

Ist die Ausstellung für Gehbehinderte über Aufzüge erreichbar?
A exposição é acessível a pessoas com dificuldade no andar por meio de elevadores? [ɐ ʃpuziˈsɐũ ɛ ɐsəˈsivɛl ɐ pəˈsoɐʃ kõ dəfikulˈdadə nu‿ɐñdar pur ˈmeju d‿ileveˈdorəʃ]

Gibt es Museumsführungen/Theateraufführungen für Taubstumme/Blinde?
Há visitas do museu/representações de teatro para surdos-mudos/cegos? [a viˈzitɐʒ du muˈzeu/ rəprəzẽntɐˈsõiʒ də ˈtjatru ˈpɐrɐ ˈsurduʒˈmuduʃ/ˈsɛguʃ]

Theater, Kino, Konzert

Was läuft morgen Abend im Kino?
O que há amanhã à noite no cinema?
[u kja amɐˈɲɐ̃ a ˈnoitə nu siˈnemɐ]

Können Sie mir ein gutes Theaterstück empfehlen?
Pode-me aconselhar uma boa peça de teatro?
[ˈpɔdəm‿ɐkõsəˈʎar‿ˈumɐ ˈboɐ ˈpɛsɐ də ˈtjatru]

Wann beginnt die Vorstellung?
A que horas começa o espetáculo?
[ɐ ˈkjɔrɐʃ kuˈmɛsɐ u ʃpɛˈtakulu]

Wo bekommt man Karten?
Onde se podem comprar os bilhetes?
[ˈõndə sə ˈpɔdɐĩ kõmˈprar‿uʒ bəˈʎetəʃ]

Bitte zwei Karten für heute Abend.
Dois bilhetes para hoje à noite, faz favor.
[doiʒ bəˈʎetəʃ ˈpɐrɐ ˈoʒ‿a ˈnoitə faʃ fɐˈvor]

Bitte zwei Plätze zu ... Euro!
Dois bilhetes de ... euros, faz favor!
[doiʒ bəˈʎetəʃ də ... ˈeuruʃ faʃ fɐˈvor]

Eintrittskarte o bilhete [u bəˈʎetə]
Festival o festival [u fəʃtiˈval]
Garderobe vestiário [vəʃtiˈarju]
Kasse bilheteira [bəʎəˈteirɐ]; *(Bras)* bilheteria [biʎeteˈriɐ]
Pause intervalo [ĩtərˈvalu]
Programmheft o programa [u pruˈgremɐ]
Vorstellung espetáculo [ʃpɛˈtakulu]; *(Theater)* a representação [ɐ ʀəprəzẽntɐˈsɐũ]; *(Kino)* a sessão [ɐ səˈsɐũ]
Vorverkauf venda antecipada [ˈvẽnd‿ɐ̃ntəsiˈpadɐ]

THEATER

Akt ato [ˈatu]
Aufführung a representação [ɐ ʀəprəzẽntɐˈsɐũ]
Ballett o ballet (*(Bras)* balé) [u baˈlɛ]; bailado [baiˈladu]
Bühne palco [ˈpalku]
Drama o drama [u ˈdremɐ]
Freilufttheater teatro ao ar livre [ˈtjatr‿ɐu ar ˈlivrə]
Induktionsschleife o indutor magnético [u ĩnduˈtor mɐgˈnɛtiku]
Inszenierung a encenação [ɐ ẽnsənɐˈsɐũ]
Kabarett teatro de crítica humorística [ˈtjatro də ˈkritikɐ umuˈriʃtikɐ]; revista [ʀəˈviʃtɐ]
Kleinkunstbühne teatro de revista [ˈtjatru də ʀəˈviʃtɐ]
Komödie comédia [kuˈmɛdjɐ]

UNTERWEGS

Kopfhörer	o auscultador [u auʃkultɐˈdor]
Loge	o camarote [u kɐmɐˈrɔtə]
Musical	o musical [u muziˈkal]
Oper	ópera [ˈɔpərɐ]
Operette	opereta [ɔpəˈretɐ]
Parkett	plateia [plɐˈtejɐ]
Premiere	estreia [ˈʃtrejɐ]
Schauspiel	peça de teatro [ˈpɛsɐ də ˈtjatru]
Schauspieler/in	o ator/a atriz [u aˈtor/ɐ aˈtriʃ]
Spielplan	o programa da temporada [u pruˈgrɐmɐ dɐ tẽmpuˈradɐ]
Tänzer/in	bailarino/bailarina [bailɐˈrinu/bailɐˈrinɐ]
Theater	teatro [ˈtjatru]
Theaterstück	peça de teatro [ˈpɛsɐ də ˈtjatru]
Tragödie	tragédia [trɐˈʒɛdjɐ]
Varietee	as variedades [ɐʒ vɐrjeˈdadəʃ]
Volksstück	peça popular [ˈpɛsɐ pupuˈlar]

KONZERT

afrikanische Musik	música africana [ˈmuzikɐ ɐfriˈkɐnɐ]
Blues	os blues [uʒ blus]
Chor	coro [ˈkoru]
Dirigent/in	o/a chefe de orquestra [u/ɐ ˈʃɛfə d‿orˈkɛʃtrə]
Fado (Volksgesang)	fado [ˈfadu]
Jazz	o jazz [u dʒɛz]
Klassik	música clássica [ˈmuzikɐ ˈklasikɐ]
Komponist/in	o compositor/a compositora [u kõmpuziˈtor/ɐ kõmpuziˈtorɐ]
Konzert	concerto [kõˈsertu]
Orchester	orquestra [ɔrˈkɛʃtrɐ]
Pop	o pop [u pɔp]

Rap	o rap [u ʀɛp]
Reggae	o reggae [u ˈʀege]
Rock	o rock [u ʀɔk]
Sänger/in	o cantor/a cantora [u kɐ̃ˈtor/ɐ kɐ̃ˈtorɐ]
Solist/in	o/a solista [u/ɐ suˈliʃtɐ]
Soul	o soul [u sɔl]
Techno	música techno [ˈmuzikɐ ˈtɛknu]
Volksmusik	música folclórica [ˈmuzikɐ fɔlˈklɔrikɐ]

KINO

Film	o filme [u ˈfilmə]
– Actionfilm	o filme de ação [u ˈfilmə d‿asɐ̃ũ]
– Drama	o drama [u ˈdrɐmɐ]
– Klassiker	clássico [ˈklasiku]
– Komödie	comédia [kuˈmɛdjɐ]
– Sciencefictionfilm	o filme de ficção científica [u ˈfilmə də ˈfiksɐ̃ũ sjẽnˈtifikɐ]
– Thriller	o filme policial [u ˈfilmə pulisiˈal]
– Western	o filme de cowboys [u ˈfilmə də kɔˈbɔiʃ]
– Zeichentrickfilm	os desenhos animados [uʒ dəˈsɐɲuz‿ɐniˈmaduʃ]
Filmschauspieler/in	o ator/a atriz de cinema [u aˈtor/ɐ aˈtriʒ də siˈnemɐ]
Hauptrolle	o papel principal [u pɐˈpɛl prĩsiˈpal]
Kino	o cinema [u siˈnemɐ]
Originalfassung	a versão original [ɐ vərˈsɐ̃ũ oriʒiˈnal]
Regie	a encenação [ɐ ẽsənɐˈsɐ̃ũ] direção artística [ɐ diˈrɛsɐ̃ũ ɐrˈtiʃtikɐ]
Untertitel	as legendas [ɐʒ ləˈʒẽndɐʃ]

Ausflugsziele

die ***Botschaft***
embaixada
[ẽbaiˈʃadɐ]

das ***Einkaufsviertel***
bairro comercial
[ˈbairu kumərsiˈal]

die ***Flussfahrt***
passeio no rio
[pɐˈseju nu ˈriu]

das ***Museum***
museu
[muˈzeu]

der ***Nationalpark***
parque nacional
[ˈparkə nɐsjuˈnal]

der ***Reiseführer***
roteiro turístico
[ruˈteiru tuˈriʃtiku]

der ***See***
lago
[ˈlagu]

der ***Zoo***
jardim zoológico
[ʒɐrˈdĩ zuuˈlɔʒiku]

der ***Stadtplan***
planta da cidade
[ˈplɐ̃tɐ dɐ siˈdadə]

die ***Stadtrundfahrt***
circuito turístico
[sirˈkuitu tuˈriʃtiku]

die ***Stadtbesichtigung***
visita à cidade
[vəˈzit‿a siˈdadə]

die ***Touristeninformation***
informação turística
[ĩfurmɐˈsɐ̃u tuˈriʃtikɐ]

ESSEN UND TRINKEN

Essen gehen

Wo gibt es hier ...
Pode-me dizer, faz favor, onde há aqui ...
[ˈpɔdəmə diˈzer faʃ fɐˈvor ˈõnd‿a ɐˈki ...]

- ***ein gutes Restaurant?***
  um bom restaurante? [ũ bõ ʀəʃtauˈrɐ̃ntə]
- ***ein nicht zu teures Restaurant?***
  um restaurante não muito caro?
  [ũ ʀəʃtauˈrɐ̃ntə nɐ̃ũ ˈmũintu ˈkaru]
- ***einen Schnellimbiss?***
  um snack-bar ((*Bras*) uma lanchonete)?
  [ũ snɛk bar (ˈuma lẽʃoˈnɛti)]

Wo kann man hier in der Nähe gut/preiswert essen?
Onde se pode comer bem/barato aqui perto?
[ˈõndə sə ˈpɔdə kuˈmer bɐĩ/bɐˈratu ɐˈki ˈpɛrtu]

Im Restaurant

Ist dieser Tisch noch frei?
Esta mesa está livre? [ˈɛʃtɐ ˈmezɐ ʃta ˈlivrə]

Einen Tisch für zwei/drei Personen, bitte.
Uma mesa para duas/três pessoas, faz favor.
[ˈumɐ ˈmezɐ ˈpɐrɐ ˈduɐʃ/treʃ pəˈsoɐʃ faʃ fɐˈvor]

STOCKFISCH ÜBER ALLES

Portugals Nationalgericht ist der *Stockfisch* (**bacalhau**). Er wird zwar nicht an portugiesischen Küsten gefangen, ist aber tief verwurzelt in der gastronomischen Tradition des Landes. Es gibt sehr viele, gute Stockfischgerichte. Probieren Sie in Lissabon **Bacalhau à Brás**, in Porto **Bacalhau à Zé do Pipo** und überall **Bacalhau Assado na Brasa**.

Wo sind bitte die Toiletten?
Onde é a casa de banho ((*Bras*) o banheiro), por favor?
[ˈõnd‿ɛ ɐ ˈkazɐ də ˈbɐɲu (u baˈɲeru) ɔur fɐˈvor]

Gibt es hier einen Wickelraum?
Há aqui um fraldário? [a ɐˈki ũ fralˈdarju]

Haben Sie eine (Nicht-)Raucherzone?
Tem zona para (não-)fumadores?
[tẽi ˈzonɐ ˈpɐrɐ (nɐ̃u)fumɐˈdorəʃ]

Bestellen

Ich möchte …
Queria … [kəˈriɐ]

– die Speisekarte, bitte!
a lista ((*Bras*) o cardápio)! [ɐ ˈliʃtɐ (u karˈdapju)]
– die Getränkekarte, bitte!
a lista das bebidas! [ɐ ˈliʃtɐ dɐʒ bəˈbidɐʃ]
– die Weinkarte, bitte!
a carta de vinhos! [ɐ ˈkartɐ də ˈviɲuʃ]

Ich hätte gerne etwas Typisches aus der Region.
Queria uma coisa típica desta região.
[kəˈriɐ ˈumɐ ˈkoizɐ ˈtipikɐ ˈdɛʃtɐ ʀəʒjˈɐ̃u]

Ich nehme …
Quero … [ˈkɛru]

Als Vorspeise/Hauptgericht/Nachtisch nehme ich …
Como entrada/Como prato principal/De sobremesa quero … [ˈkomu ẽnˈtradɐ/ˈkomu ˈpratu prĩsiˈpal/də sobrəˈmezɐ ˈkɛru]

Ich esse kein …
Não como … [nɐ̃u ˈkomu]

ESSEN UND TRINKEN

Ich bin …
Sou … [so]

- ***Diabetiker/Diabetikerin.***
  diabético/diabética.
  [djɐˈbɛtiku/djɐˈbɛtikɐ]
- ***Vegetarier/Vegetarierin.***
  vegetariano/vegetariana.
  [vəʒətɐˈrjɐnu/vəʒətɐˈrjɐnɐ]
- ***Veganer/Veganerin.***
  vegano/vegana. [vəˈgɐnu/vəˈgɐnɐ]

Ich bin allergisch gegen …
Sou alérgico/alérgica a …
[so ɐˈlɛrʒiku/ɐˈlɛrʒikɐ ɐ]

- ***Eier.***
  ovos. [ˈɔvuʃ]
- ***Gluten.***
  glúten. [ˈglutɐ̃i]
- ***Milchprodukte.***
  laticínios. [lɐtiˈsinjuʃ]
- ***Natriumglutamat.***
  glutamato de sódio. [glutɐˈmatu də ˈsɔdju]
- ***Nüsse.***
  nozes. [ˈnɔzəʃ]

KLEINER WINK

Fleißig hat man gelernt, wie *Ober* auf Portugiesisch heißt (**empregado**). Kommen Sie aber nur nicht auf die Idee, ihn auch so zu rufen, wenn Sie etwas brauchen.

Man spricht zwar so von ihm er wird aber nie so angesprochen. Haben Sie einen Wunsch, heben Sie einfach die Hand und sagen **Faz favor!** (*Bitte!*). Manchmal genügt schon ein kleiner Wink mit der Hand. Und die Geschichte, dass man mit dem Glas klingen soll, ist wirklich nur ein Märchen.

Wie möchten Sie Ihr Steak haben?
Como deseja o bife? [ˈkomu dəˈzeʒɐ u ˈbifə]

– gut durch
bem passado [bɐĩ pɐˈsadu]
– halb durch
meio passado [ˈmeju pɐˈsadu]
– englisch
mal passado [mal pɐˈsadu]

Bitte ein Glas …
Um copo de …, faz favor. [ũ ˈkɔpu də … faʃ fɐˈvor]

Bitte eine Flasche/eine halbe Flasche …
Uma garrafa/Meia garrafa de …, faz favor.
[ˈumɐ gɐˈʀafɐ/ˈmejɐ gɐˈʀafɐ də … faʃ fɐˈvor]

Mit Eis, bitte.
Com gelo, faz favor. [kõ ˈʒelu faʃ fɐˈvor]

Guten Appetit!
Bom apetite! [bõ ɐpəˈtitə]

Zum Wohl!
À sua saúde! [a suɐ sɐˈudə]

Bitte bringen Sie uns …
Traga-nos, faz favor … [ˈtragɐnuʃ faʃ fɐˈvor]

Könnten Sie uns noch etwas Brot/Wasser/Wein bringen?
Pode-nos trazer mais pão/água/vinho, faz favor?
[ˈpɔdənuʃ trɐˈzer maiʃ pɐ̃ũ/ˈagwɐ/ˈviɲu faʃ fɐˈvor]

Sich beschweren

Entschuldigung ...
Desculpe ... [dəʃˈkulpə]

Das habe ich nicht bestellt.
Não foi isto que eu pedi. [nɐ̃ũ foi ˈiʃtu kjeu pəˈdi]

Die Suppe ist kalt/versalzen.
A sopa está fria/salgada. [ɐ ˈsopɐ ʃta ˈfriɐ/salˈgadɐ]

Das Fleisch ist zäh/zu fett.
A carne é dura/tem muita gordura.
[ɐ ˈkarn‿ɛ ˈdurɐ/tɐ̃ĩ ˈmũintɐ gurˈdurɐ]

Der Fisch ist nicht frisch.
O peixe não é fresco. [u ˈpeiʃə nɐ̃ũ ɛ ˈfreʃku]

Nehmen Sie es bitte zurück.
Leve isto para trás, faz favor.
[lɛv‿ˈiʃtu ˈpɐrɐ traʃ faʃ fɐˈvor]

Holen Sie bitte den Chef.
Chame o chefe, faz favor. [ˈʃɐm‿u ˈʃɛfə faʃ fɐˈvor]

Bezahlen

Die Rechnung/Bezahlen, bitte!
A conta, faz favor!
[ɐ ˈkõntɐ faʃ fɐˈvor]

Bitte alles zusammen.
Tudo junto, faz favor.
[ˈtudu ˈʒũntu faʃ fɐˈvor]

TRINKGELD

Jede Bedienung freut sich über ein *Trinkgeld* (**gorjeta**). Aber keine möchte es in die Hand gedrückt bekommen. Lassen Sie Ihr Trinkgeld unauffällig auf dem Tellerchen zurück. Sobald Sie weg sind, ist es in guten Händen.

Das Essen war ausgezeichnet.
A comida estava excelente.
[ɐ ku'midɐ 'ʃtavɐ ʃsə'lẽntə]

Es stimmt so.
Fica assim. ['fik‿a'sĩ]

Café

Bringen Sie mir bitte einen Espresso.
Faz favor, traga-me um café.
[faʃ fɐ'vor 'tragem‿ũm kɐ'fɛ]

Ich möchte zahlen.
Queria pagar. [kə'riɐ pɐ'gar]

Auf Wiedersehen, bis morgen!
Adeus, até amanhã!
[ɐ'deuz‿ ɐ'tɛ amɐ'ɲɐ̃]

o café [u kɐ'fɛ]	Espresso
bica ['bikɐ] ***(Lissabon)***	Espresso mit etwas Milch
pingo ['pĩngu] ***(N-Portugal)***	Espresso mit etwas Milch
garoto [gɐ'rotu] ***(Lissabon)***	Espresso mit Wasser verdünnt
o carioca de café [u kɐrj'ɔkɐ də kɐ'fɛ]	Espresso mit Wasser verdünnt
meia de leite ['mejɐ də 'leitə]	starker Kaffee und Milch, normale Tasse

o galão [u gɐˈlɐ̃ũ] — starker Kaffee und Milch, großes Glas

copo de leite [ˈkɔpu də ˈleitə] — Glas Milch

o carioca de limão [u kɐrjˈɔkɐ də liˈmɐ̃ũ] — kleine Tasse echter Zitronentee (aus (Zitronenschale!))

fino [ˈfinu] —

a imperial [ɐ ĩmpəˈrjal] — kleines Bier vom Fass

caneca [kɐˈnɛkɐ] — großes Bier vom Fass

sumo de laranja [ˈsumu də lɐˈrɐ̃ʒɐ] — Orangensaft

laranjada [lɐrɐˈ̃ʒadɐ] — Orangeade

água mineral [ˈagwɐ minəˈral] — Mineralwasser

torrada [tuˈʀadɐ] — Riesenbuttertoast

tosta mista [ˈtɔʃtɐ ˈmiʃtɐ] — warmer, gemischter Toast (mit Schinken u. Käse)

francesinha [frɐ̃səˈziɲɐ] — warmer Toast, üppig gefüllt, mit pikanter Sauce

cachorro (quente) [kɐˈʃoʀu (ˈkẽntə)] — Hotdog

prego [ˈprɛgu] — kleines Naturschnitzel im Brötchen

as sandes [ɐʃ ˈsɐ̃ndəʃ] — belegte Brötchen

o queque [u ˈkɛkə] — einfaches Küchlein aus Rührteig (ideal für Kinder)

os bolos [uʒ ˈboluʃ] — kleine Kuchen (keine Torten)

o croissant [u krwaˈsɐ̃] — Hörnchen

o croissant com fiambre [u krwaˈsɐ̃ kõ ˈfjɐ̃mbrə] — Hörnchen mit gekochtem Schinken

ESSEN UND TRINKEN

Abendessen o jantar [u ʒɐ̃ˈtar]
Besteck o talher [u tɐˈʎɛr]
Bestellung pedido [pəˈdidu]
Diabetiker diabético [djɐˈbɛtiku]
Dressing molho [ˈmoʎu]
Essig o vinagre [u viˈnagrə]
fettarm magro [ˈmagru]
Fläschchenwärmer o aquecedor de biberão [u ɐkɛsəˈdor də bibəˈrɐ̃ũ]
Flasche garrafa [gɐˈʀafɐ]
Fleck nódoa [ˈnɔdwɐ]
Frühstück pequeno-a moço [pəˈken‿alˈmosu]; *(Bras)* o café da manhã [u kaˈfɛ da maˈɲɐ̃]
Gabel garfo [ˈgarfu]
Gang prato [ˈpratu]
Gedeck o couvert [u kuˈvɛr]
Gericht prato [ˈpratu]
Getränk bebida [bəˈbidɐ]
Gewürz condimento [kõndiˈmẽntu]
Glas copo [ˈkɔpu]
glutenfrei sem glúten [sɐ̃i ˈglutɐ̃i]
Gräte espinha [ˈʃpiɲɐ]
hart duro [ˈduru]
Hauptspeise prato principal [ˈpratu prĩsiˈpal]
hausgemacht de fabrico caseiro [də fɐˈbriku kɐˈzeiru]
heiß quente [ˈkẽntə]
hungrig sein ter fome [ter ˈfɔmə]
kalorienarm com poucas calorias [kõ ˈpokɐʃ kɐluˈriɐʃ]
Karaffe jarro [ˈʒaʀu]
Kellner/in empregado/empregada [ẽmprəˈgadu/ẽmprəˈgadɐ]; *(Bras)* o garçom/a garçonete [u garˈsõ/a garsoˈnɛti]
Ketschup o ketchup [u kɛˈtʃɐp]
Kinderteller prato de criança [ˈpratu də krjˈɐ̃sɐ]

Knochen	osso [ˈosu]
Koch	cozinheiro [kuzəˈɲeiru]
Korkenzieher	o saca-rolhas [u ˈsakɐ ˈʀoʎɐʃ]
lieblich (Wein)	doce [ˈdosə]
Löffel	a colher [ɐ kuˈʎɛr]
Teelöffel	a colher de chá [ɐ kuˈʎɛr də ʃa]
Mayonnaise	a maionese [ɐ majoˈnɛzə]
Menü	ementa [iˈmẽntɐ]; o menu [u meˈnju]
Messer	faca [ˈfakɐ]
Mittagessen	almoço [alˈmosu]
Nachtisch	sobremesa [sobrəˈmezɐ]
Ober	empregado [ẽmprəˈgadu]
Öl	óleo [ˈɔlju]
Pfannengericht	prato feito na frigideira [ˈpratu ˈfeitu nɐ frəʒəˈdeirɐ]
Pfeffer	pimenta [piˈmẽntɐ]
Pfefferstreuer	pimenteiro [pimẽnˈteiru]
Portion	a dose [ɐ ˈdɔzə]
Rost	grelha [ˈgreʎɐ]
Salatbüfett	o bufete de saladas [u buˈfetə də sɐˈladɐʃ]
Salz	o sal [u sal]
Salzstreuer	saleiro [səˈleiru]
Scheibe	fatia [fɐˈtiɐ]
Schonkost	dieta [ˈdjɛtɐ]
Schüssel	prato [ˈpratu]; travessa [trɐˈvɛsɐ]; tigela [tiˈʒɛlɐ]
Senf	mostarda [muʃˈtardɐ]
Serviette	guardanapo [gwɐrdɐˈnapu]
Soße	molho [ˈmoʎu]
Speisekarte	lista [ˈliʃtɐ]; ementa [iˈmẽntɐ]; *(Bras)* cardápio [karˈdapju]
Spezialität	a especialidade [ɐ ʃpəsjɐliˈdadə]
Strohhalm	palhinha [pɐˈʎiɲɐ]
Suppe	sopa [ˈsopɐ]
Suppenteller	prato de sopa [ˈpratu də ˈsopɐ]
Süßstoff	o adoçante [u ɐduˈsɐ̃ntə]

Tagesgericht	prato do dia ['pratu du 'diɐ]
Tasse	chávena ['ʃavənɐ]; *(Bras)* xícara ['ʃikarɐ]
Untertasse	o pires [u 'pirəʃ]
Teller	prato ['pratu]
Tischtuch	toalha de mesa ['twaʎɐ də 'mezɐ]
Trinkgeld	gorjeta [gur'ʒetɐ]
trocken (Wein)	seco ['seku]
vegetarisch	vegetariano [vəʒətɐ'rjɐnu]
Vorspeise	entrada [ẽn'tradɐ]
Wasser	água ['agwɐ]
Wickeltisch	cómoda muda-fraldas ['kɔmudɐ 'mudɐ 'fraldɐʃ]
würzen	temperar [tẽmpə'rar]
Zahnstocher	palito [pɐ'litu]
Zucker	o açúcar [u ɐ'sukar]

ZUBEREITUNG

durchgebraten	bem passado [bɐĩ pɐ'sadu]
frittiert	frito ['fritu]
gar	bem cozido [bɐĩ ku'zidu]; assado [ɐ'sadu]
gebacken	assado [ɐ'sadu]
gebraten	frito ['fritu]; assado [ɐ'sadu]
gedämpft	estufado [ʃtu'fadu]
gedünstet	estufado [ʃtu'fadu]
gegart	cozido [ku'zidu]
gegrillt	grelhado [grə'ʎadu]
gekocht	fervido [fər'vidu]
geräuchert	(de)fumado [(də)fu'madu]
geröstet (Kartoffeln)	coradas [kɔ'radɐʃ]
mager	magro ['magru]
roh	cru [kru]
saftig	suculento [suku'lẽntu]
sauer	ácido ['asidu]
scharf	picante [pi'kɐ̃ntə]
süß	doce ['dosə]
zart	tenro ['tẽʀu]

Ementa

SPEISEKARTE

PEQUENO-ALMOÇO	FRÜHSTÜCK
Café [kɐˈfɛ]	schwarzer Kaffee
Café com leite [kɐˈfɛ kõ ˈleitə]	Kaffee mit Milch
Descafeinado [dəʃkɐfɐiˈnadu]	koffeinfreier Kaffee
Chá com leite/limão [ʃa kõ ˈleitə/liˈmɐ̃ũ]	Tee mit Milch/Zitrone
Chá de ervas medicinais [ʃa d‿ˈɛrvɐʒ mədəsiˈnaiʃ]	Kräutertee
Chocolate quente [ʃukuˈlatə ˈkẽntə]	Schokolade
Sumo de fruta [ˈsumu də ˈfrutɐ]	Fruchtsaft
Ovo quente [ˈovo ˈkẽntə]	weiches Ei
Ovos mexidos [ˈɔvuʒ məˈʃiduʃ]	Rühreier
Ovos com bacon [ˈɔvuʃ kõ ˈbeikõ]	Eier mit Speck
Pão/pãozinho/pão torrado [pɐ̃ũ/pɐ̃ũˈziɲu/pɐ̃ũ tuˈʀadu]	Brot/Brötchen/Toast
Croissant [krwaˈsɐ̃]	Hörnchen
Croissant com fiambre [krwaˈsɐ̃ kõ ˈfjɐ̃mbrə]	Hörnchen mit Schinken
Torrada [tuˈʀadə]	Riesenbuttertoast
Manteiga [mɐ̃nˈteigɐ]	Butter
Queijo [ˈkeiʒu]	Käse
Carnes frias [ˈkarnəʃ ˈfriɐʃ]	Wurstaufschnitt
Fiambre [ˈfjɐ̃mbrə]	gekochter Schinken

Presunto [prəˈzũntu]	roher Schinken
Mel [mɛl]	Honig
Doce [ˈdosə]	Marmelade
Muesli [ˈmusli]	Müsli
Iogurte [joˈgurtə]	Joghurt
Fruta [ˈfrutɐ]	Obst

SOPAS	SUPPEN
Açorda [ɐˈsordɐ]	Brot- und Knoblauchsuppe
Caldo verde [ˈkaldu ˈverdə]	Portugiesische Kohlsuppe
Canja de galinha [ˈkɐ̃ʒɐ də gɐˈliɲɐ]	Hühnerbrühe
Sopa de legumes [ˈsopɐ də ləˈguməʃ]	Gemüsesuppe
Sopa de marisco [ˈsopɐ də mɐˈriʃku]	Meeresfrüchtesuppe
Sopa de peixe [ˈsopɐ də ˈpeiʃə]	Fischsuppe
Sopa de tomate e cebola [ˈsopɐ də tuˈmat‿i səˈbolɐ]	Tomaten- und Zwiebelsuppe

ACEPIPES	VORSPEISEN
Amêijoas com limão [ɐˈmeiʒwɐʃ kõ liˈmɐ̃ũ]	Herzmuscheln mit Zitrone
Pão com azeitonas [pɐ̃ũ kõ ɐzeiˈtonɐʃ]	Brot mit Oliven
Caracóis Lissabon [kɐrɐˈkɔiʃ]	Schnecken
Melão com presunto [məˈlɐ̃ũ kõ prəˈzũntu]	Melone mit Schinken
Salada de atum [sɐˈladɐ d‿ɐˈtũ]	Thunfischsalat

Salada de polvo [sɐˈladɐ də ˈpolvu]	Polypsalat
Sardinhas em azeite [sɐrˈdiɲɐz‿ɐĩ ɐˈzeitə]	Sardinen in Olivenöl

PEIXE FISCHE → ZEIGEBILDER AM KAPITELENDE

MARISCOS	MEERESFRÜCHTE
Amêijoas ao natural [ɐˈmeiʒwɐz‿ɐu nɐtuˈral]	Herzmuscheln Natur
Camarão grelhado [kɐmɐˈrɐũ grəˈʎadu]	gegrillte Krabben
Cataplana (Algarve) [kɐtɐˈplɐnɐ]	Pfannengericht aus Muscheln, Fisch bzw. Fleisch, Paprika, Zwiebeln
Gambas na grelha [ˈgɐ̃mbɐʒ nɐ ˈgreʎɐ]	gegrillte Garnelen
Lagosta cozida [lɐˈgoʃtɐ kuˈzidɐ]	gekochte Languste
Lavagante [lɐvɐˈgɐ̃ntə]	Hummer
Lulas recheadas [ˈlulɐʃ ʀəˈʃjadɐʃ]	gefüllter Tintenfisch
Lulas à sevilhana [ˈlulɐz‿a səviˈʎɐnɐ]	gebackene Tintenfischringe
Mexilhões de cebolada [məʃiˈʎõiʒ də səbuˈladɐ]	Miesmuscheln mit Zwiebeln

CARNE	FLEISCHGERICHTE
Bife à portuguesa [bif‿a purtuˈgezɐ]	Portugiesisches Rindersteak
Bife de cebolada [ˈbifə də səbuˈladɐ]	Zwiebelsteak

Cabrito [kɐˈbritu]	Zicklein
Carne de porco à Alentejana [ˈkarnə də ˈporku a ɐlẽntəˈʒɐnɐ]	Schweinefleisch mit Herzmuscheln
Churrasco [ʃuˈʀaʃku]	Fleisch vom Holzkohlengrill
Costeleta de porco [kuʃtəˈletɐ də ˈporku]	Schweinekotelett
Dobrada (Zentrum u. Süden) [duˈbradɐ]	Kutteln
Escalope à milanesa [ʃkɐˈlɔp ‿a milɐˈnezɐ]	panierte Schnitzel mit Spaghetti und Tomatensauce
Escalope de vitela [ʃkɐˈlɔpə də viˈtɛlɐ]	Kalbsschnitzel
Febras na grelha [ˈfebrɐʒ nɐ ˈgreʎɐ]	gegrilltes Schweinefleisch
Iscas (Lissaboner Gegend) [ˈiʃkɐʃ]	gebratene Leber mit Knoblauch und Salzkartoffeln
Leitão assado [leiˈtɐ̃ũ ɐˈsadu]	Spanferkelbraten
Língua de vaca [ˈliŋgwɐ də ˈvakɐ]	Ochsenzunge
Lombo de carneiro [ˈlõmbu də kɐrˈneiru]	Hammelrücken
Perna de vitela [ˈpɛrnɐ də viˈtɛlɐ]	Kalbskeule
Pimentões recheados [pimẽnˈtõiʒ ʀəˈʃjaduʃ]	gefüllte Paprikaschoten
Porco assado [ˈporku ɐˈsadu]	Schweinebraten
Rolinhos de carne [ruˈliɲuʒ də ˈkarnə]	Rouladen
Rosbife [ʀoʒˈbifə]	Roastbeef
Tripas (Norden) [ˈtripɐʃ]	Kutteln

ESSEN UND TRINKEN

AVES E CAÇA	GEFLÜGEL UND WILD
Bife de peru ['bifə də pə'ru]	Truthahnsteak
Codorniz [kudur'niʃ]	Wachtel
Coelho ['kweʎu]	Kaninchen
Frango assado ['freñgu ɐ'sadu]	gebratenes Hähnchen
Lebre ['lɛbrə]	Hase
Pato ['patu]	Ente
Perdiz [pər'diʃ]	Rebhuhn

LEGUMES **GEMÜSE → ZEIGEBILDER AM KAPITELENDE**

ACOMPANHAMENTOS	BEILAGEN
Arroz [ɐ'ʀoʃ]	Reis
Arroz de legumes [ɐ'ʀoʒ də lə'guməʃ]	Gemüsereis
Arroz de tomate [ɐ'ʀoʒ də tu'matə]	Tomatenreis
Batatas coradas [bɐ'tatɐʃ kɔ'radɐʃ]	geröstete Kartoffeln
Batatas cozidas [bɐ'tatɐʃ ku'zidɐʃ]	Salzkartoffeln
Batatas fritas [bɐ'tatɐʃ 'fritɐʃ]	Pommes Frites
Esparguete [ʃpar'gɛtə]	Spaghetti
Legumes [lə'guməʃ]	Gemüse
Massa ['masɐ]	Teigwaren
Salada mista [sɐ'ladɐ 'miʃtɐ]	gemischter Salat

SOBREMESA	NACHTISCH
Arroz doce [ɐ'ʀoʒ 'dosə]	Milchreis
Compota de maçã [kõm'pɔtɐ də mɐ'sɐ̃]	Apfelkompott
Fruta da época ['frutɐ dɐ 'ɛpukɐ]	Obst der Saison
Gelado misto [ʒə'ladu 'miʃtu]	gemischtes Eis
Leite creme ['leitə 'krɛmə]	Milchspeise
Maçã assada [mɐ'sɐ̃ ɐ'sadɐ]	Bratapfel
Mousse de chocolate ['musə də ʃuku'late]	Schokoladencreme
Pudim flan [pu'dĩ flɐ̃]	Karamellpudding
Queijo da Serra ['keiʒu dɐ 'sɛʀɐ]	Schafskäse aus der Estrela-Bergkette
Tarte de amêndoa ['tartə d‿ɐ'mẽndwɐ]	Mandelkuchen

Lista de bebidas

GETRÄNKEKARTE

LICORES, BRANDIES, AGUARDENTES E APERITIVOS	LIKÖRE, BRANNTWEINE, SCHNÄPSE UND APERITIFS
Aguardente de figos [agwar'dẽntə də 'figuʃ]	Feigenschnaps
Bagaço [bɐ'gasu]	Tresterschnaps
Ginjinha [ʒĩ'ʒiɲɐ]	Kirschschnaps

Licor Beirão [li'kor bei'rɐ̃ũ]	Kräuterlikör
Macieira [mɐ'sjeirɐ]	Portugiesischer Weinbrand
Madeira [mɐ'deirɐ]	Madeirawein
Medronho [mə'droɲu]	Baumerdbeerschnaps
Porto ['portu]	Portwein

VINHOS	WEINE
Vinho da casa ['viɲu dɐ 'kazɐ]	Wein des Hauses
Vinho branco ['viɲu 'brẽŋku]	Weißwein
Vinho tinto ['viɲu 'tĩntu]	Rotwein
Vinho rosé ['viɲu ro'ze]	Roséwein
Dão [dɐ̃ũ]	Wein aus Mittelportugal
Vinho verde ['viɲu 'verdə]	leichter Wein mit natürlicher Säure

BEBIDAS NÃO ALCOÓLICAS	ALKOHOLFREIE GETRÄNKE
Água mineral ['agwɐ minə'ral]	Mineralwasser
com/sem gás [kõ/sɐĩ gaʃ]	mit/ohne Kohlensäure
Bica ['bikɐ]	Schwarzer Kaffee *(klein)*
Café (com leite) [kɐ'fɛ (kõ 'leitə)]	Kaffee *(mit Milch)*
Galão [gɐ'lɐ̃ũ]	Milchkaffee im Glas
Garoto [gɐ'rotu]	Kleiner Kaffee mit Milch
Chá com leite/limão [ʃa kõ 'leitə/li'mɐ̃ũ]	Tee mit Milch/Zitrone
Laranjada [lɐrɐ̃'ʒadɐ]	Orangeade
Limonada [limu'nadɐ]	Limonade
Sumo de laranja ['sumu də lɐ'rɐ̃ʒɐ]	Orangensaft

ESSEN UND TRINKEN

Fisch und Meeresfrüchte

Auster
ostra
[ˈoʃtrɐ]

Fischfilet
o filete de peixe
[u fiˈlɛtə də ˈpeiʃə]

Flusskrebs
o lagostim
[u lɐguʃˈtĩ]

Forelle
truta
[ˈtrutɐ]

Garnele
gamba
[ˈgãmbɐ]

Heilbutt
o halibute
[u ɐliˈbutə]

Herzmuschel
o berbigão
[u bərbiˈgɐ̃u]

Hummer
o lavagante
[u lɐvɐˈgɐ̃ntə]

Kabeljau
o bacalhau
[u bɐkɐˈʎau]

Krake
polvo
[ˈpolvu]

Krebs
caranguejo
[kɐrɐ̃nˈgeiʒu]

Makrele
cavala
[kɐˈvalɐ]

Miesmuschel
o mexilhão
[u məʃiˈʎɐ̃u]

Sardine
sardinha
[sɐrˈdiɲɐ]

Scholle
solha
[ˈsoʎɐ]

Seeteufel
o tamboril
[u tɐ̃mbuˈril]

Stockfisch
bacalhau
[bɐkɐˈʎau]

Tintenfisch
lula
[ˈlulɐ]

Tunfisch
o atum
[u ɐˈtũ]

Venusmuschel
amêijoa
[ɐˈmɐiʒwɐ]

Frühstück

Baguette
a baguete
[ɐ baˈgɛtə]

Butter
manteiga
[mẽnˈteigɐ]

Cornflakes
os cereais
[uʃ sərjˈaiʃ]

Croissant
o croissant
[u krˈwasẽ]

gekochtes Ei
ovo cozido
[ˈovu kuˈzidu]

Honig
o mel
[u mɛl]

Joghurt
o iogurte
[u joˈgurtə]

Kaffee
o café
[u kɐˈfɛ]

Käse
queijo
[ˈkeiʒu]

Knäckebrot
o pão sueco
[u pẽu suˈɛku]

Marmelade
o doce
[u ˈdosə]

Milch
o leite
[u ˈleitə]

Omelett
a omelete
[ɐ oməˈlɛtə]

Saft
sumo
[ˈsumu]

Spiegelei
ovo estrelado
[ˈovu ʃtrəˈladu]

Tee
o chá
[u ʃa]

Erdnussbutter
manteiga de amendoím
[mẽnˈteigɐ d‿ɐmə̃nduˈĩn]

Rührei
os ovos mexidos
[uz‿ˈɔvuʒ məˈʃiduʃ]

Schwarzbrot
o pão escuro integral
[o pẽu ˈʃkuru ĩntəˈgral]

Toast
o pão torrado
[u pẽu tuˈʀadu]

Gemüse

Aubergine
beringela
[bərĩˈʒɛlɐ]

Avocado
o abacate
[u ɐbɐˈkatə]

Brokkoli
os brocolos
[uʒ ˈbrɔkuluʃ]

Champignons
os cogumelos
[uʃ kuguˈmɛluʃ]

Erbsen
as ervilhas
[ɐz‿irˈviʎɐʃ]

Chilischote
pimenta malagueta
[piˈmə̃ntɐ mɐlɐˈgetɐ]

Gurken
os pepinos
[uʃ pɨˈpinuʃ]

Karotten
as cenouras
[ɐʃ səˈnorɐʃ]

Kartoffeln
as batatas
[ɐʒ bɐˈtatɐʃ]

Knoblauch
alho
[ˈaʎu]

Kopfsalat
a alface
[ɐ alˈfasə]

Kürbis
abóbora
[ɐ bɔburɐ]

Lauch
alho porro
[ˈaʎu ˈpoʀu]

Oliven
as azeitonas
[ɐz‿ɐzeiˈtonɐʃ]

Paprika
pimento
[piˈmẽntu]

Radieschen
os rabanetes
[uʃ ʀɐbɐˈnetəʃ]

Spinat
os espinafres
[uz‿əʃpiˈnafrəʃ]

Tomate
o tomate
[u tuˈmatə]

Zucchini
a corgete
[ɐ kɔrˈʒɛtə]

Zwiebel
cebola
[səˈbolɐ]

ESSEN UND TRINKEN

Obst

Apfel
a maçã
[ɐ mɐˈsɐ̃]

Aprikose
damasco
[dɐˈmaʃku]

Bananen
as bananas
[ɐʒ bɐˈnɐnɐʃ]

Birne
pera
[ˈperɐ]

Cashewnüsse
as castanhas de caju
[ɐʃ kɐʃˈtɐɲɐʒ də kaˈʒu]

Erdbeere
morango
[muˈraŋgu]

Feige
figo
[ˈfigu]

Haselnüsse
as avelãs
[ɐz‿ɐvəˈlɐ̃ʃ]

Himbeere
framboesa
[frɐ̃mbuˈezɐ]

Kirsche
cereja
[səˈreʒɐ]

Kiwis
o kiwi
[u ˈkivi]

Limette
lima
[ˈlimɐ]

Mango
manga
[ˈmɐ̃ŋgɐ]

Nektarine
nectarina
[nɛktɐˈrinɐ]

Orange
laranja
[lɐˈrɐ̃ʒɐ]

Papaya
papaia
[pɐˈpajɐ]

Pfirsich
pêssego
[ˈpesəgu]

Pflaume
ameixa
[ɐˈmeiʃɐ]

Weintrauben
as uvas
[ɐz‿ˈuvɐʃ]

Zitrone
o limão
[u liˈmɐ̃u]

EINKAUFEN

Eine Einkaufstour

ICH SUCHE …

Ich suche …
Estou a ver se encontro … [ʃto ɐ ver s‿ẽŋˈkõntru]

Ich möchte …
Queria … [kəˈriɐ]

Haben Sie …?
Tem …? [tɐĩ]

Darf es sonst noch etwas sein?
Mais alguma coisa? [maiz‿alˈgumɐ ˈkoizɐ]

Horário de abertura	Öffnungszeiten
aberto	offen
fechado	geschlossen
encerrado para férias	Betriebsferien

REKLAMIEREN

Ich möchte das bitte zurückgeben.
Queria devolver isto. [kəˈriɐ dəvolˈver ˈiʃtu]

Es ist beschädigt/kaputt.
Está estragado! [ʃta ʃtrɐˈgadu]

Ich möchte bitte mein Geld zurück!
Queria que me devolvam o dinheiro! [kəˈriɐ kə mə dəˈvolvɐ̃u u dəˈɲeiru]

Kann ich das umtauschen?
Posso trocar isto? [ˈpɔsu truˈkar ˈiʃtu]

BIS MITTERNACHT Allgemein gelten Öffnungszeiten von 9 bis 13 und von 15 bis 19 Uhr, samstags nur bis 13 Uhr. Manche Läden im Zentrum machen aber keine Mittagspause und bleiben auch samstagnachmittags offen. Die großen Einkaufszentren haben täglich von 10 bis 24 Uhr geöffnet.

Geschäfte

Entschuldigen Sie bitte, wo finde ich …?
Desculpe, onde encontro …? [dəʃˈkulp‿ˈõnd‿ẽŋˈkõnˈtru]

Apotheke	farmácia [fɐrˈmasjɐ]
Bäckerei	padaria [padɐˈriɐ]
Blumengeschäft	florista [fluˈriʃtɐ]
Buchhandlung	livraria [livrɐˈriɐ]
Computerfachgeschäft	loja de computadores [ˈlɔʒɐ də kõmputɐˈdorəʃ]

Drogerie	drogaria [drugɐˈriɐ]
Einkaufszentrum	centro comercial [ˈsẽntru kumərsiˈal]
Elektrohandlung	loja de artigos elétricos [ˈlɔʒɐ d‿ɐrˈtiguz‿iˈlɛtrikuʃ]
Feinkostgeschäft	charcutaria fina [ʃɐrkutɐˈriɐ ˈfinɐ]
Fischgeschäft	peixaria [peiʃɐˈriɐ]
Flohmarkt	feira da ladra [ˈfeirɐ dɐ ˈladrɐ]
Fotogeschäft	loja de artigos fotográficos [ˈlɔʒɐ d‿ɐrˈtiguʃ futuˈgrafikuʃ]
Friseur	*(für Damen)* cabeleireiro [kɐbəleiˈreiru]; *(für Herren)* barbearia [bɐrbjɐˈriɐ]
Handyladen	loja de telemóveis (*(Bras)* celulares) [ˈlɔʒɐ də tɛlɛˈmɔveiʃ (seluˈlarəs)]
Haushaltswaren	os artigos domésticos [uz‿ɐrˈtiguʒ duˈmɛʃtikuʃ]
Juwelier	joalharia [ʒwɐʎɐˈriɐ]
Kaufhaus	o grande armazém [u ˈgrɐnd‿ɐrmɐˈzɐ̃ĩ]
Konditorei	pastelaria [pɐʃtəlɐˈriɐ] confeitaria [kõfeitɐˈriɐ]
Kunsthändler	o comerciante de objetos de arte [u kumərsiˈɐ̃ntə d‿ɔbˈʒɛtuʒ d‿ˈartə]
Lebensmittelgeschäft	mercearia [mərsjɐˈriɐ]
Markt	mercado [mərˈkadu]
Metzgerei	talho [ˈtaʎu]; *(Bras)* o açougue [u aˈsogi]
Obst- und Gemüsehändler	frutaria e hortaliças [frutɐˈriɐ i ortɐˈlisɐʃ]
Optiker	o oculista [u ɔkuˈliʃtɐ]
Parfümerie	perfumaria [pərfumɐˈriɐ]
Reformhaus	loja de produtos dietéticos [ˈlɔʒɐ də pruˈdutoʒ djeˈtɛtikuʃ]

EINKAUFEN

Reinigung	tinturaria [tĩnturɐˈriɐ]
Reisebüro	agência de viagens [ɐˈʒẽsjɐ də ˈvjaʒɐ̃ĩʃ]; a modista [ɐ muˈdiʃtɐ]
Schuhgeschäft	sapataria [sɐpɐtɐˈriɐ]
Souvenirladen	loja de recordações turísticas [ˈlɔʒɐ də ʀəkurdɐˈsõiʃ tuˈriʃtikɐʃ]
Spielwarengeschäft	loja de brinquedos [ˈlɔʒɐ də brĩŋˈkeduʃ]
Spirituosengeschäft	loja de bebidas alcoólicas [ˈlɔʒɐ də bəˈbidɐz‿alˈkwɔlikɐʃ]
Sportartikel	(loja de) artigos de desporto ((*Bras*) esporte) [(ˈlɔʒɐ də) ɐrˈtiguʒ də dəʃˈportu (isˈpɔrti)]
Supermarkt	supermercado [supɛrmərˈkadu]
Tabakladen	tabacaria [tɐbɐkɐˈriɐ]
Uhrmacher	relojoeiro [ʀəluˈʒweiru]
Wäscherei	lavandaria [lɐvɐ̃dɐˈriɐ]
Waschsalon	o salão de lavandaria [u sɐˈlɐ̃ũ də lɐvɐ̃dɐˈriɐ]
Weinhandlung	o armazém de vinhos [u armɐˈzɐ̃ĩ də ˈviɲuʃ]

Lebensmittel kaufen

Geben Sie mir bitte ...
Dê-me, faz favor, ... [ˈdemə faʃ fɐˈvor]

– ein Kilo ...
um quilo de ... [ũ ˈkilu də]

– 10 Scheiben ...
10 fatias de ... [dɛʃ fɐˈtiɐʒ də]

– ein Stück von ...
um bocado de ... [ũm buˈkadu də]

– eine Einkaufstüte.
um saco. [ũ ˈsaku]

Bitte schneiden Sie es in Scheiben.
Faz favor, corte às fatias. [faʃ fɐˈvor ˈkɔrt‿aʃ fɐˈtiɐʃ]

Darf es noch etwas sein?
Mais alguma coisa? [maiz‿alˈgumɐ ˈkoizɐ]

Danke, das ist alles.
Obrigado/Obrigada, é tudo.
[obriˈgadu/obriˈgadɐ ɛ ˈtudu]

Was ist das?
O que é isto? [u kjɛ ˈiʃtu]

Kann ich es probieren?
Posso provar? [ˈpɔsu pruˈvar]

Verkaufen Sie ...?
Vende ...? [ˈvẽndə]

- *Bioprodukte*
  produtos biológicos [pruˈdutuʒ biuˈlɔʒikuʃ]
- *Produkte aus der Region*
  produtos da região [pruˈdutuʒ dɐ rəˈʒjẽu]

EINKAUFEN

abgelaufen	fora da validade [ˈfɔrɐ dɐ vɐliˈdadə]
Haltbarkeit	a validade do produto [ɐ vɐliˈdadə du pruˈdutu]
(ohne) Konservierungsstoffe	(sem) conservantes [(sẽ) kõnsərˈvẽntəʃ]

OBST	**FRUTA**
Ananas	o ananás [u ɐnɐˈnaʃ]; *(Bras)* o abacaxi [u‿abakaˈʃi]
Äpfel	as maçãs [ɐʒ mɐˈsɐ̃ʃ]
Apfelsinen	as laranjas [ɐʒ lɐˈrɐ̃ʒɐʃ]
Aprikosen	os damascos [uʒ dɐˈmaʃkuʃ]
Bananen	as bananas [ɐʒ bɐˈnɐnɐʃ]

Birnen	as peras [ɐʃ ˈperɐʃ]
Brombeeren	as amoras [ɐz‿ɐˈmɔrɐʃ]
Datteln	as tâmaras [ɐʃ ˈtɐmɐrɐʃ]
Erdbeeren	os morangos [uʒ muˈrɐ̃ŋguʃ]
Erdnüsse	os amendoins [uz‿ɐmẽnduˈĩnʃ]
Feigen	os figos [uʃ ˈfiguʃ]
Grapefruit	toranja [tuˈrɐ̃ʒɐ]
Haselnüsse	as avelãs [ɐz‿ɐvəˈlɐ̃ʃ]
Kirschen	as cerejas [ɐʃ səˈreʒɐʃ]
Kiwi	o kiwi [u ˈkivi]
Kokosnuss	coco [ˈkoku]
Mandarinen	as tangerinas [ɐʃ tɐ̃ʒəˈrinɐʃ]
Mandeln	as amêndoas [ɐz‿ɐˈmẽndwɐʃ]
Mango	manga [ˈmɐ̃ŋgɐ]
Melone	*(Honigmelone)* o melão [u məˈlɐ̃ũ]; *(Wassermelone)* melancia [məlɐ̃ˈsiɐ]
Obst	fruta [ˈfrutɐ]
Pfirsiche	os pêssegos [uʃ ˈpesəguʃ]
Pflaumen	as ameixas [ɐz‿ɐˈmeiʃɐʃ]
Walnüsse	as nozes [ɐʒ ˈnɔzəʃ]
Weintrauben	as uvas [ɐz‿ˈuvɐʃ]
Zitronen	os limões [uʒ liˈmõiʃ]

GEMÜSE	LEGUMES
Artischocken	as alcachofras [ɐz‿alkɐʃɔfrɐʃ]
Auberginen	as beringelas [ɐʒ bərĩˈʒɛlɐʃ]
Avocado	o abacate [u ɐbɐˈkatə]
Blumenkohl	a couve-flor [ɐ ˈkovə ˈflor]
Bohnen	o feijão [u feiˈʒɐ̃ũ]
– grüne Bohnen	o feijão-verde [u feiˈʒɐ̃ũ ˈverdə]
– weiße Bohnen	o feijão branco [u feiˈʒɐ̃ũ ˈbrɐ̃ŋku]
Chicorée	endívia [ẽnˈdiviɐ]
Erbsen	as ervilhas [ɐz‿irˈviʎɐʃ]
Fenchel	funcho [ˈfũʃu]

Gemüse	os legumes [uʒ lə'guməʃ]
Gurke	pepino [pə'pinu]
Karotten	as cenouras [ɐʃ sə'norɐʃ]
Kartoffeln	as batatas [ɐʒ bɐ'tatɐʃ]
Kichererbsen	o grão [u grɐũ]
Knoblauch	alho ['aʎu]
Kohl	a couve [ɐ 'kovə]
Kürbis	abóbora [ɐ'bɔburɐ]
Lauch	alho porro ['aʎu 'poʀu]
Linsen	as lentilhas [ɐʒ lẽn'tiʎɐʃ]
Mais	milho ['miʎu]
Oliven	as azeitonas [ɐz‿ɐzei'tonɐʃ]
Paprika(schote)	pimento [pi'mẽntu]
Petersilie	salsa ['salsɐ]
Salat	salada [sɐ'ladɐ]
– Kopfsalat	a alface [ɐ al'fasə]
Sellerie	aipo ['aipu]
Spargel	os espargos [uz‿əʃ'parguʃ]
Spinat	os espinafres [uz‿əʃpi'nafrəʃ]
Tomaten	os tomates [uʃ tu'matəʃ]
Zucchini	a corgete (*(Bras)* aboborinha) [ɐ kur'ʒɛtə (abɔ'briɲɐ)]
Zwiebeln	as cebolas [ɐʃ sə'bolɐʃ]

BACKWAREN, SÜSSWAREN ...	**PÃO, DOÇARIAS ...**
Bonbons	os rebuçados [u ʀəbu'saduʃ]
Brot	o pão [u pɐũ]
– Bauernbrot	o pão saloio [u pɐũ sɐ'loju]
– Maisbrot	o pão de milho [u pɐũ də 'miʎu]
– Roggenbrot	o pão de centeio [u pɐũ də sẽn'teju]
– Vollkornbrot	o pão integral [u pɐũ ĩntə'gral]
– Weißbrot	o pão branco [u pɐũ 'brɐ̃ŋku]

EINKAUFEN

Brötchen	os pãezinhos [uʃ pɐĩˈziɲuʃ]
– belegtes Brötchen	a sandes [ɐ ˈsɐñdəʃ]
Eis	gelado [ʒəˈladu]
Gebäck	*(kleine Kuchen)* os bolos [uʒ ˈboluʃ]
Haferflocken	os flocos de aveia [uʃ ˈflɔkuʒ d‿ɐˈveiɐ]
Honig	o mel [u mɛl]
Kaugummi	a chiclete [ɐ ʃiˈklɛtə]
Kekse	as bolachas [ɐʒ buˈlaʃɐʃ]
Kuchen	bolo [ˈbolu]
Marmelade	o doce [u ˈdosə]; *(Quitten)* marmelada [mɐrməˈlada]
Müsli	o muesli [u ˈmusli]
Schokolade	o chocolate [u ʃukuˈlatə]
Süßigkeiten	os doces [uʒ ˈdosəʃ]
Toast	torrada [tuˈʀadɐ]

EIER UND MILCHPRODUKTE — OVOS E LATICÍNIOS

Butter	manteiga [mɐñˈteigɐ]
Eier	os ovos [uz‿ˈɔvuʃ]
Joghurt	o iogurte [u joˈgurtə]
Käse	queijo [ˈkeiʒu]
– Schafskäse	queijo com leite de ovelha [ˈkeiʒu kõ ˈleitə d‿oˈvɐʎɐ]
– Weichkäse	*(typisch aus Portugal)* o recueijão [u rəkeiˈʒɐũ]
– Ziegenkäse	queijo com leite de cabra [ˈkeiʒu kõ ˈleitə də ˈkabrɐ]
Milch	o leite [u ˈleitə]
– fettarme Milch	o leite magro [u ˈleitə ˈmagru]
Quark	o quark [u kwark]
Sahne	as natas [ɐʒ ˈnatɐʃ]
– Schlagsahne	as natas batidas (chantilly) [ɐʒ ˈnatɐʃ bɐˈtidɐʃ (ʃɐñtiˈji)]

FLEISCH UND WURSTWAREN	CARNES E CHARCUTARIA
Aufschnitt	as carnes frias [ɐʃ ˈkarnəʃ ˈfriɐʃ]
Fleisch	a carne [ɐ ˈkarnə]
Hackfleisch	a carne picada [ɐ ˈkarnə piˈkadɐ]
Hähnchen	frango [ˈfrẽŋgu]
Hammelfleisch	a carne de carneiro [ɐ ˈkarnə də kɐrˈneiru]
Kalbfleisch	a carne de vitela [ɐ ˈkarnə də viˈtɛlɐ]
Kaninchen	coelho [ˈkweʎu]
Kotelett	costeleta [kuʃtəˈletɐ]
Lammfleisch	a carne de borrego [ɐ ˈkarnə də buˈʀegu]
Leberpastete	pasta de fígado [ˈpaʃtɐ də ˈfigɐdu]
Rindfleisch	a carne de vaca [ɐ ˈkarnə də ˈvakɐ]
Salami	o salame [u sɐˈlɐmə]
Schinken, gekocht	o fiambre/ *(Bras)* presunto [u ˈfjẽmbrə/prəˈzũntu]
Schinken, roh	presunto [prəˈzũntu]
Schweinefleisch	a carne de porco [ɐ ˈkarnə də ˈporku]
Wurst	*(Dauerwurst)* chouriço [ʃoˈrisu]; salsicha [salˈsiʃɐ]
Würstchen	as salsichas [ɐʃ salˈsiʃɐʃ]

FISCH UND MEERESFRÜCHTE	PEIXE E MARISCOS
Aal	enguia [ẽŋˈgiɐ]
Austern	as ostras [ɐz‿ˈoʃtrɐʃ]
Barsch	perca [ˈpɛrkɐ]
Fisch	o peixe [u ˈpeiʃə]
Garnelen	as gambas [ɐʒ ˈgẽmbɐʃ]

EINKAUFEN

Goldbrasse	dourada [do'radɐ]
Hering	o arenque [u ɐ'rẽŋkə]
Herzmuscheln	as amêijoas [ɐz‿ɐ'meiʒwɐʃ]
Krabben	os camarões [uʃ kɐmɐ'rõiʃ]
Makrele	cavala [kɐ'valɐ]
Miesmuscheln	os mexilhões [uʒ məʃi'ʎõiʃ]
Schwertfisch	o espadarte [u ʃpɐ'dartə]; peixe-espada [u 'peiʃə‿'ʃpadɐ]
Seezunge	linguado [lĩŋ'gwadu]
Thunfisch	o atum [u ɐ'tũ]
Tintenfisch	as lulas [ɐʒ 'lulɐʃ]; os chocos [uʃ ʃɔkuʃ]

GEWÜRZE — CONDIMENTOS

Basilikum	o manjericão ['u mɐ̃nʒəri'kɐ̃u]
Bohnenkraut	satureja [sɐtu'reiʒɐ]
Chili	o piripíri [u 'piri 'piri]
Dill	aneto [ɐ netu]
Gewürze	os condimentos [uʃ kõndi'mẽntuʃ]
Kerbel	cerefólio [sərə'fɔlju]
Koriander	coentro [ku'ẽntru]
Kräuter	as ervas aromáticas [az‿'ɛrvɐz ɐru'matikɐʃ]
Kümmel	os cominhos [uʃ ku'miɲuʃ]
Liebstöckl	levísia [lə'vizjɐ]
Lorbeer	louro ['loru]
Minze	a hortelã [ɐ ortə'lɐ̃]
Muskatnuss	a noz-moscada [ɐ nɔʒ muʃ'kadɐ]
Oregano	o orégão [u ɔ'rɛgɐ̃u]
Paprika	o colcrau [u kɔlu'rau]
Peperoni	malagueta [mɐlɐ'getɐ]
Petersilie	salsa ['salsɐ]
Pfeffer	pimenta [pi'mẽntɐ]
Rosmarin	o alecrim [u ɐlə'krĩm]

Safran	o açafrão [u ɐsɐˈfrɐũ]
Salbei	salva [ˈsalvɐ]
Schnittlauch	cebolinho [səbuˈliɲu]
Thymian	tomilho [tuˈmiʎu]

DIES UND DAS — ISTO E AQUILO

Butter	manteiga [mɐñˈteigɐ]
Essig	o vinagre [u viˈnagrə]
Gemüsebrühwürfel	cubo de caldo de legumes [ˈkubu də ˈkaldu də ləˈguməʃ]
Margarine	margarina [mɐrgɐˈrinɐ]
Mayonnaise	a maionese [ɐ majoˈnɛzə]
Mehl	farinha [fɐˈriɲɐ]
Nudeln	massa [ˈmasɐ]
Öl	óleo [ˈɔlju]
– Olivenöl	o azeite [u ɐˈzeitə]
Reis	o arroz [u ɐˈʀoʃ]
Salz	o sal [u sal]
Senf	mostarda [muʃˈtardɐ]
Zucker	o açúcar [u ɐˈsukar]

GETRÄNKE — BEBIDAS

Apfelsaft	sumo ((*Bras*) suco) de maçã [ˈsumu (ˈsuku) də mɐˈsẽ]
Bier	cerveja [sərˈveʒɐ]
– alkoholfreies Bier	cerveja sem álcool [sərˈveʒɐ sɐĩ ˈalkwɔl]
Kaffee	o café [u kɐˈfɛ]
Limonade	limonada [limuˈnadɐ]
Mineralwasser	água mineral [ˈagwɐ minəˈral]
– mit/ohne Kohlensäure	com/sem gás [kõ/sɐĩ gaʃ]
Orangensaft	sumo ((*Bras*) suco) de laranja [ˈsumu (ˈsuku) də lɐˈrẽʒɐ]

EINKAUFEN

Tee	o chá [u ʃa]
– Grüner Tee	o chá verde [u ʃa ˈverdə]
– Früchtetee	o chá de frutas [u ʃa də ˈfrutɐʃ]
– Kräutertee	o chá de ervas medicinais [u ʃa dˬˈɛrvɐʒ mədəsiˈnaiʃ]
– Schwarztee	o chá preto [u ʃa ˈpretu]
– Teebeutel	saquinho de chá [sɐˈkiɲu də ʃa]
Wein	vinho [ˈviɲu]
– Rosé	vinho rosé [ˈviɲu roˈze]
– Rotwein	vinho tinto [ˈviɲu ˈtĩntu]
– Weißwein	vinho branco [ˈviɲu ˈbrɐ̃ŋku]

Bücher, Zeitschriften und Schreibwaren

Ich hätte gern …
Queria … [kəˈriɐ]

– eine deutsche Zeitung.
um jornal alemão. [ũ ʒurˈnalˬɐləˈmɐ̃ũ]

– einen Reiseführer.
um guia turístico. [ũ ˈgiɐ tuˈriʃtiku]

– eine Wanderkarte dieser Gegend.
um mapa dos circuitos de marcha desta região. [ũ ˈmapɐ duʃ sirˈkuituʒ də ˈmarʃɐ ˈdɛʃtɐ ʀəˈʒjɐ̃ũ]

BÜCHER, ZEITSCHRIFTEN UND ZEITUNGEN

Buch	livro [ˈlivru]
Comic-Heft	banda desenhada [ˈbɐ̃ndɐ dəzəˈɲadɐ]
Frauenzeitschrift	revista feminina [ʀəˈviʃtɐ fəməˈninɐ]
Illustrierte	revista [ʀəˈviʃtɐ]
Kochbuch	livro de cozinha [ˈlivru də kuˈziɲɐ]

Landkarte — o mapa [u ˈmapɐ]
Reiseführer — o guia turístico [u ˈgiɐ tuˈriʃtiku]
Stadtplan — planta da cidade [ˈplɐntɐ dɐ siˈdadə]
Straßenkarte — o mapa das estradas [u ˈmapɐ dɐʃ‿ʃˈtradɐʃ]
Tageszeitung — o jornal diário [u ʒurˈnal diˈarju]
Zeitschrift — revista [ʀəˈviʃtɐ]
Zeitung — o jornal [u ʒurˈnal]

SCHREIBWAREN

VERWECHSLUNGSGEFAHR!

Vorsicht vor einer möglichen Verwechslung: Sagen Sie nicht **carta**, wenn Sie eine Postkarte wollen, sonst bekommen Sie einen *Brief*. *Karte* heißt auf portugiesisch **postal**.

Ansichtskarte — o postal ilustrado [u puʃˈtal‿iluʃˈtradu]
Bleistift — o lápis [u ˈlapiʃ]
Briefpapier — o papel de carta [u pɐˈpɛl də ˈkartɐ]
Briefumschlag — o envelope [u ẽvəˈlɔpə]
Kugelschreiber — esferográfica [ʃfɛrɔˈgrafikɐ]
Notizblock — bloco de notas [ˈblɔku də ˈnɔtɐʃ]
Papier — o papel [u pɐˈpɛl]

Drogerieartikel

allergiegetestet — testado a alergia [təʃˈtad‿ɐ ɐlərˈʒiɐ]
Babynahrung — comida para bebés [kuˈmidɐ ˈpɐrɐ bɛˈbɛʃ]

Creme	o creme [u 'krɛmə]
Drogerieartikel	os artigos de drogaria [uz‿ɐr'tiguʒ də drugɐ'riɐ]
Faden	linha ['liɲɐ]
Gesichtscreme	o creme de rosto [u 'krɛmə də 'ʀoʃtu]
Haargel	o gel para o cabelo [u ʒɛl 'pɐrɐ u kɐ'belu]
Handcreme	o creme para as mãos [u 'krɛmə 'pɐr‿aʒ mɐ̃ũʃ]
Kamm	o pente [u 'pẽntə]
Lichtschutzfaktor	o fator de proteção solar [u fa'tor də prutɛ'sɐ̃ũ su'lar]
Mückenschutz	o protetor contra insetos [u prutɛ'tor 'kõntrɐ ĩsɛtuʃ]
Papiertaschentücher	os lenços de papel [uʒ 'lẽsuʒ də pɐ'pɛl]
Rasierklingen	lâmina de barba ['lɐminɐ də 'barbɐ]
Rasierpinsel	o pincel de barba [u pĩn'sɛl də 'barbɐ]
Rasierwasser	a loção (para a barba) [ɐ lu'sɐ̃ũ ('pɐra 'barbɐ)]
Reinigungsmilch	o leite de limpeza [u 'leitə də lĩm'pezɐ]
Sauger	tetina [tə'tinɐ]
Schnuller	chupeta [ʃu'petɐ]
Sonnenmilch	o leite solar [u 'leitə su'lar]
Sonnenöl	óleo solar ['ɔlju su'lar]
Spiegel	espelho ['ʃpeʎu]
Waschmittel	o detergente para a roupa [u dətər'ʒẽntə 'pɐrɐ 'ʀopɐ]
Wattestäbchen	as cotonetes [ɐʃ kotu'nɛtəʃ]
Windeln	as fraldas [ɐʃ 'fraldɐʃ]
Zahnseide	fio dental ['fiu dẽn'tal]
Zahnstocher	palito [pɐ'litu]

EINKAUFEN

Elektroartikel/Computer

Adapter	o adaptador [u ɐdɐptɐ'dor]
Akku	o acumulador [u ɐkumulɐ'dor]
Batterie	pilha ['piʎɐ]
Föhn	o secador do cabelo [u səkɐ'dor du kɐ'belu]
Glühbirne	lâmpada ['lɐ̃mpɐdɐ]
Handy	o telemóvel ((*Bras*) o celular) [u tɛlɛ'mɔvel (u selu'lar)]
Kopfhörer	o auscultador [u auʃkultɐ'dor]
Ladegerät	o carregador de baterias [u kɐʀəgɐ'dor də bɐtə'riɐʃ]
Ladekabel	cabo de carregamento ['kabu də kɐʀəgɐ'mẽntu]
Laptop	o portátil [u pur'tatil]
Lautsprecher	o altifalante [u altifɐ'lɐ̃ntə]
Memorystick	o pen drive [u pẽn'draivə]
MP3-Player	o leitor de MP3 [u lei'tor də 'ɛmə pe treʃ]
Notebook	agenda eletrónica de bolso [ɐ'ʒẽnd‿ilɛ'trɔnikɐ də 'bolsu]
Smartphone	o smartphone [u smart'fonə]
Speicherkarte	o cartão de memória [u kɐr'tɐ̃ũ də mə'mɔrjɐ]
Stecker	ficha ['fiʃɐ]; (*Bras*) plugue ['plugi]
Tablet-PC	o computador tablet [u kõmputɐ'dor 'tɛblətə]
USB-Stick	dispositivo USB (a pen) [dəʃpuzi'tivu uɛs'be (ɐ pẽn]
Verlängerungsschnur	a extensão [ɐ ʃtẽ'sɐ̃ũ]

Fotoartikel

Ich brauche … für diese Kamera.
Preciso de … para esta máquina.
[prəˈsizu də … ˈpɐrɐ ˈɛʃtɐ ˈmakinɐ]

– *eine Speicherkarte*
um cartão de memória [ũ kɐrˈtɐ̃u də məˈmɔrjɐ]
– *Akkus*
os acumuladores [uz‿ɐkumulɐˈdorəʃ]
– *einen Film*
um rolo [ũ ˈʀolu]

Ich brauche Passfotos.
Preciso de fotografias tipo passe.
[prəˈsizu də futugrɐˈfiaʃ ˈtipu ˈpasə]

Das ist kaputt. Können Sie es bitte reparieren?
Isto está avariado. Pode repará-lo, faz favor?
[ˈiʃtu ʃta ɐvɐˈrjadu. ˈpɔdə ʀəpɐˈralu faʃ fɐˈvor]

Auslöser — o disparador [u dəʃpɐrɐˈdor]
Blitzgerät — o flash [u flɛʃ]
Digitalkamera — máquina digital [ˈmakinɐ diʒiˈtal]
Einwegkamera — máquina fotográfica descartável [ˈmakinɐ futuˈgrafikɐ dəʃkɐrˈtavɛl]
Filmempfindlichkeit — a sensibilidade do filme [ɐ sẽsibəliˈdadə du ˈfilmə]
Filmkamera — máquina de filmar [ˈmakinɐ də filˈmar]
Linse — a lente [a ˈlẽntə]
Objektiv — objetiva [obʒɛˈtivɐ]
Stativ — o tripé [u triˈpɛ]
Unterwasserkamera — máquina fotográfica subaquática [ˈmakinɐ futuˈgrafikɐ subɐˈqwatikɐ]

EINKAUFEN

Haushaltsartikel

Abfallbeutel	saco do lixo ['saku du 'liʃu]
Alufolie	folha de alumínio ['foʎɐ d‿ɐlu'minju]
Bindfaden	o cordel [u kur'dɛl]
Dosenöffner	o abre-latas [u 'abrə 'latɐʃ]
Draht	o arame [u ɐ'rɐmə]
Flaschenöffner	o abre-cápsulas [u 'abrə 'kapsulɐʃ]
Frischhaltefolie	película transparente [pə'likulɐ trɐ̃ʃpɐ'rẽntə]
Gabel	garfo ['gɐrfu]
Glas	copo ['kɔpu]
Grill	o grelhador [u grəʎɐ'dor]
Grillkohle	o carvão [u kɐr'vɐ̃ũ]
Haushaltswaren	os artigos domésticos [uz‿ɐr'tiguʒ du'mɛʃtikuʃ]
Insektenspray	lata de inseticida ['latɐ d‿ĩnsɛti'sidɐ]
Knopf	o botão [u bu'tɐ̃ũ]
Korkenzieher	o saca-rolhas [u 'sakɐ 'ʀoʎɐʃ]
Kühlelement	o acumulador térmico [u ɐkumulɐ'dor 'tɛrmiku]
Kühltasche	mala térmica ['malɐ 'tɛrmikɐ]
Nadel	agulha [ɐ'guʎɐ]
Plastikbesteck	o talher de plástico [u tɐ'ʎɛr də 'plaʃtiku]
Plastikbeutel	saquinho de plástico [sɐ'kiɲu də 'plaʃtiku]
Schere	tesoura [tə'zorɐ]
Servietten	os guardanapos [uʒ gwɐrdɐ'napuʃ]
Sicherheitsnadel	o alfinete de segurança [u alfi'netə də səgu'rɐ̃sɐ]
Spülbürste	escova para a louça ['ʃkovɐ 'pɐra 'losɐ]

Spülmittel	o detergente para a louça [u dətər'ʒẽntə 'pɐra 'losɐ]
Spültuch	o esfregão para a louça [u ʃfrə'gɐ̃ũ 'pɐra 'losɐ]
Streichhölzer	os fósforos [uʃ 'fɔʃfuruʃ]
Taschenmesser	o canivete [u kɐni'vɛtə]
Thermosflasche®	o termos [u 'tɛrmuʃ]
Trinkflasche	o biberão de água (ou chá) [u bibə'rɐ̃ũ d‿'agwɐ (o ʃa)]
Wäscheklammern	as molas para a roupa [ɐʒ 'mɔlɐʃ 'pɐra 'ʀopɐ]

Etwas zum Anziehen

FARBEN

blau	azul [ɐ'zul]
braun	castanho [kɐʃ'tɐɲu]; *(Bras)* marrom [ma'ʀõ]
einfarbig	só de uma cor [sɔ d‿'umɐ kor]
farbig	de cor [də kor]
gelb	amarelo [ɐmɐ'rɛlu]
goldfarben	dourado [do'radu]
grau	cinzento [sĩ'zẽntu]; (*(Bras)* cinza) ['sĩzɐ]
grün	verde ['verdə]
orange	cor de laranja [kor də lɐ'rɐ̃ʒɐ]
rosa	cor-de-rosa [kor də 'ʀɔzɐ]
rot	vermelho [vər'meʎu]; encarnado [ẽŋkɐr'nadu]
schwarz	preto ['pretu]; negro ['negru]
silberfarben	prateado [prɐ'tjadu]
türkis	turquesa [tur'kezɐ]
weiß	branco ['brɐ̃ŋku]

KLEIDUNG

Können Sie mir bitte ... zeigen?
Pode-me mostrar ... por favor?
[ˈpɔdəmə muʃˈtrar pur fɐˈvor]

Kann ich es anprobieren?
Posso provar? [ˈpɔsu pruˈvar]

Welche (Konfektions-)Größe haben Sie?
Que número usa? [kə ˈnumәru ˈuzɐ]

Das ist mir zu ...
Está muito ... [ʃta ˈmũintu]

– eng/weit.
apertado/largo. [ɐpərˈtadu/ˈlargu]
– kurz/lang.
curto/comprido. [ˈkurtu/kõmˈpridu]
– klein/groß.
pequeno/grande. [pəˈkenu/ˈgrɐ̃ndə]

Das passt gut. Ich nehme es.
Está bom. Levo este. [ʃta bõ. ˈlɛvu ˈeʃtə]

Das ist nicht ganz, was ich möchte.
Não é bem isto que eu quero. [nɐ̃ũ ɛ bɐ̃ĩ ˈiʃtu kjeu ˈkɛru]

Haben Sie das auch noch in einer anderen Farbe?
Também há noutra cor? [tɐ̃mˈbɐ̃i a ˈnotrɐ kor]

Anorak .... o anorak [u ɐnɔˈrak]
Ärmel .... manga [ˈmɐ̃ŋgɐ]
Badeanzug .... fato de banho [ˈfatu də ˈbɐɲu]; *(Bras)* o maiô [u maˈjo]
Badehose .... o calção de banho [u kalˈsɐ̃ũ də ˈbɐɲu]
Bademantel .... o roupão de banho [u ʀoˈpɐ̃ũ də ˈbɐɲu]
BH .... o soutien, *(Bras)* sutiã [u suˈtjɐ̃]
Bikini .... o biquíni [u biˈkini]
Bluse .... blusa [ˈbluzɐ]
Handschuhe .... as luvas [ɐʃ ˈluvɐʃ]

Hemd	camisa [kɐˈmizɐ]
Hose	as calças [ɐʃ ˈkalsɐʃ]
Hut	o chapéu [u ʃɐˈpɛu]
– Sonnenhut	o chapéu para o sol [u ʃɐˈpɛu ˈpɐrɐ u sɔl]
Jacke	casaco [kɐˈzaku]
Jeans	as calças de ganga [ɐʃ ˈkalsɐʒ də ˈgɐ̃gɐ]
Kinderkleidung	roupa de criança [ˈʀopɐ də krjˈɐ̃sɐ]
Kleid	vestido [vəʃˈtidu]
Kostüm	(fato de) saia e casaco [(ˈfatu də) ˈsajɐ i kɐˈzaku]; *(Bras)* o tailler [u taiˈjɛr]
Krawatte	gravata [grɐˈvatɐ]
Mantel	*(Damenmantel)* casaco comprido [kɐˈzaku kõmˈpridu]; *(Herrenmantel)* sobretudo [sobrəˈtudu]
Mütze	o boné [u bɔˈnɛ]
Pullover	camisola [kɐmiˈzɔlɐ]; o pulôver [u puˈlovɛr]
Regenjacke	casaco impermeável [kɐˈzaku ĩmpərˈmjavɛl]
Reißverschluss	fecho de correr [ˈfeiʃu də kuˈʀer]
Rock	saia [ˈsajɐ]
Schal	o cachecol [u kaʃəˈkɔl]
Schirm	o guarda-chuva [u ˈgwardɐ ˈʃuvɐ]
Shorts	o calção [u kalˈsɐ̃ũ]
Slip	cueca de senhora [ˈkwɛkɐ də səˈɲorə]
Socken	as peúgas [ɐʃ ˈpjugɐʃ]
Strickjacke	casaco de malha [kɐˈzaku də ˈmaʎɐ]
Strumpfhose	o collant [u ˈkɔlɐ̃]
Sweatshirt	a sweatshirt [ɐ suɛtə ʃɛrtə]
T-Shirt	a T-shirt [ɐ ti ʃɛrt]
Weste	o colete [u kuˈletə]

SCHUHE UND TASCHEN

Ich habe Schuhgröße ...
Calço o número ... [ˈkals‿u ˈnuməru]

Sie sind zu eng/zu groß.
Estão muito apertados/grandes.
[ʃtɐ̃ũ ˈmũintu ɐpərˈtaduʃ/ˈgrɐ̃ndəʃ]

Badeschuhe — os sapatos para banho [uʃ sɐˈpatuʃ ˈpɐrɐ ˈbɐɲu]
Flipflops — as havaianas [ɐz‿ɐvaiˈɐnɐʃ]
Gummistiefel — as galochas [ɐʒ gɐˈlɔʃɐʃ]
Gürtel — cinto [ˈsĩntu]
Handtasche — mala de mão [ˈmalɐ də mɐ̃ũ]; carteira [kɐrˈteirɐ]
Koffer — mala [ˈmalɐ]
Reisetasche — saco de viagem [ˈsaku də ˈvjaʒɐ̃ĩ]
Rucksack — mochila [muˈʃilɐ]
Sandalen — as sandálias [ɐʃ sɐnˈdaljɐʃ]
Schnürsenkel — os atacadores [uz‿ɐtɐkɐˈdorəʃ]
Schuh — sapato [u sɐˈpatu]
Stiefel — as botas [ɐʒ ˈbɔtɐʃ]
Strandschuhe — os sapatos de praia [uʃ sɐˈpatuʒ də ˈprajɐ]
Tasche — saco [ˈsaku]
Turnschuhe — os ténis [uʃ ˈtɛniʃ] as sapatilhas [ɐʒ sɐpɐˈtiʎɐʃ]
Wander-/ Trekkingschuh — sapato de marcha/ de todo-terreno [sɐˈpatu də ˈmarʃɐ/ də ˈtodu təˈʀenu]

EINKAUFEN

Beim Optiker

Würden Sie mir bitte diese Brille/das Gestell reparieren?
Podia-me consertar estes óculos/a armação, faz favor?
[puˈdiɐmə kõsərˈtar‿eʃtəz‿ˈɔkuluʃ/ɐ armɐˈsɐ̃ũ, faʃ fɐˈvor]

Ich hätte gern ...
Queria ... [kəˈriɐ]

- *Eintageslinsen.*
  lentes descartáveis diárias.
  [ˈlẽntəʒ dəʃkɐrˈtaveiʃ diˈarjɐʃ]
- *eine Aufbewahrungslösung.*
  uma solução de conservação.
  [ˈumɐ suluˈsɐũ də kõsərvɐˈsɐũ]
- *eine Reinigungslösung.*
  um líquido de limpeza. [ũ ˈlikidu də lĩmpezɐ]
- *für harte/weiche Kontaktlinsen.*
  para lentes de conta(c)to duras/moles.
  [ˈpɐrɐ ˈlẽntəʒ də kõnˈtaktu ˈdurɐʃ/ˈmɔləʃ]
- *eine Sonnenbrille.*
  uns óculos de sol. [ũz‿ˈɔkuluʒ də sɔl]

Souvenirs kaufen

EINKAUFEN

Ich hätte gern ...
Queria ... [kəˈriɐ]

- *ein hübsches Andenken.*
  uma lembrança bonita.
  [ˈumɐ lẽmˈbrẽsɐ buˈnitɐ]
- *etwas Typisches aus dieser Gegend.*
  uma coisa típica desta região.
  [ˈumɐ ˈkoizɐ ˈtipikɐ ˈdɛʃtɐ rəʒiˈɐũ]

echt	autêntico [auˈtẽntiku]
Folkloreladen	loja de artigos folclóricos [ˈlɔʒɐ d‿ɐrˈtiguʃ fɔlˈklɔrikuʃ]
handgemacht	feito à mão [ˈfɐit‿a mɐũ]
Keramik	as cerâmicas [ɐʃ səˈrɐmikɐʃ]
Keramik aus Barcelos	cerâmica de Barcelos [səˈrɐmikɐ də bɐrˈsɛluʃ]
kitschig	parolo [pɐˈrolu]
Mitbringsel	lembrança [lẽmˈbrẽsɐ]

regionales Produkt/ Spezialität	produto/a especialidade regional [pru'dutu/ɐ ʃpəsjɐli'dadə ʀəʒju'nal]
Schmuck	as joias [ɐʒ 'ʒɔjɐʃ]
Schnitzerei	obra de talha ['ɔbrɐ də 'taʎɐ]
Töpferwaren	os barros [uʒ 'baʀuʃ]

Im Tabakladen

Eine Schachtel/Eine Stange ...
Um maço/Um pacote ...
[ũ 'masu/ũm pɐ'kɔtə]

- mit/ohne Filter, bitte!
com/sem filtro, faz favor!
[kõ/sɐĩ 'filtru faʃ fɐ'vor]

Zehn Zigarren/Zigarillos, bitte.
Dez charutos/cigarrilhas, faz favor.
[dɛʃ ʃɐ'rutuʃ/sigɐ'ʀiʎɐʃ faʃ fɐ'vor]

Aschenbecher	cinzeiro [sĩ'zeiru]
Feuerzeug	isqueiro [iʃ'keiru]
Pfeife	cachimbo [kɐ'ʃĩmbu]
Pfeifentabak	tabaco para cachimbo [tɐ'baku 'perɐ kɐ'ʃĩmbu]
Streichhölzer	os fósforos [uʃ 'fɔʃfuruʃ]
Zigarette	cigarro [si'gaʀu]
Zigarettentabak	tabaco para cigarros [tɐ'baku perɐ si'gaʀuʃ]
Zigarillo	cigarrilha [sigɐ'ʀiʎɐ]
Zigarre	charuto [ʃɐ'rutu]

EINKAUFEN

Uhren und Schmuck

Anhänger	o medalhão [u mədɐˈʎɐ̃ũ]
Armband	pulseira [puɫˈseirɐ]
Armbanduhr	relógio de pulso [ʀəˈlɔʒju də ˈpulsu]
– für Damen/ für Herren	de senhora/de homem [də səˈɲɔrɐ/d‿ˈɔmɐ̃ĩ]
Brosche	o broche [u ˈbrɔʃə]
Gold	ouro [ˈoru]
Kette	o colar [u kuˈlar]; (fein) fio [ˈfiu]
Krawattennadel	o alfinete de gravata [u alfiˈnetə də grɐˈvatɐ]
Kristall	o cristal [u kriʃˈtal]
Modeschmuck	bijutaria [biʒutɐˈriɐ]; *(Bras)* bijuteria [biʒuteˈriɐ]
Ohrringe	os brincos [uʒ ˈbrĩŋkuʃ]
Perle	pérola [ˈpɛrulɐ]
Reisewecker	o despertador de viagem [u dəʃpərtɐˈdor də viˈaʒɐ̃ĩ]
Ring	o anel [u ɐˈnɛl]
Schmuck	as joias [ɐʒ ˈʒɔjɐʃ]
Silber	prata [ˈpratɐ]
wasserdicht	à prova de água [a ˈprɔvɐ d‿ˈagwɐ]
wasserdichte Uhr	relógio à prova de água [ʀəˈlɔʒju a ˈprɔvɐ d‿ˈagwɐ]

EINKAUFEN

Einkaufen

die ***Bäckerei***
padaria
[padɐˈriɐ]

die ***Drogerie***
drogaria
[drugɐˈriɐ]

der ***Friseursalon***
salão de cabeleireiro
[sɐˈlɐ̃u də kɐbəleiˈreiru]

der ***Gemüseladen***
loja de legumes
[ˈlɔʒɐ də ləˈguməʃ]

der ***Geschenkeladen***
loja de presentes
[ˈlɔʒɐ də prəˈzẽntəʃ]

die ***Konditorei***
pastelaria
[peʃtəlɐˈriɐ]

der ***Markt***
mercado
[mərˈkadu]

die ***Metzgerei***
talho
[ˈtaʎu]

die ***Schneiderei***
loja de costura
[ˈlɔʒɐ də kuʃˈturɐ]

der ***Baumarkt***
loja de materiais de construção e bricolage
[ˈlɔʒɐ də mɐtəˈrjaiʒ də kõʃtruˈsɐ̃u i brikɔˈlaʒə]

das ***Schreibwaren-geschäft***
papelaria
[pɐpəlɐˈriɐ]

der ***Supermarkt***
supermercado
[supɛrmərˈkadu]

ÜBERNACHTEN

WIE MAN SICH BETTET ...

Sie können sich nach der Zahl der Sterne richten, nach einer persönlichen Empfehlung oder ganz einfach nach Ihrem Geldbeutel ...

Ein besonderer Tipp sind die **Pousadas**: Staatlich-private, sehr gut geführte Hotels in besonders schönen Gebieten. Außerdem sind sie oft in historischen Gebäuden untergebracht.

Hotel, Pension oder Privatzimmer?

AN DER INFORMATION

Können Sie mir bitte ... empfehlen?
Faz favor, pode-me recomendar ...
[faʃ fɐˈvor ˈpɔdəmə ʀəkumẽnˈdar]

- ein gutes Hotel/ein einfaches Hotel
um bom hotel?/um hotel simples?
[ũm bõ ɔˈtɛl/ũ ɔˈtɛl ˈsĩmpləʃ]

- eine Pension
uma pensão? [ˈumɐ pẽˈsɐũ]

- ein Privatzimmer
um quarto? [ũm ˈkwartu]

Ist es zentral/ruhig/in Strandnähe gelegen?
Fica no centro/num sítio sossegado/perto da praia?
[ˈfikɐ nu ˈsẽntru/nũ ˈsitju susəˈgadu/ˈpɛrtu dɐ ˈprajɐ]

Können Sie mir etwas in der Nähe empfehlen?
Pode recomendar-me alguma coisa aqui perto?
[ˈpɔdə rəkumẽnˈdarm‿alˈgumɐ ˈkoiz‿ɐˈki ˈpɛrtu]

Gibt es hier auch ...
Também há aqui ... [tẽmˈbɐĩ a ɐˈki]

- einen Campingplatz?
um parque de campismo ((*Bras.*) um camping)?
[ũm ˈparkə də kẽmˈpiʒmu (ũ ˈkẽmpiŋ)]

- eine Jugendherberge?
uma pousada de juventude?
[ˈumɐ poˈzadɐ də ʒuvẽnˈtudə]

Hotel

IM HOTEL ANGEKOMMEN

Ich habe ein Zimmer reserviert. Mein Name ist ...
Eu reservei um quarto. O meu nome é ...
[eu ʀəzərˈvei ũm ˈkwartu. u meu ˈnom‿ɛ]

Haben Sie noch ... ein Zimmer frei?
Ainda tem um quarto livre ...?
[ɐˈĩndɐ tɐĩ ũm ˈkwartu ˈlivrə]

- ... für eine Nacht
... para uma noite [ˈperɐ ˈumɐ ˈnoitə]

– *... für zwei Tage*
... para dois dias [ˈpɐrɐ doiʒ ˈdiɐʃ]
– *... für eine Woche*
... para uma semana [ˈpɐrɐ ˈumɐ səˈmɐnɐ]

Haben Sie Familienzimmer?
Tem quartos para famílias? [tɐ̃ĩ ˈkwartuʃ ˈpɐrɐ fɐˈmiljɐʃ]

Ich hätte gern ...
Queria ... [kəˈriɐ]

– *ein Einzelzimmer*
um quarto individual [ũm ˈkwartu ĩndəviˈdwal]
– *ein Doppelzimmer*
um quarto de casal [ũm ˈkwartu də kɐˈzal]
– *ein ruhiges Zimmer*
um quarto sossegado [ũm ˈkwartu susəˈgadu]
– *mit Dusche*
com duche (*(Bras)* ducha) [kõ ˈduʃə (ˈduʃɐ)]
– *mit Bad*
com casa de banho (*(Bras)* banheiro)
[kõ ˈkazɐ də ˈbɐɲu (baˈɲeru)]
– *mit Balkon/Terrasse*
com varanda/terraço [kõ vɐˈrɐ̃ndɐ/təˈʀasu]

Kann ich das Zimmer ansehen?
Posso ver o quarto? [ˈpɔsu ver‿u ˈkwartu]

Kann ich bitte noch ein anderes sehen?
Posso ver mais outro quarto?
[ˈpɔsu ver maiz‿ˈotru ˈkwartu]

Es ist gut, ich nehme es.
Está bem, fico com isto. [ʃta bɐ̃ĩ ˈfiku kõ ˈiʃtu]

Könnten Sie bitte noch ein drittes Bett/ein Kinderbett dazustellen?
Pode pôr mais uma cama/uma cama de criança?
[ˈpɔdə por maiz‿ˈumɐ ˈkɐmɐ/ˈumɐ ˈkɐmɐ də krjˈɐ̃sɐ]

Ist das Frühstück inklusive?
O pequeno almoço está incluído?
[u pəˈken‿alˈmosu ʃta ĩŋklwˈidu]

Wo kann ich den Wagen abstellen?
Onde posso deixar o carro? [ˈõndə ˈpɔsu deiˈʃar‿u ˈkaʀu]

FRAGEN UND BITTEN

Ab wann gibt es Frühstück?
A partir de que horas se pode tomar o pequeno-almoço ((*Bras*) o café da manhã)? [ɐ pɐrˈtiɾ də ˈkjɔɾɐʃ sə ˈpɔdə tuˈmar‿u pəˈken‿alˈmosu (u kaˈfɛ da maˈɲɐ̃)]

Wann sind die Essenszeiten?
A que horas são as refeições? [ɐ ˈkjɔɾɐʃ sɐũ ɐʒ ʀəfeiˈsõiʃ]

Wo ist der Speisesaal?
Onde é a sala de jantar? [ˈõnd‿ɛ ɐ ˈsalɐ də ʒɐ̃nˈtar]

Gibt es ... im Zimmer?
Há ... no quarto? [a nu ˈkwartu]

- *Internetanschluss*
  ligação à Internet [ligɐˈsɐ̃u a ĩntərˈnɛtə]
- *Fernsehen*
  televisão [tələviˈsɐ̃u]

Haben Sie WLAN?
Tem Wi-Fi? [tɐ̃i waiˈfai]

Wo gibt es in der Nähe ein Internetcafé?
Onde há aqui um internet café?
[ˈõnd‿a ɐˈki ũ ĩntɐrˈnɛtə kɐˈfɛ]

Haben Sie ein Babyfon?
Tem um interfone para bebés?
[tɐĩ ũ ĩntərˈfɔnə ˈpɐɾɐ bɛˈbɛʃ]

ÜBERNACHTEN

ALLES IN ORDNUNG?

Das Zimmer ist heute nicht geputzt worden.
O quarto não foi limpo hoje.
[u ˈkwartu nɐũ foi ˈlĩmpu ˈoʒə]

Die Klimaanlage funktioniert nicht.
O ar condicionado não funciona.
[u ar kõndəsjuˈnadu nɐũ fũsjˈonɐ]

Es kommt kein (warmes) Wasser.
Não corre água (quente). [nɐũ ˈkoʀ‿ˈagwɐ (ˈkẽntə)]

Die Toilette/Das Waschbecken ist verstopft.
A retrete (*(Bras)* privada)/bacia do lavatório está entupida.
[ɐ ʀəˈtrɛtə (priˈvadɐ)/bɐˈsiɐ du lɐvɐˈtɔrju ʃta ẽntuˈpidɐ]

Ich hätte gern ein anderes Zimmer.
Queria que me desse outro quarto.
[kəˈriɐ kə mə ˈdɛs‿ˈotru ˈkwartu]

AUSCHECKEN UND BEZAHLEN

Ich reise heute Abend/morgen um ... Uhr ab.
Parto esta tarde/amanhã às ... horas.
[ˈpartu ˈɛʃtɐ ˈtardə/amɐˈɲɐ̃ aʃ ... ˈɔrɐʃ]

Kann ich mein Gepäck (bis heute Abend) hier lassen?
Posso deixar a minha bagagem aqui (até hoje à noite)?
[ˈpɔsu deiˈʃar ɐ ˈmiɲɐ bɐˈgaʒɐ̃i ɐˈki (ɐˈtɛ oʒ‿a ˈnoitə)]

Kann ich bitte meinen Pass zurückhaben?
Pode-me devolver o passaporte, por favor?
[ˈpɔdəmə dəvolˈver u pasɐˈpɔrtə pur fɐˈvor]

Vielen Dank für alles! Auf Wiedersehen!
Muito obrigado/obrigada por tudo! Adeus!
[ˈmũint‿obriˈgadu/obriˈgadɐ pur ˈtudu. ɐˈdeuʃ]

Abendessen	o jantar [u ʒɐ̃ˈtar]
Abfalleimer	o balde do lixo [u ˈbaldə du ˈliʃu]
Anmeldung	a rece(p)ção [ɐ ʀəsɛˈsɐ̃ũ]

ÜBERNACHTEN

Aufzug	o elevador [u iləvɐˈdor]
Badetuch	o toalhão de banho [ũ twɐˈʎɐ̃ũ də ˈbɐɲu]
Badezimmer	casa de banho [ˈkazɐ də ˈbɐɲu]; *(Bras)* banheiro [baˈɲeru]
Balkon	varanda [vɐˈrɐ̃dɐ]
barrierefrei	sem obstáculos [sɐ̃ĩ obʃˈtakuluʃ]
Bett	cama [ˈkɐmɐ]
Bettdecke	colcha [ˈkolʃɐ]
Bettwäsche	roupa de cama [ˈʀopɐ də ˈkɐmɐ]
Dusche	o duche [u ˈduʃə]; *(Bras)* a ducha [a ˈduʃɐ]
Duschsitz	assento para o duche [ɐˈsẽntu per‿u ˈduʃə]
Duschvorhang/ Schiebetür	cortina do duche/porta do duche [kurˈtinɐ du ˈduʃə/ˈpɔrtɐ du ˈduʃə]
ebenerdig	ao nível do chão [au ˈnivɛl du ʃɐ̃ũ]
Etage	o andar [u ɐ̃ˈdar]
Fernseher	a televisão [ɐ tələviˈzɐ̃ũ]
Frühstück	pequeno-almoço [pəˈken‿alˈmosu]; *(Bras)* o café da manhã [u kaˈfɛ da maˈɲɐ̃]
Frühstücksraum	sala do pequeno-almoço (*(Bras)* do café da manhã) [ˈsalɐ du pəˈken‿alˈmosu (du kaˈfɛ da maˈɲɐ̃)]
Garage	a garagem [ɐ gɐˈraʒɐ̃ĩ]
Glas	copo [ˈkɔpu]
Glühbirne	lâmpada [ˈlɐ̃mpɐdɐ]
Halbpension	a meia pensão [ɐ ˈmɐjɐ pẽˈsɐ̃ũ]
Handtuch	toalha [ˈtwaʎɐ]
Hauptsaison	a estação alta [ɐ ʃtɐˈsɐ̃ũ ˈaltɐ]
Kinderbetreuung	o babysitting [u ˈbeibiˈsitiŋ]

Kinderbett	cama de criança ['kemɐ də krj'ẽsɐ]
Klimaanlage	o ar condicionado [u ar kõndəsju'nadu]
Lampe	candeeiro [kɐñ'djeiru]
Licht	a luz [ɐ luʃ]
Matratze	o colchão [u kol'ʃɐũ]
Minibar	o minibar [u mini'bar]
Mittagessen	almoço [al'mosu]
Motel	o motel [u mo'tɛl]
Nachsaison	a estação baixa [ɐ ʃtɐ'sɐũ 'baiʃɐ]
Parkplatz	o parque de estacionamento [u 'parkə də‿ʃtɐsjunɐ'mẽntu]
Pension	a pensão [ɐ pẽ'sɐũ]
Preisliste (z. B. für die Minibar)	lista de preços ['liʃtɐ də 'presuʃ]
reinigen	limpar [lĩm'par]
reparieren	reparar [rəpɐ'rar]
Reservierung	reserva [ʀə'zɛrvɐ]
Restaurant	o restaurante [u ʀəʃtau'rãntə]
Rezeption	a rece(p)ção [ɐ ʀəsɛ'sɐũ]
rollstuhlgerecht	equipado para cadeira de rodas [iki'padu 'pɐrɐ kɐ'deirɐ də 'rɔdɐʃ]
Safe	o cofre [u 'kɔfrə]
Schlüssel	a chave [ɐ 'ʃavə]
Schrank	armário [ɐr'marju]
Speisesaal	sala de jantar ['salɐ də ʒɐñ'tar]
Spiegel	espelho ['ʃpeʎu]
Steckdose	tomada [tu'madɐ]
Stecker	ficha ['fiʃɐ]; *(Bras)* plugue ['plugi]
stufenloser Zugang	acesso sem degraus [ɐ'sɛsu sɐĩ də'grauʃ]
Swimmingpool	piscina [pəʃ'sinɐ]
Toilette	casa de banho ['kazɐ də 'bɐɲu]; *(Bras)* banheiro [ba'ɲeru]

ÜBERNACHTEN

Toilettenpapier	o papel higiénico (ê) [u pɐˈpɛl_iˈʒjɛniku]
Übernachtung	dormida [durˈmidɐ]; *(Bras)* o pernoite [u perˈnoiti]
Ventilator	o ventilador [u vẽntilɐˈdor]
Vollpension	a pensão completa [ɐ pẽˈsɐ̃ũ kõmˈplɛtɐ]
Vorsaison	a estação baixa [ɐ ʃtɐˈsɐ̃ũ baiʃɐ]
Waschbecken	lavatório [lɐvɐˈtɔrju]
Wasser	água [ˈagwɐ]
– kaltes Wasser	água fria [ˈagwɐ ˈfriɐ]
– warmes Wasser	água quente [ˈagwɐ ˈkẽntə]
Wasserglas	copo de água [ˈkɔpu d_ˈagwɐ]
WLAN	Wi-Fi [waiˈfai]
Wolldecke	manta de lã [ˈmɐ̃ntɐ də lɐ̃]
Zimmer	quarto [ˈkwartu]

Ferienhäuser und Ferienwohnungen

Ich habe bei Ihnen … gebucht/gemietet.
Reservei/aluguei aqui … [ʀəzərˈvei/ɐluˈgei ɐˈki]

– die Wohnung …
o apartamento. [u ɐpɐrtɐˈmẽntu]

– das Haus …
a casa. [ɐ ˈkazɐ]

Wo bekommen wir die Schlüssel?
Onde buscamos a chave? [ˈõndə buʃˈkɐmuz_ɐ ˈʃavə]

Ist der Strom-/Wasserverbrauch im Mietpreis enthalten?
O consumo de eletricidade/de água está incluído no aluguer? [u kõˈsumu d_ilɛtrəsiˈdadə/d_ˈagwɐ ʃta ĩŋˈklwidu nu ɐluˈgɛr]

ÜBERNACHTEN

Sind Haustiere erlaubt?
São permitidos animais domésticos?
[sɐũ pərmiˈtiduz‿ɐniˈmaiʒ duˈmɛʃtikuʃ]

Müssen wir die Endreinigung selbst übernehmen?
Temos de tratar nós da limpeza final?
[ˈtemuʒ də trɐˈtar nɔʒ dɐ lĩmˈpezɐ fiˈnal]

Bekomme ich die Kaution zurück?
Pode devolver-me a caução?
[ˈpɔdə dəvolˈverm‿ɐ kauˈsɐ̃u]

Wo gibt es hier ein Lebensmittelgeschäft?
Onde há aqui uma mercearia?
[ˈõnd‿a əˈki ˈumɐ mərsjəˈriɐ]

DIE WICHTIGSTEN WÖRTER

Anreisetag	o dia da chegada [u ˈdiɐ dɐ ʃəˈgadɐ]
Anzahlung	o sinal [u siˈnal]
Bauernhof	quinta [ˈkĩntɐ]
Bungalow	o bangaló (ô) [u bɐ̃ŋgɐˈlɔ]
Endreinigung	limpeza final [lĩmˈpezɐ fiˈnal]
Ferienhaus	casa de férias [ˈkazɐ də ˈfɛrjɐʃ]

GEHEIMTIPP Wagen Sie einen Sprung ins Landesinnere! In der Provinz gibt es schöne Herrenhäuser mit geschmackvoller Einrichtung. Diese gehören oft dem Landadel, der Sie sehr gut empfangen wird.

Ein zusätzlicher Vorteil: Sie werden hier kaum Ihren Nachbarn von Zuhause treffen, sondern eher portugiesische Touristen. Das ist doch der Sinn der Sache, oder?! Fragen Sie beim Portugiesischen Verkehrsamt nach solchen Häusern (**Turismo de Habitação**).

Haustiere	os animais domésticos [uz‿ɐni'maiʒ du'mɛʃtikuʃ]
Kaution	a caução [ɐ kau'sɐ̃u]
Küche	cozinha [ku'ziɲɐ]
Miete	renda ['ʀẽndɐ]
Müll	lixo ['liʃu]
Nebenkosten	as despesas extraordinárias [ɐʒ dəʃ'pezez‿əʃtrɐordi'narjɐʃ]
Schlafzimmer	quarto de dormir ['kwartu də dur'mir]
Schlüsselübergabe	entrega das chaves [ẽn'treɡɐ dɐʃ 'ʃavəʃ]
Strom	a eletricidade [ɐ ilɛtrəsi'dadə]
Stromspannung	a voltagem [ɐ vol'taʒɐ̃i]
vermieten	alugar [ɐlu'gar]
Wohnzimmer	sala de estar ['salɐ də‿ʃtar]

WAS MAN SO BRAUCHT

Backofen	forno ['fornu]
Etagenbett	os beliches [uʒ bə'liʃəʃ]
Geschirr	louça ['losɐ]
Geschirrtuch	pano da louça ['pɐnu dɐ 'losɐ]
Geschirrspülmaschine	máquina de lavar a louça ['makinɐ də lɐ var ɐ 'losɐ]

Glas/Gläser	copo/os copos [ˈkɔpu/uʃ ˈkɔpuʃ]
Herd	o fogão [u fuˈgɐ̃ũ]
Kaffeefilter	filtro de café [ˈfiltru də kɐˈfɛ]
Kehrschaufel	a pá [ɐ pa]
Kühlschrank	frigorífico [friguˈrifiku]; *(Bras)* geladeira [ʒelaˈderɐ]
Pfanne	frigideira [friʒiˈdeirɐ]
Putzmittel	o detergente [u dətərˈʒẽntə]
Schlafcouch	o sofá-cama [u soˈfa ˈkɐmɐ]
Schneebesen	o batedor de claras [u bɐtəˈdor də ˈklarɐʃ]
Schneidebrett	tábua para cortar [ˈtabuɐ ˈpɐrɐ kurˈtar]
Schöpfkelle	concha [ˈkõʃɐ]
Schüssel/n	tigela/as tigelas [tiˈʒɛlɐ/ɐʃ tiˈʒɛlɐʃ]
Staubsauger	o aspirador [u ɐʃpirɐˈdor]
Topf	tacho [ˈtaʃu]
Waschmaschine	máquina de lavar a roupa [ˈmakinɐ də lɐˈvar ɐ ˈʀopɐ]
Wasserkocher	o fervedor elétrico [u fərvəˈdor iˈlɛtriku]
Wischmopp	o espanador [u ʃpɐnɐˈdor]
Zentralheizung	aquecimento central [ɐkɛsiˈmẽntu sẽnˈtral]

Camping

Haben Sie noch Platz für einen Wohnwagen/ein Zelt?
Ainda tem lugar para uma caravana (*(Bras)* um trailer)/ uma tenda? [ɐˈĩndɐ tɐ̃ĩ luˈgar ˈpɐrɐ ˈumɐ kɐrɐˈvɐnɐ (ũ ˈtreilɐ)/ˈumɐ ˈtẽndɐ]

Wie hoch ist die Gebühr pro Tag und Person?
Quanto se paga por dia e por pessoa? [ˈkwɐ̃ntu sə ˈpagɐ pur ˈdiɐ i pur pəˈsoɐ]

Wir bleiben ... Tage/Wochen.
Pensamos ficar ... dias/semanas.
[pẽˈsɐmuʃ fiˈkar ... ˈdiɐʃ/səˈmɐnɐʃ]

Wo sind ...
Onde são ... [ˈõndə sɐ̃ũ]

– die Toiletten?
as casas de banho ((*Bras*) os banheiros)?
[ɐʃ ˈkazɐʒ də ˈbɐɲu (uz baˈɲerus)]

– die Waschräume?
os lavabos? [uʒ lɐˈvabuʃ]

– die Duschen?
os duches ((*Bras*) as duchas)? [uʒ ˈduʃəʃ (az ˈduʃɐs)]

Gibt es hier Stromanschluss?
Há aqui corrente elétrica? [a ɐˈki kuˈʀẽntə iˈlɛtrikɐ]

Wo kann ich Gasflaschen umtauschen?
Onde se buscam botijas de gás?
[ˈõndə sə ˈbuʃkɐ̃ũ buˈtiʒɐʒ də gaʃ]

Camping o campismo ((*Bras*) o camping) [u kẽmˈpiʒmu (u ˈkẽmpiŋ)]
Campingausweis o cartão de campista [u kɐrˈtɐ̃ũ də kẽmˈpiʃtɐ]
Campingplatz o parque de campismo [u ˈparkə də kẽmˈpiʒmu]; (*Bras*) o camping [u ˈkẽmpiŋ]
Gasflasche botija de gás [buˈtiʒɐ də gaʃ]
Gaskocher o fogão a gás [u fuˈgɐ̃ũ ɐ gaʃ]
Hammer martelo [mɐrˈtɛlu]
Hering estaca [ʃˈtakɐ]
Kocher o fogão [u fuˈgɐ̃ũ]
Schlafsack o saco-cama [u ˈsaku ˈkɐmɐ]
Steckdose tomada [tuˈmadɐ]
Stecker ficha [ˈfiʃɐ]; (*Bras*) plugue [ˈplugi]
Strom a corrente [ɐ kuˈʀẽntə]
Taschenlampe lanterna de mão [lẽnˈtɛrnɐ də mɐ̃ũ]

ÜBERNACHTEN

Trinkwasser	água potável [ˈagwɐ puˈtavɛl]; a marcação prévia [ɐ mɐrkɐˈsɐ̃ũ ˈprɛvjɐ]
Waschraum	os lavabos [uʒ lɐˈvabuʃ]
Wäschetrockner	secadora de roupa [səkɐˈdorɐ də ˈʀopɐ]
Wasser	água [ˈagwɐ]
Wasserkanister	o bidão de água [u biˈdɐ̃ũ d‿ˈagwɐ]
Wohnmobil	autocaravana [autɔkɐrɐˈvɐnɐ]
Wohnwagen	caravana ((*Bras*) o trailer) [kɐrɐˈvɐnɐ (u ˈtreilɐ)]
Zelt	tenda [ˈtẽndɐ]
zelten	acampar [ɐkẽmˈpar]

IM NOTFALL

In der Apotheke

RASCH UND UNKOMPLIZIERT

Wenn es sich um Kleinigkeiten handelt, können Sie ruhig zur **farmácia** (*Apotheke*) gehen. Dort ist man gern bereit, Ihnen rasch und unkompliziert zu helfen. Apotheken sind von 9 bis 12 und von 14 bis 19 Uhr geöffnet. An der Tür steht zur Information die Liste der Dienst habenden Apotheken in der Nähe.

Könnten Sie mir bitte sagen, wo die nächste Apotheke (mit Nachtdienst) ist?
Pode-me dizer onde é a farmácia (de serviço) mais próxima?
[ˈpɔdəmə diˈzer ˈond͜ɛ ɐ fɐrˈmasjɐ (də sərˈvisu) maiʃ ˈprɔsimɐ]

Könnten Sie mir bitte etwas gegen ... geben?
Pode-me dar qualquer coisa para ..., faz favor?
[ˈpɔdəmə dar kwalˈkɛr ˈkoizɐ ˈpɐrɐ ... faʃ fɐˈvor]

Abführmittel (rezeptpflichtig!)	o laxativo [u lɐʃɐˈtivu]
Aspirin	aspirina [ɐʃpiˈrinɐ]
Beruhigungsmittel	o calmante [u kalˈmẽntə]
Brandsalbe	pomada para queimaduras [puˈmadɐ ˈpɐrɐ keimɐˈdurɐʃ]
Desinfektionsmittel	o desinfetante [u dəzĩfɛˈtẽntə]
Elastikbinde	ligadura elástica [ligɐˈdur͜iˈlaʃtikɐ]
Fieberthermometer	termómetro (ô) [tərˈmɔmətru]
Halstabletten	os comprimidos para a garganta [uʃ kõmpriˈmiduʃ ˈpɐr͜a gɐrˈgẽntɐ]
Hustensaft	o xarope para a tosse [u ʃɐˈrɔpə ˈpɐr͜a ˈtɔsə]

Läuse	piolhos [pi'oʎuʃ]
Mittel gegen Insektenstiche	produto contra picadas de insetos [pru'dutu 'kõntrɐ pi'kadɐʒ d͜ĩn'sɛtuʃ]
Kondom	preservativo [prəzərvɐ'tivu]
Kopfschmerztabletten	os comprimidos para a dor de cabeça [uʃ kõmpri'miduʃ 'pɐr͜a dor də kɐ'besɐ]
Kreislaufmittel	remédio para a circulação [ʀə'mɛdju 'pɐr͜a sirkulɐ'sɐ̃ũ]
Medikament	medicamento [mədikɐ'mẽntu]
Mullbinde	a gaze [ɐ 'gazə]
Ohrentropfen	as gotas para os ouvidos [ɐʒ 'gotɐʃ 'pɐr͜uz͜o'viduʃ]
Pflaster	adesivo [ɐdə'zivu]
Salbe	pomada [pu'madɐ]
Schlaftabletten	os soníferos [uʃ su'nifəruʃ]
Schmerztabletten	os comprimidos contra as dores [uʃ kõmpri'miduʃ 'kõntraʒ 'dorəʃ]
Sonnenbrandsalbe	pomada para queimaduras do sol [pu'madɐ 'pɐrɐ keimɐ'durɐʒ du sɔl]
Vitamintabletten	(comprimidos de) vitaminas [kõmpri'miduʒ də vitɐ'minɐʃ]
Zäpfchen	supositório [supuzi'tɔrju]

Beim Arzt

IM NOTFALL

Könnten Sie mir einen/eine ... empfehlen?
Pode-me indicar um/uma ...
['pɔdəm͜ĩndi'kar͜ũm/'umɐ]

– Arzt/Ärztin
médico/médica?
['mɛdiku/'mɛdikɐ]

– Augenarzt
oftalmologista?
[ɔftalmulu'ʒiʃtɐ]

– Frauenarzt
ginecologista?
[ʒinəkulu'ʒiʃtɐ]

– Hals-Nasen-Ohren-Arzt
otorrinolaringologista?
[ɔtoʀinolɐrĩŋgulu'ʒiʃtɐ]

– Hautarzt
dermatologista?
[dɛrmɐtulu'ʒiʃtɐ]

– Kinderarzt
pediatra? [pə'djatrɐ]

– Praktischen Arzt
médico de clínica geral?
['mɛdiku də 'klinikɐ ʒə'ral]

– Urologen
urologista? [urulu'ʒiʃtɐ]

– Zahnarzt
dentista? [dẽn'tiʃtɐ]

Wo ist ihre/seine Praxis?
Onde é o consultório?
['õnd‿ɛ u kõsul'tɔrju]

BESCHWERDEN BESCHREIBEN

Ich habe Fieber.
Tenho febre. ['teɲu 'fɛbrə]

IM NOTFALL

Mir ist oft schlecht/übel.
Sinto-me mal com frequência.
['sĩntumə mal kõ frə'kwẽsjɐ]

Mir ist oft schwindlig.
Tenho vertigens com frequência.
[teɲu vər'tiʒɐĩʃ kõ frə'kwẽsjɐ]

Ich bin ohnmächtig geworden.
Desmaiei. [dəʃmɐ'jei]

Ich habe Kopfschmerzen/Halsschmerzen.
Dói-me a cabeça/a garganta.
[ˈdɔim‿ɐ kɐˈbesɐ/‿ɐ gɐrˈgɐ̃tɐ]

Ich bin ...
Fui ... [fui]

– gestochen worden.
picado. [piˈkadu]
– gebissen worden.
mordido. [murˈdidu]

Ich habe mir den Magen verdorben.
Comi qualquer coisa que me fez mal.
[kuˈmi kwalˈkɛr ˈkoizɐ kə mə feʒ maɫ]

Ich vertrage das Essen/die Hitze nicht.
Não me dou bem com a comida/o calor.
[nɐ̃ũ mə do bɐ̃ĩ kõ ɐ kuˈmidɐ/u kɐˈlor]

Ich bin allergisch gegen ...
Sou alérgico/alérgica a ...
[so ɐˈlɛrʒiku/ɐˈlɛrʒikɐ ɐ]

– Antibiotika.
antibióticos. [ɐ̃ntibjˈɔtikuʃ]
– Bienen.
abelhas. [ɐˈbeiʎɐʃ]
– Pollen.
pólen. [ˈpɔlen]

Ich bin gegen ... geimpft.
Estou vacinado/vacinada contra ...
[sto vɐsiˈnadu/vɐsiˈnadɐ ˈkõntrɐ]

– Hepatitis A/B/A und B
hepatite A/B/A e B.
[epɐˈtitə a/be/a i be]
– Tetanus
tétano. [ˈtɛtɐnu]
– Typhus
tifo. [ˈtifu]

Ich habe einen hohen/niedrigen Blutdruck.
Tenho a tensão arterial ((*Bras*) pressão sanguínea) alta/baixa.
[teɲ‿ɐ tẽˈsɐ̃ũ ɐrtəˈrjal (preˈsɐ̃ũ sɐ̃ŋˈginjɐ) ˈaltɐ/ˈbaiʃɐ]

Ich bin ...
Sou ... [so]

- *Allergiker/in.*
  uma pessoa alérgica. [ˈumɐ pəˈsoɐ ɐˈlɛrʒikɐ]
- *Diabetiker/in.*
  diabético/diabética. [djɐˈbɛtiku/djɐˈbɛtikɐ]
- *Epileptiker/in.*
  epilético/epilética. [ipiˈlɛtiku/ipiˈlɛtikɐ]
- *körperbehindert.*
  deficiente físico. [dəfəsiˈẽntə ˈfiziku]
- *sehbehindert.*
  deficiente visual. [dəfəsiˈẽntə vizuˈal]

Ich habe ...
Tenho ... [ˈteɲu ...]

- *multiple Sklerose.*
  esclerose múltipla. [ʃkləˈrɔzə ˈmultiplɐ]
- *einen Herzschrittmacher.*
  um pace-maker. [ũ ˈpeisə ˈmeikə]

Ich bin schwanger.
Estou grávida. [ʃto ˈgravidɐ]

Ich hatte vor kurzem ...
Tive há pouco tempo ... [ˈtiv‿a ˈpoku ˈtẽmpu]

BEI DER UNTERSUCHUNG

Wo tut es weh?
Onde é que lhe dói? [ˈõnd‿ɛ kə ʎə dɔi]

Ich habe hier Schmerzen.
Dói-me aqui. [ˈdɔim‿ɐˈki]

IM NOTFALL

Ich brauche eine Blut-/Urinprobe.
É preciso uma análise de sangue/urina.
[ɛ prəˈsizu um‿aˈnalizə də ˈsẽŋgə/uˈrinɐ]

Sie müssen geröntgt werden.
Tem que tirar uma radiografia.
[tɐĩ ke tiˈrar‿ˈumɐ ʀadjugrɐˈfiɐ]

Sie müssen operiert werden.
Tem de ser operado/operada.
[tɐĩ də ser‿opəˈradu/‿opəˈradɐ]

Es ist nichts Ernstes.
Não é nada de grave. [nɐũ ɛ ˈnadɐ də ˈgravə]

Haben Sie einen Impfschein?
Tem um certificado de vacina?
[tɐĩ ũ sərtəfiˈkadu də vɐˈsinɐ]

Ich bin gegen ... geimpft.
Estou vacinado/vacinada contra ...
[ʃto vɐsiˈnadu/vɐsiˈnadɐ ˈkõntrɐ]

Im Krankenhaus

Wie lange muss ich hier bleiben?
Quanto tempo terei de aqui ficar?
[ˈkwɐñtu ˈtẽmpu təˈrei d‿ɐˈki fiˈkar]

Geben Sie mir bitte ...
Dê-me por favor ... [ˈdemə pur fɐˈvor]

- *ein Glas Wasser.*
  um copo de água. [ũm ˈkɔpu d‿agwɐ]
- *eine Schmerztablette.*
  um analgésico. [ũ ɐnalˈʒɛziku]
- *eine Schlaftablette.*
  um sonífero. [ũ suˈnifəru]
- *eine Wärmflasche.*
  um saco de água quente. [ũ ˈsaku d‿ˈagwɐ ˈkẽntə]

IM NOTFALL

Ich kann nicht einschlafen.
Não consigo adormecer. [nɐ̃ũ kõˈsigu ɐdurməˈser]

Wann darf ich aufstehen?
Quando é que posso levantar-me?
[ˈkwɐ̃ndwɛ kə ˈpɔsu ləvɐ̃ˈtarmə]

KRANKHEITEN UND BESCHWERDEN

Abszess	abcesso [ɐbˈsɛsu]
Allergie	alergia [ɐlərˈʒiɐ]
Angina	angina [ɐ̃ˈʒinɐ]
ansteckend	contagioso [kõntɐˈʒjozu]
Asthma	asma [ˈaʒmɐ]
Bänderriss	rotura de ligamentos [ʀuˈturɐ də ligɐˈmẽntuʃ]
Bindehaut-entzündung	a conjuntivite [ɐ kõnʒũntiˈvitə]
Blähungen	flatulência [flɐtuˈlẽsjɐ]
Blinddar-mentzündung	a apendicite [apẽndəˈsitə]
Bluthochdruck	a tensão ((*Bras*) a pressão) alta [ɐ tẽnˈsɐ̃ũ (ɐ preˈsɐ̃ũ) ˈaltɐ]
Blutvergiftung	septicemia [sɛptisəˈmiɐ]
Borreliose	a borreliose [ɐ buʀəliˈoz]
Brechreiz	as náuseas [ɐʒ ˈnauzjɐʃ]
Bronchitis	a bronquite [ɐ brõŋˈkitə]
Bruch	(*Knochenbruch*) fratura [fraˈturɐ]
Diabetes	a diabetes [ɐ djɐˈbɛtəʃ]
Diphtherie	difteria [diftəˈriɐ]
Durchfall	diarreia [djɐˈʀejɐ]
Entzündung	a inflamação [ɐ ĩflɐmɐˈsɐ̃ũ]
Epilepsie	epilepsia [ipilɛpˈsjɐ]
Erkältung	a constipação [ɐ kõʃtipaˈsɐ̃ũ]; (*Bras*) resfriado [ʀesˈfrjadu]
Fieber	a febre [ɐ ˈfɛbrə]
Gehirnerschütterung	traumatismo craniano [traumɐˈtiʒmu krɐñiˈɐnu]

IM NOTFALL

Gehirnschlag	apoplexia cerebral [ɐpoplɛˈksiɐ sərəˈbral]
Gelbsucht	icterícia [iktəˈrisjɐ]
Geschlechtskrankheit	doença venérea [ˈdwẽsɐ vəˈnɛrjɐ]
geschwollen	inchado [ĩˈʃadu]
Geschwulst	o tumor [u tuˈmor]
Geschwür	úlcera [ˈulsərɐ]
Gleichgewichts-störungen	as perturbações de equilíbrio [ɐʃ pərturbɐˈsõiʒ dˌikiliˈbrju]
Grippe	a gripe [ɐ ˈgripə]
Halsschmerzen	as dores de garganta [ɐʒ ˈdorəʒ də gɐrˈgɐ̃ntɐ]
Hämorriden	as hemorroidas [ɐzˌemuˈʀɔidɐʃ]
Herzanfall	o ataque cardíaco [u ɐˈtakə kɐrˈdiɐku]
Herzbeschwerden	as perturbações cardíacas [ɐʃ pərturbɐˈsõiʃ kɐrˈdiɐkɐʃ]
Herzfehler	deficiência cardíaca [dəfiˈsjẽsjɐ kɐrˈdiɐkɐ]
Hirnhautentzündung	a meningite [ɐ mənĩnˈʒitə]
Infektion	a infeção [ɐ ĩfɛˈsɐ̃u]
Insektenstich	picada de inseto [piˈkadə dˌĩnˈsɛtu]
Ischias	ciática [ˈsjatikɐ]
jucken	fazer comichão [fəˈzer kumiˈʃɐ̃u]
Kinderkrankheit	doença infantil [dwˈẽsˌĩfɐ̃nˈtil]
Knochenbruch	fratura [fraˈturɐ]
Kopfschmerzen	a dor de cabeça [ɐ dor də kɐˈbesɐ]; espasmo [ˈʃpaʒmu]
Krankheit	doença [ˈdwẽsɐ]
Krebs	cancro [ˈkɐ̃ŋkru]; *(Bras)* o câncer [u ˈkɐ̃sɛr]
Kreislaufstörung	a perturbação circulatória [ɐ pərturbɐˈsɐ̃u sirkulɐˈtɔrjɐ]

Lähmung	paralisia [pɐrɐlə'ziɐ]
Lebensmittelvergiftung	a intoxicação alimentar [ɐ ĩntɔksikɐ'sɐ̃ũ ɐlimẽn'tar]
Leistenbruch	hérnia inguinal ['ɛrnjɐ ĩŋgi'nal]
Lungenentzündung	pneumonia [pneumu'niɐ]
Magenschmerzen	a dor de estômago [ɐ dor də 'ʃtomɐgu]
Malaria	malária [mɐ'larjɐ]
Mandelentzündung	a ami(g)dalite [a‿amigdɐ'litə]
Migräne	enxaqueca [ẽʃɐ'kɛkɐ]
Mittelohrentzündung	a otite [ɐ ɔ'titə]
Nierenstein	cálculo renal ['kalkulu ʀə'nal]
niesen	espirrar [ʃpi'ʀar]
Ohnmacht	desmaio [dəʒ'maju]
Pilzinfektion	a micose [ɐ mi'kɔzə]
Rheuma	reumatismo [ʀeumɐ'tiʒmu]
Röteln	rubéola [ʀu'bɛulɐ]
Rückenschmerzen	a dor nas costas [ɐ dor nɐʃ 'kɔʃtɐʃ]
Salmonellen	as salmonelas [ɐʃ salmu'nɛlɐʃ]
Scharlach	escarlatina [ʃkɐrlɐ'tinɐ]
Schlaflosigkeit	insónia (ô) [ĩ'sɔnjɐ]
Schlaganfall	(o ataque de) apoplexia [(u ɐ'takə d‿) ɐpoplɛ'ksiɐ]
Schmerzen	as dores [ɐʒ 'dorəʃ]
Schüttelfrost	os calafrios [uʃ kɐlɐ'friuʃ]
Sehstörungen	as perturbações na vista [ɐʃ pərturbɐ'sõiʃ nɐ 'viʃtɐ]
Seitenstich	pontada [põn'tadɐ]
Sodbrennen	azia [ɐ'ziɐ]
Sonnenbrand	queimadura do sol [keimɐ'durɐ du sɔl]
Sonnenstich	a insolação [ɐ ĩsulɐ'sɐ̃ũ]
Stirnhöhlenentzündung	a sinusite [ɐ sinu'zitə]
Tetanus	tétano ['tɛtɐnu]

Übelkeit	náusea [ˈnauzjɐ]; enjoo [ẽˈʒou]
Verbrennung	queimadura [keimɐˈdurɐ]
Verdauungsstörung	a indigestão [ɐ ĩndiʒəʃˈtɐ̃ũ]
Vergiftung	envenenamento [ẽvənənɐˈmẽntu]; a intoxicação [ɐ ĩntɔksikɐˈsɐ̃ũ]
verletzen	ferir [fəˈrir]
Verletzung	ferida [fəˈɾidɐ]
wehtun	doer [dwer]
Wunde	ferida [fəˈridɐ]
Zecke	carraça [kɐˈʀasɐ]
Zerrung	a distensão [ɐ dəʃtẽˈsɐ̃ũ]
Zöliakie	doença celíaca [ˈdwẽsɐ səˈliɐkɐ]

IM KRANKENHAUS – WORTSCHATZ

Attest	atestado [ɐtəʃˈtadu]
Bescheinigung	atestado [ɐtəʃˈtadu]; certificado [sərtəfiˈkadu]
Besuchszeit	as horas da visita [ɐzˈɔrɐʒ dɐ vəˈzitɐ]
bewusstlos	sem sentidos [sɐ̃ĩ sẽnˈtiduʃ]
Blut	o sangue [u ˈsẽŋgə]
Blutdruck	a tensão arterial [ɐ tẽˈsɐ̃ũ ɐrtəˈrjal]; *(Bras)* a pressão sanguínea [a preˈsɐ̃ũ sẽŋˈginjɐ]
bluten	sangrar [sẽŋˈgrar]
Blutgruppe	grupo sanguíneo [ˈgrupu sẽŋˈg(w)inju]
Brust	peito [ˈpɐitu]
Bypass	o bypass [u baiˈpɛs]
Chirurg/in	o cirurgião/a cirurgiã [u siruɾˈʒjɐ̃ũ/ɐ sirurˈʒjɐ̃]
Darm	intestino [ĩntəʃˈtinu]
desinfizieren	desinfetar [dəzĩfɛˈtar]
Diagnose	diagnóstico [djɐgˈnɔʃtiku]
Diät	dieta [ˈdjɛtɐ]

Eiter	o pus [u puʃ]
sich erbrechen	vomitar [vumiˈtar]
Facharzt	o especialista [u ʃpəsjɐˈliʃtɐ]
Gallenblase	vesícula biliar [vəˈzikulɐ biˈljar]
Gehirn	cérebro [ˈsɛrəbru]
Gehör	ouvido [oˈvidu]
Gelenk	a articulação [a‿artikulɐˈsɐ̃ũ]
Geschlechtsorgane	os órgãos genitais/sexuais [uz‿ˈɔrgɐ̃ũʒ ʒəniˈtaiʃ/sɛkˈswaiʃ]; *(Kehle)* garganta [gɐʀˈgɐ̃tɐ]
Haut	a pele [ɐ ˈpɛlə]
Herz	o coração [u kurɐˈsɐ̃ũ]
Herzschrittmacher	o pace-maker [u ˈpeisə ˈmeikɐ]
Herzspezialist	o cardiologista [u kɐrdjuluˈʒiʃtɐ]
Husten	a tosse [ɐ ˈtɔsə]
Impfpass	certificado de vacina [sərtəfiˈkadu də vɐˈsinɐ]
Impfung	vacina [vɐˈsinɐ]
Infusion	a infusão [ɐ ĩfuˈzɐ̃ũ]
Knochen	osso [ˈosu]
krank	doente [ˈdwẽntə]
Krankenhaus	o hospital [u oʃpiˈtal]
Krankenkasse	Caixa de Previdência [ˈkaiʃɐ də prəviˈdẽsjɐ]
Krankenschwester	enfermeira [ẽfərˈmeirɐ]
Leber	fígado [ˈfigɐdu]
Lunge	o pulmão [u pulˈmɐ̃ũ]
Magen	estômago [ˈʃtomɐgu]
Mandeln	as amígdalas [ɐz‿ɐˈmigdɐlɐʃ]
Menstruation	a menstruação [ɐ mẽʃtrwɐˈsɐ̃ũ]
Mund	boca [ˈbokɐ]
Muskel	músculo [ˈmuʃkulu]
nähen	coser [kuˈzer]; dar pontos [dar ˈpõntuʃ]
Narkose	anestesia [ɐnəʃtəˈziɐ]
Nase	o nariz [u nɐˈriʃ]

IM NOTFALL

Nerv	nervo ['nervu]
nervös	nervoso [nər'vozu]
Niere	o rim [u ʀĩ]
Operation	a operação [ɐ opərɐ'sɐ̃ũ]
Prothese	a prótese [ɐ 'prɔtəzə]
Puls	pulso ['pulsu]
Rippe	costela [kuʃ'tɛlɐ]
röntgen	radiografar [ʀadjugrɐ'far]
Röntgenaufnahme	radiografia [ʀadjugrɐ'fiɐ]
Schiene	tala ['talɐ]
Schwangerschaft	a gravidez [ɐ grɐvi'deʃ]
schwitzen	suar [swar]
Speiseröhre	esófago [i'zɔfɐgu]
Sprechstunde	(as horas de) consulta [(ɐz 'ɔrɐʒ də) kõ'sultɐ]
Spritze	a injeção [ɐ ĩʒɛ'sɐ̃ũ]
Station	serviço [sər'visu]
Stich	picada [pi'kadɐ]; *(einer Naht)* ponto ['põntu]
Stuhlgang	a evacuação [ɐ ivɐkwɐ'sɐ̃ũ]; as fezes [ɐʃ 'fɛzəʃ]
Trommelfell	(membrana do) tímpano [(mẽm'brɐnɐ du) 'tĩmpɐnu]
Ultraschall-untersuchung	o exame por meio de ultrassons [u i'zɐmə pur 'mɐju d‿ultrɐ sõʃ]
Unterleib	o abdómen [u ɐb'dɔmẽ]
Untersuchung	o exame [u i'zɐmə]
Urin	urina [u'rinɐ]
Verband	penso ['pẽsu]; ligadura [ligɐ'durɐ]
verbinden	fazer o penso [fɐ'zer‿u 'pẽsu]; ligar [li'gar]
Verdauung	a digestão [ɐ diʒəʃ'tɐ̃ũ]
verschreiben	receitar [ʀəsɐi'tar]
Virus	o vírus [u 'viruʃ]

IM NOTFALL

Wartezimmer	sala de espera ['salɐ də‿'ʃpɛrɐ]
Wirbelsäule	coluna vertebral [ku'lunɐ vərtə'bral]
Zunge	língua ['lĩŋgwɐ]

Beim Zahnarzt

Ich habe (starke) Zahnschmerzen.
Tenho uma (grande) dor de dentes.
['teɲ‿'umɐ ('grɐ̃ndə) dor də 'dẽntəʃ]

Ich habe eine Füllung verloren.
Caíu-me um chumbo.
[kɐ'ium‿ũ 'ʃũmbu]

Mir ist ein Zahn abgebrochen.
Partiu-se-me um dente.
[pɐr'tiusəm‿ũ 'dẽntə]

Backenzahn	o dente molar [u 'dẽntə mu'lar]
Brücke	a ponte [ɐ 'põntə]
Kiefer	maxilar [ma'ksilɐr]
Krone	coroa [ku'roɐ]
Loch	buraco [bu'raku]
Plombe	chumbo ['ʃũmbu]
Prothese	a prótese [ɐ 'prɔtəzə]
Schneidezahn	o dente incisivo [u 'dẽntə ĩnsi'zivu]
Weisheitszahn	o dente do siso [u 'dẽntə du 'sizu]
Zahn	o dente [u 'dẽntə]
Zahnfleisch	gengiva [ʒẽ'ʒivɐ]
Zahnschmerzen	a dor de dentes [ɐ dor də 'dẽntəʃ]
ziehen	arrancar [ɐʀɐ̃ŋ'kar]

IM NOTFALL

Bank

Können Sie mir bitte sagen, wo hier eine Bank ist?
Pode-me dizer onde há aqui um banco?
[ˈpɔdəmə diˈzer ˈõnd͜a ɐˈki ũ ˈbɐ̃ŋku]

Ich möchte ... Euro (Schweizer Franken) in ... wechseln.
Queria trocar ... euros (francos suíços) para . .
[kəˈriɐ truˈkar ... ˈeuruʃ (ˈfrɐ̃ŋkuʃ ˈswisuʃ) ˈpɐrɐ]

RUND UMS GELD

Wenn Sie zur Bank wollen, lassen Sie es sich nicht zu spät einfallen: Banken schließen zwar nicht während der Mittagszeit; sie sind aber nur montags bis freitags von 8.30 bis 15 Uhr geöffnet. Ganz wichtige Schalter in Lissabon oder in touristischen Zentren haben allerdings bis 18 Uhr offen.

Ich möchte diesen Reisescheck einlösen.
Queria receber este traveller.
[kəˈriɐ ʀəsəˈber ˈeʃtə ˈtrɐvəˈlɛr]

Der Geldautomat akzeptiert meine Karte nicht.
A máquina do multibanco não aceita o meu cartão.
[ɐ ˈmakinɐ du multiˈbɐ̃ŋku nɐ̃u ɐˈseitɐ u meu kɐrˈtɐ̃u]

Der Geldautomat gibt meine Karte nicht mehr heraus.
A máquina do multibanco não me devolve o meu cartão.
[ɐ ˈmakinɐ du multiˈbɐ̃ŋku nɐ̃u mə dəˈvɔlv͜u meu kɐrˈtɐ̃u]

auszahlen .... pagar [pɐˈgar]
Bank .... banco [ˈbɐ̃ŋku]
Bankkarte .... o cartão multibanco [u kɐrˈtɐ̃u multiˈbɐ̃ŋku]

bar — a dinheiro [ɐ dəˈɲeiru]; a pronto [ɐ ˈprõntu]
Bargeld — dinheiro numerário [dəˈɲeiru numəˈrarju]
Bearbeitungsgebühr — a comissão [ɐ kumiˈsɐ̃ũ]
Betrag — importância [ĩmpurˈtɐ̃sjɐ]; quantia [kwɐ̃ˈtiɐ]
Cent — cêntimo [ˈsẽntimu]
Euro — euro [ˈeuru]
Geld — dinheiro [dəˈɲeiru]
Geldautomat — multibanco [multiˈbɐ̃ŋku]
Geldschein — nota [ˈnɔtɐ]
Geldwechsel — câmbio [ˈkɐ̃mbju]
Kleingeld — dinheiro miúdo [dəˈɲeiru ˈmjudu]; troco [ˈtroku]
Konto — conta [ˈkõntɐ]
Kreditkarte — o cartão de crédito [u kɐrˈtɐ̃ũ də ˈkrɛditu]
Ladeterminal — multibanco para carregar [multiˈbɐ̃ŋku ˈpɐrɐ kɐʀəˈgar]
Münze — moeda [ˈmwɛdɐ]
Quittung — recibo [ʀəˈsibu]
Reisescheck — o traveller [u trɐvəlɛr]
Scheck — o cheque [u ˈʃɛkə]
Schweizer Franken — franco suíço [ˈfrɐ̃ŋku ˈswisu]
Überweisung — transferência [trɐ̃ʃfəˈrẽsjɐ]
umtauschen — trocar [truˈkar]
Währung — moeda [ˈmwɛdɐ]
Wechselkurs — (taxa) de câmbio [(ˈtaʃɐ də) ˈka˜mbju]
Zahlung — pagamento [pɐgɐˈmẽntu]

IM NOTFALL

Funbüro

Können Sie mir bitte sagen, wo das Fundbüro ist?
Pode-me dizer onde são os perdidos e achados?
[ˈpɔdəmə diˈzer ˈõndə sɐ̃ũ uʃ pərˈdiduz‿i ɐˈʃaduʃ]

Ich habe ... verloren.
Perdi ... [pərˈdi]

Würden Sie mich bitte benachrichtigen, wenn sie gefunden werden sollte?
Avisa-me, por favor, se alguém a achar?
[ɐˈvizɐmə pur fɐˈvor sjalˈgɐ̃ĩ ɐ ɐˈʃar]

Hier ist meine Hotelanschrift/Heimatadresse.
Aqui tem o endereço do meu hotel/o meu endereço em casa. [ɐˈki tɐ̃ĩ u ẽndəˈresu du meu ɔˈtɛl/u meu ẽndəˈresu ɐ̃ĩ ˈkasɐ]

Im Internetcafé

Wo gibt es in der Nähe ein Internetcafé?
Onde há aqui um internet café?
[ˈõnd‿a ɐˈki ũ ĩntɐrˈnɛtə kɐˈfɛ]

Ich möchte ...
Queria ... [kəˈriɐ]

- *im Internet surfen.*
  navegar na internet. [nɐvəˈgar nɐ ĩntərˈnɛtə]
- *einen Drucker benutzen.*
  usar uma impressora. [uˈzar‿ˈumɐ‿ ĩmprəˈsorɐ]
- *einen Scanner benutzen.*
  usar um digitalizador. [uˈzar‿ũ diʒitɐlizɐˈdor]
- *eine CD brennen.*
  gravar um CD. [grɐˈvar ũ ceˈde]

Wie viel kostet eine Stunde?/Viertelstunde?
Quanto custa uma hora?/um quarto de hora?
[ˈkweñtu ˈkuʃt‿ˈumɐ ˈɔrɐ/ũ ˈkwartu d‿ˈɔra]

Kann ich ... mit diesem Computer verbinden?
Posso ligar ... a este computador?
[ˈposu liˈgar … ɐ eʃtə kõmputɐˈdor]

- ***meinen USB-Stick***
  o meu dispositivo USB [u meu dəʃpuziˈtivu uɛsˈbe]
- ***meine Kamera***
  a minha máquina fotográfica [ɐ ˈmiɲɐ ˈmakinɐ futuˈgrafikɐ]
- ***meinen MP3-Player***
  o meu leitor de MP3 [u meu leiˈtor də ämpeˈtreʃ]

Kann ich eine Seite ausdrucken?
Posso imprimir uma página?
[ˈpɔsu ĩmprəˈmir ˈumɐ ˈpaʒinɐ]

Ich habe Probleme mit dem Computer.
Tenho problemas com o computador.
[ˈteɲu pruˈblemɐʃ kõ u kõmputɐˈdor]

Kann ich bei Ihnen Fotos von meiner Digitalkamera auf CD brennen?
Posso gravar num CD fotografias da minha máquina fotográfica digital? [ˈpɔsu grɐˈvar nũ seˈde futugrɐˈfiɐʒ dɐ ˈmiɲɐ ˈmakinɐ futuˈgrafikɐ diʒiˈtal]

Bei der Polizei

Könnten Sie mir bitte sagen, wo das nächste Polizeirevier ist?
Pode-me dizer onde é a esquadra da polícia mais próxima? [ˈpɔdəmə diˈzer ˈõnd‿ɛ ɐ ˈʃkwadrɐ dɐ puˈlisjɐ maiʃ ˈprɔsimɐ]

Ich möchte ... anzeigen.
Quero participar ...
[ˈkɛru pərtəsiˈpar‿]

– einen Diebstahl
um roubo.
[ũ ˈʀobu]

– einen Überfall
um assalto.
[ũ ɐˈsaltu]

Mir ist ... gestohlen worden.
Roubaram-me ...
[ʀoˈbarɐũm‿]

– die Handtasche
a mala de mão (*(Bras)* a bolsa).
[‿ɐ ˈmalɐ də maˆu (a ˈbolsɐ)]

– die Brieftasche
a carteira.
[‿ɐ kɐrˈteirɐ]

– mein Fotoapparat
a máquina fotográfica.
[‿a ˈmakinɐ futuˈgrafikɐ]

– mein Auto/mein Fahrrad
o carro/a bicicleta.
[‿u ˈkaʀu/‿ɐ bəsiˈklɛtɐ]

Mein Auto ist aufgebrochen worden.
Arrombaram-me a porta do carro.
[ɐʀõmˈbarɐũm‿ɐ ˈpɔrtɐ du ˈkaʀu]

Aus meinem Auto ist ... gestohlen worden.
Roubaram-me do carro ...
[ʀoˈbarɐũmə du ˈkaʀu]

Mein Sohn/Meine Tochter ist verschwunden.
O meu filho/A minha filha desapareceu.
[u meu ˈfiʎu/ɐ ˈmiɲɐ ˈfiʎɐ dəzɐpɐrəˈseu]

Können Sie mir bitte helfen?
Pode-me ajudar, por favor? [ˈpɔdəm‿ɐʒuˈdar pur fɐˈvor]

Wenden Sie sich bitte an das deutsche/österreichische/ Schweizer Konsulat.
Dirija-se, faz favor, ao consulado alemão/austríaco/ suíço. [diˈriʒɐsə faʃ fɐˈvor‿ɐu kõsuˈladu ɐləˈmɐ̃ũ/ auʃˈtriɐku/ˈswisu]

aufbrechen	arrombar [ɐʀõmˈbar]
belästigen	importunar [ĩmpurtuˈnar]
beschlagnahmen	confiscar [kõnfiʃˈkar]
Brieftasche	carteira [kɐrˈteirɐ]
Dieb	o ladrão [u lɐˈdrɐ̃ũ]
Diebstahl	roubo [ˈʀobu]
Geldbörse	o porta-moedas [u ˈpɔrtɐ ˈmwɛdɐʃ]
Papiere	os documentos [uʒ dukuˈmẽntuʃ]
Personalausweis	o bilhete (*(Bras)* a carteira) de identidade [u bəˈʎetə (a karˈterɐ) d‿idẽntiˈdadə]
Polizei	polícia [puˈlisjɐ]
Polizeiwagen	carro da polícia [ˈkaʀu dɐ puˈlisjɐ]
Polizist/in	o polícia/a mulher polícia [u puˈlisjɐ/ɐ muˈʎɛr puˈlisjɐ]
Rauschgift	droga [ˈdrɔgɐ]; *(Bras)* os entorpecentes [uz‿ẽntorpeˈsẽntis]
Rechtsanwalt	advogado [ɐdvuˈgadu]
Reisepass	o passaporte [u pasɐˈpɔrtə]
Richter	o juiz [u ʒuˈiʃ]
Scheck	o cheque [u ˈʃɛkə]
Scheckkarte	o cartão eurocheque [u kɐrˈtɐ̃ũ eurɔˈʃɛkə]
Schlüssel	a chave [ɐ ˈʃavə]
Schmuggel	contrabando [kõntrɐˈbɐñdu]

IM NOTFALL

Schuld	culpa ['kulpɐ]
sexuelle Belästigung	o assédio sexual [u ɐ'sɛdju sɛksu'al]
Taschendieb	o carteirista [u kɐrtɐi'riʃtɐ]
Überfall	assalto [ɐ'saltu]; a agressão [a‿agrə'sɐ̃ũ]
Untersuchungshaft	a prisão preventiva [ɐ pri'zɐ̃ũ prəvẽn'tivɐ]
Verbrechen	o crime [u 'krimə]
Vergewaltigung	a violação [ɐ vjulɐ'sɐ̃ũ]
verhaften	prender [prẽn'der]
verlieren	perder [pər'der]
Zeuge	testemunha [təʃtə'muɲɐ]
zusammenschlagen	espancar [ʃpɐ̃ŋ'kar]

Auf der Post

Können Sie mir bitte sagen, wo ... ist?
Pode-me dizer onde é ... ['pɔdəmə di'zer 'õnd‿ɛ]

– das nächste Postamt
o correio mais próximo? [u ku'ʀeju maiʃ 'prɔsimu]

– der nächste Briefkasten
a caixa de correio mais próxima? [ɐ 'kaiʃɐ də ku'ʀeju maiʃ 'prɔsimɐ]

Was kostet ein Brief/eine Postkarte ...
Quanto custa uma carta/um postal ... ['kwɐ̃ntu 'kuʃtɐ 'umɐ 'kartɐ/ũm puʃ'tal]

– nach Deutschland?
para a Alemanha? ['per‿alə'mɐɲɐ]

– nach Österreich?
para a Áustria? ['per‿a‿'auʃtrjɐ]

– in die Schweiz?
para a Suíça? ['per‿a 'swisɐ]

IM NOTFALL

Diesen Brief bitte per ...
Queria mandar esta carta ...
[kə'riɐ meñ'dar‿'ɛʃtɐ 'kartɐ]

- *Luftpost.*
  por avião. [pur‿ɐvi'ɐ̃ũ]
- *Express.*
  por expresso. [pur 'ʃprɛsu]
- *Einschreiben.*
  registada (*(Bras)* registrada).
  [rəʒiʃ'tadɐ (reʒiʃ'tradɐ)]

Absender	o remetente [u ʀəmə'tẽntə]
Adresse	endereço [ẽndə'resu]
Brief	carta ['kartɐ]
Briefkasten	caixa do correio ['kaiʃɐ du ku'ʀeju]
Briefmarke	selo ['selu]
Eilbrief	carta por expresso ['kartɐ pur 'ʃprɛsu]
Einschreibebrief	carta registada ['kartɐ ʀəʒiʃ'tadɐ]
Empfänger	destinatário [dəʃtinɐ'tarju]
Faxgerät	o fax [u faks]
frankieren	franquiar [frẽŋ'kjar]
Gebühr	taxa ['taʃɐ]
Gewicht	peso ['pezu]
Leerung	recolha [ʀə'koʎɐ]
nachsenden	remeter [ʀəmə'ter]
Päckchen	encomenda postal pequena [ẽŋku'mẽndɐ puʃ'tal pə'kenɐ]
Paket	encomenda postal [ẽŋku'mẽndɐ puʃ'tal]
Porto	o porte [u 'pɔrtə]; franquia [frẽŋ'kiɐ]
Postamt	correio [ku'ʀeju]
Postkarte	o postal [u puʃ'tal]
Postleitzahl	código postal ['kɔdigu puʃ'tal]
Schnellpost	correio azul [ku'ʀeju ɐ'zul]

Wertangabe a declaração de valor
[ɐ dəklɐrɐ'sɐ̃ũ də vɐ'lor]

Zollerklärung a declaração para a alfândega
[ɐ dəklɐrɐ'sɐ̃ũ 'per‿al'fɐ̃dəgɐ]

Telefonieren

Ich möchte nach … telefonieren.
Queria telefonar para … [kə'riɐ tələfu'nar 'perɐ]

Wie viel kostet es pro Minute?
Quanto custa por minuto? ['kwɐ̃ntu 'kuʃtɐ pur mi'nutu]

Ich möchte …
Queria … [kə'riɐ]

- *eine Telefonkarte.*
  um cartão telefónico.
  [ũ kɐr'tɐ̃ũ tələ'fɔniku]
- *ein R-Gespräch führen.*
  uma chamada a pagar no destino.
  ['umɐ ʃɐ'mad‿ɐ pɐ'gar nu dəʃ'tinu]

Wie ist bitte die Vorwahl von …?
Faz favor qual é o indicativo de …?
[faʃ fɐ'vor kwal‿ɛ u ĩndikɐ'tivu də]

Hallo!
Estou! [ʃto]

Hier spricht …
Aqui fala … [ɐ'ki 'falɐ]

Hallo, mit wem spreche ich, bitte?
Com quem falo, por favor?
[kõ kɐ̃ĩ 'falu pur fɐ'vor]

Kann ich bitte Herrn/Frau … sprechen?
Posso falar com o senhor/a senhora …, faz favor?
['pɔsu fɐ'lar kõ u sə'ɲor/ɐ sə'ɲorɐ … faʃ fɐ'vor]

Möchten Sie eine Nachricht hinterlassen?
Quer deixar recado? [kɛr dei'ʃar ʀə'kadu]

Anruf	chamada [ʃɐ'madɐ]
anrufen	telefonar [tələfu'nar]
Auskunft	(as) informações [(ɐz‿) ĩfurmɐ'sõiʃ]
Auslandsgespräch	chamada internacional [ʃɐ'mad‿ĩntərnɐsju'nal]
besetzt	impedido [ĩmpə'didu]
Ferngespräch	chamada interurbana [ʃɐ'mad‿ĩntɛrur'bɐnɐ]
Gebühr	taxa ['taʃɐ]
Gespräch	chamada [ʃɐ'madɐ]
Handy	o telemóvel [u tɛlɛ'mɔvɛl]; *(Bras)* o celular [u selu'lar]
Ortsgespräch	chamada local [ʃɐ'madɐ lu'kal]
R-Gespräch	chamada a pagar no destino [ʃɐ'mada pɐ'gar nu dəʃ'tinu]
Telefon	o telefone [u tələ'fɔnə]
Telefonbuch	lista telefónica (ô) ['liʃtɐ tələ'fɔnikɐ]
Telefonkarte	o cartão telefónico [u kɐr'tɐũ tələ'fɔniku]
Telefonnummer	número de telefone ['numəru də tələ'fɔnə]
Telefonzelle	cabina telefónica (ô) [ka'binɐ tələ'fɔnikɐ]
Verbindung	a ligação [ɐ ligɐ'sɐũ]
Vorwahlnummer	indicativo [ĩndikɐ'tivu]; *(Bras)* prefixo [pre'fiksu]

Mit dem Handy

Mein Akku ist leer. Haben Sie ein Ladekabel für mich?
O meu acumulador está vazio. Tem um cabo de carregamento? [u meu ɐkumulɐ'dor sta vɐ'ziu. tɐ̃i ũ 'kabu də kɐʀəgɐ'mẽntu]

Ich hätte gerne ..., bitte.
Queria ... , por favor. [kəˈriɐ ... pur fɐˈvor]

– ein Handy mit einer Prepaid-Karte
um telemóvel com cartão pré-pago
[ũ tɛlɛˈmɔvel kõ kɐrˈtɐ̃u prɛˈpagu]

– eine SIM-Karte
um cartão SIM [ũ kɐrˈtɐ̃u sĩ]

Ladegerät	o carregador de baterias [u kɐʀəgɐˈdor də bɐtəˈriɐʃ]
Prepaid-Guthaben	crédito pré-pago [ˈkrɛditu prɛˈpagu]
SIM-Karte	o cartão SIM [u kɐrˈtɐ̃u sĩ]
Smartphone	o Smartphone [u smartˈfonə]

Toilette und Bad

Wo ist bitte die Toilette?
Por favor, onde é a casa de banho/*(Bras)* o banheiro? [pur fɐˈvor õnd‿ɛ ɐ ˈkazɐ də ˈbɐɲu/u baˈɲeru]

Würden Sie mir bitte den Schlüssel für die Toiletten geben?
Podia dar-me a chave da casa de banho/*(Bras)* do banheiro? [puˈdiɐ ˈdarm‿ɐ ˈʃavə dɐ ˈkazɐ dɐ ˈbɐɲu/du baˈɲeru]

Damen	senhoras [səˈɲorɐʃ]
Handtuch	toalha [ˈtwaʎɐ]
Herren	homens [ˈɔmɐ̃iʃ]
Seife	o sabonete [u sɐbuˈnetə]
Stehklosett	o urinol [u uriˈnɔl]
Toilettenpapier	o papel higiénico (ê) [u pɐˈpɛl‿iˈʒjɛniku]

IM NOTFALL

Im Notfall

die ***Brandbekämpfung***
combate ao fogo
[kõ'bat‿au 'fogu]

der ***Diebstahl***
roubo
['ʀobu]

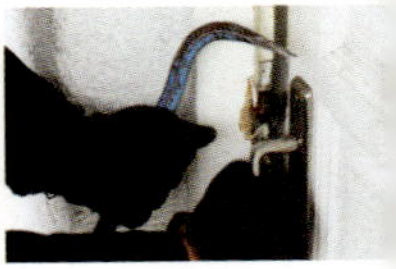

der ***Einbruch***
assalto
[ɐ'saltu]

der ***Feuerlöscher***
extintor de incêndio
[ʃtĩn'tor d‿ĩ'sẽndju]

der ***Notausgang***
saída de emergência
[sɐ'idɐ d‿imər'ʒẽsjɐ]

der ***Rettungsring***
bóia salva-vidas
['bɔjɐ 'salvɐ 'vidɐʃ]

der ***Raubüberfall***
assalto (à mão armada)
[ɐ'saltu (a mɐ̃u ɐr'madɐ)]

der ***Rettungshub-schrauber***
helicóptero de salvamento
[ɛli'kɔptəru də salvɐ'mẽtu]

die ***Notrufnummer***
número de emergência
['numəru d‿imər'ʒẽsjɐ]

der ***Sammelpunkt***
ponto de reunião
['põtu də rjuni'ɐ̃u]

die ***Schwimmweste***
colete salva-vidas
[ku'letə 'salvɐ 'vidɐʃ]

der ***Taschendiebstahl***
carteirista
[kɐrtei'riʃtɐ]

WÖRTERBUCH

A

a [ɐ] *(in Richtung auf, zeitlich)* gegen; **ao Porto** [au ˈportu] nach Porto
abafado [ɐbɐˈfadu] schwül
abcesso [ɐbˈsɛsu] Abszess
aberto [ɐˈbɛrtu] auf; geöffnet; offen
aborrecido [ɐbuʀəˈsidu] langweilig
abre-cápsulas [ˈabrə ˈkapsulɐʃ] *(m)* Flaschenöffner
abre-latas [ˈabrə ˈlatɐʃ] *(m)* Dosenöffner
abrir [ɐˈbrir] aufmachen; öffnen
absolutamente [ɐbsulutɐˈmẽtə] unbedingt
acabar [ɐkɐˈbar] aufhören; enden; beenden
açafrão [ɐsɐˈfrɐ̃u] *(m)* Safran
acampar [ɐkɐ̃ˈpar] zelten
aceitar [ɐseiˈtar] annehmen; übernehmen
acelerador [ɐsələrɐˈdor] *(m)* Gaspedal
acelerador manual [ɐsələrɐˈdor mɐnuˈal] *(m)* Handgas *(Auto)*
acender [ɐsẽˈder] *(Licht)* anmachen; einschalten; anzünden
acesso sem degraus [ɐˈsɛsu sɐ̃i dəˈgrauʃ] stufenloser Zugang
achar [ɐˈʃar] finden; meinen
acidente [ɐsiˈdẽtə] *(m)* Unfall
ácido [ˈasidu] sauer
acordado [ɐkurˈdadu] wach
acordar [ɐkurˈdar] aufwachen; aufwecken; wecken
açougue [aˈsogi] *(Bras) (m)* Metzgerei
açúcar [ɐˈsukar] *(m)* Zucker
acumulador [ɐkumulɐˈdor] *(m)* Akku
adaptador [ɐdɐptɐˈdor] *(m)* Adapter
adesivo [ɐdəˈzivu] Pflaster
adoçante [ɐduˈsɐ̃tə] *(m)* Süßstoff
adulto, adulta [ɐˈdultu, ɐˈdultɐ] Erwachsene/r
advogado, advogada [ɐdvuˈgadu, ɐdvuˈgadɐ] Rechtsanwalt, -anwältin
aeroporto [ɐɛroˈportu] Flughafen
agência de viagens [ɐˈʒẽsjɐ də ˈviaʒɐ̃iʃ] Reisebüro
agora [ɐˈgɔrɐ] jetzt; nun
agradável [ɐgrɐˈdavɛl] angenehm
agradecer [ɐgrɐdəˈser] danken
agressão [agrəˈsɐ̃u] *(f)* Überfall
água [ˈagwɐ] Wasser
água de refrigeração [ˈagwɐ də ʀəfriʒərɐˈsɐ̃u] Kühlwasser
água fria [ˈagwɐ ˈfriɐ] kaltes Wasser
água mineral [ˈagwɐ minəˈral] Mineralwasser
água potável [ˈagwɐ puˈtavɛl] Trinkwasser
agulha [ɐˈguʎɐ] Nadel
aí [ɐˈi] da *(Ort)*
ainda [ɐˈĩndɐ] noch; noch immer; **~ não** [ɐˈĩndɐ nɐ̃u] noch nicht
ajuda [ɐˈʒudɐ] Hilfe
aldeia [alˈdejɐ] Dorf
alegre [ɐˈlɛgrə] heiter; lustig
alemão [ɐləˈmɐ̃u] deutsch
alemão [ɐləˈmɐ̃u] *(m)* der Deutsche
alergia [ɐlərˈʒiɐ] Allergie
alfândega [alˈfɐ̃dəgɐ] Zoll
alfinete de segurança [alfiˈnetə də səguˈrɐ̃nsɐ] *(m)* Sicherheitsnadel
algo [ˈalgu] etwas

alguém [al'gẽi] jemand

alguma coisa [al'gumɐ 'koizɐ] etwas; irgendetwas

algumas [al'gumɐʃ] einige

alguns, algumas [al'gũʃ, al'gumɐʃ] einige; ein paar

ali [ɐ'li] da; dort

almoço [al'mosu] Mittagessen

alojamento [eluʒɐ'mẽtu] Unterkunft

alternador [altərnɐ'dor] *(m)* Lichtmaschine

alto ['altu] hoch; laut

alto! ['altu] halt!

alugar [ɐlu'gar] mieten; vermieten

amanhã [amɐ'ɲɐ̃] morgen

amarelo [ɐmɐ'rɛlu] gelb

amargo [ɐ'margu] bitter

amável [ɐ'mavɛl] freundlich; liebenswürdig

ambos, ambas ['ɐ̃buʃ, 'ɐ̃bɐʃ] beide

amêndoas [ɐ'mẽdwɐʃ] *(Plural)* Mandeln *(Frucht)*

amígdalas [ɐ'migdɐlɐʃ] *(Plural)* Mandeln *(Organ)*

andar [ɐ̃'dar] *(m)* Stock(werk); gehen; laufen

andar de bicicleta [ɐ̃'dar də bisi'klɛtɐ] Rad fahren

anedota [ɐnə'dɔtɐ] Witz

anel [ɐ'nɛl] *(m)* Ring

anestesia [ɐnəʃtə'ziɐ] Narkose

animal [ɐni'mal] *(m)* Tier

anoraque [ɐnɔ'rak] *(m)* Anorak

anotar [ɐnu'tar] aufschreiben

anteontem [ɐ̃n'tjõtẽi] vorgestern

antes ['ɐ̃təʃ] eher; früher; vorher; lieber; vielmehr; **~ de** ['ɐ̃təʒ də] bevor, vor

antigamente [ɐ̃tigɐ'mẽtə] damals; früher

antigo [ɐ̃'tigu] *(aus früheren Zeiten)* alt

anular a reserva [ɐnu'lar‿ɐ ʀə'zɛrvɐ] *(Zimmer)* abbestellen

ao meio-dia [ɐu 'mejɐ 'diɐ] mittags

ao nível do chão [au 'nivɛl du ʃɐ̃u] ebenerdig

apanhar [ɐpɐ'ɲar] fangen

apartamento [ɐpɐrtɐ'mẽtu] Wohnung; Apartment

apelido [ɐpə'lidu] *(m)* Familienname

aprender [ɐprẽ'der] lernen

apressado [ɐprə'sadu] eilig

apressar-se [ɐprə'sarsə] sich beeilen

aquecedor de biberão [ɐkɛsə'dor də bibə'rɐ̃u] *(m)* Fläschchenwärmer

aqui [ɐ'ki] hier

ar [ar] *(m)* Luft; Anschein

ar condicionado [ar kõdəsju'nadu] *(m)* Klimaanlage

área de repouso ['arjɐ də ʀə'pozu] Rastplatz

área de serviço ['arjɐ də sər'visu] Raststätte

arenque [ɐ'rẽkə] *(m)* Hering *(Fisch)*

armário [ɐr'marju] Schrank

arrombar [ɐʀõ'bar] aufbrechen

arroz [ɐ'ʀoʃ] *(m)* Reis

arte ['artə] *(f)* Kunst

articulação [artikulɐ'sɐ̃u] *(f)* Gelenk

artigos de drogaria [ɐr'tiguʃ də drugɐ'riɐ] *(Plural)* Drogerieartikel

artigos domésticos [ɐr'tiguʒ du'mɛʃtikuʃ] *(Plural)* Haushaltswaren

ato ['atu] Akt

às vezes [aʃ 'vezəʃ] manchmal

às/à/ao [aʃ/a/au] um *(Zeitangabe)*

asma ['aʃmɐ] Asthma

aspirina [ɐʃpi'rinɐ] Aspirin®

assado [ɐ'sadu] gar; gebacken; gebraten

assalto [ɐ'saltu] Überfall

assédio sexual [ɐ'sɛdju sɛksu'al] sexuelle Belästigung

assento de automóvel para criança [ɐˈsẽtu d‿autuˈmɔvɛl ˈpɐrɐ krjˈɐ̃sɐ] Kindersitz *(fürs Auto)*
assento para criança [ɐˈsẽtu ˈpɐrɐ krjˈɐ̃sɐ] Kindersitz
assustar [ɐsuʃˈtar] erschrecken
atacadores [ɐtɐkɐˈdorəʃ] *(Plural)* Schnürsenkel
ataque cardíaco [ɐˈtakə kɐrˈdiɐku] *(m)* Herzanfall
até [ɐˈtɛ] bis; sogar; **~ agora** [ɐˈtɛ ɐˈgɔrɐ] bis jetzt
aterragem [təˈʀaʒɐ̃i] *(f)* Landung
aterrissagem [ateʀiˈsaʒɐ̃i] *(Bras) (f)* Landung
atestado [ɐtəʃˈtadu] Bescheinigung; Attest
atrás [ɐˈtraʃ] hinten; **~ de** [ɐˈtraʒ də] hinter
atraso [ɐˈtrazu] Verspätung
através de [ɐtrɐˈvɛʒ də] quer durch
auscultador [ɐuʃkultɐˈdor] *(m)* Hörer; Kopfhörer
Áustria [ˈauʃtrjɐ] Österreich
austríaco, austríaca [auʃˈtriɐku, auʃˈtriɐkɐ] Österreicher(in); österreichisch
autêntico [auˈtẽtiku] echt
autocaravana [autɔkɐrɐˈvɐnɐ] Wohnmobil
autocarro [autoˈkaʀu] *(m)* Bus
autoestrada [ˈauto ˈʃtradɐ] Autobahn
automóvel [autuˈmɔvɛl] *(m)* Auto
autoridades [auturiˈdadəʃ] *(Plural)* Behörde
avaria [ɐvɐˈriɐ] Panne
avó [ɐˈvɔ] *(f)* Großmutter
avô [ɐˈvo] *(m)* Großvater
azeite [ɐˈzeitə] *(m)* Olivenöl
azul [ɐˈzul] blau

B

babysitting [ˈbeibiˈsitĩg] *(m)* Kinderbetreuung
bagagem [bɐˈgaʒɐ̃i] *(f)* Gepäck
baile [ˈbailə] *(m)* Ball *(Fest)*
baixo [ˈbaiʃu] nieder; niedrig; tief; leise; **(lá) em ~** [(la) ɐ̃i ˈbaiʃu] (dort) unten; **para ~** [ˈpɐrɐ ˈbaiʃu] abwärts, bergab; **por ~ de** [pur ˈbaiʃu də] unterhalb
banco [ˈbɐ̃ku] Bank *(Geldinstitut; Sitzbank)*
banheira [bɐˈɲeirɐ] Badewanne
banheiro [bɐˈɲeiru] *(m)* Bademeister *(Bras)* Badezimmer; Toilette
bar [bar] *(m)* Bar
barato [bɐˈratu] billig
barbearia [bɐrbjɐˈriɐ] Friseur *(für Herren)*
barros [ˈbaʀuʃ] *(Plural)* Töpferwaren
batedor de claras [bətəˈdor dəˈklarɐʃ] *(m)* Schneebesen
bebé [bɛˈbɛ] *(m)* Baby
beber [bəˈber] trinken
bebida [bəˈbidɐ] Getränk
beliche [bəˈliʃə] *(m)* Etagenbett
bem [bɐ̃i] *(Adverb)* gut
bem cozido [bɐ̃i kuˈzidu] gar
bem passado [bɐ̃i pɐˈsadu] durchgebraten
biberão de água (ou chá) [bibəˈrɐ̃u d‿ˈagwɐ (o ʃa)] *(m)* Trinkflasche
bicicleta [bisiˈklɛtɐ] Fahrrad
bicicleta adaptada [bisiˈklɛtɐ ɐdɐpˈtadɐ] Handbike
bicicleta handcycle [bisiˈklɛtɐ ɐ̃dˈsajkəl] Handbike
bidão de água [biˈdɐ̃u d‿ˈagwɐ] *(m)* Wasserkanister

bidão de gasolina [bi'dẽu də gɐzu'linɐ] *(m)* Benzinkanister
bijutaria [biʒutɐ'riɐ] Modeschmuck
bilhete [bi'ʎetə] *(m)* Eintrittskarte; Fahrschein
bilhete de ida e volta [bi'ʎetə d‿'idɐ i 'vɔltɐ] *(m)* Rückfahrkarte
bilhete de identidade [bi'ʎetə d‿idẽti'dadə] Personalausweis
bilhete diário [bi'ʎetə di'arju] *(m)* Tageskarte
bilheteira [biʎə'teirɐ] Kasse; Fahrkartenschalter
biquíni [bi'kini] *(m)* Bikini
blues [blus] *(Plural)* Blues
blusa ['bluzɐ] Bluse
boca ['bokɐ] Mund
bocado [bu'kadu] Stück
boia salva-vidas ['bɔjɐ 'salvɐ 'vidɐʃ] Rettungsring
bola ['bɔlɐ] Ball
bolo ['bolu] Kuchen
bom [bõ] *(Adjektiv)* gut
bomba de ar ['bõbɐ d‿ar] Luftpumpe
bomba para gasolina ['bõbɐ 'pɐrɐ gɐzu'linɐ] Benzinpumpe
bombeiros [bõ'beiruʃ] *(Plural)* Feuerwehr
bonde ['bõndi] *(Bras)* *(m)* Straßenbahn
botão [bu'tẽu] *(m)* Knopf
botija de gás [bu'tiʒɐ də gaʃ] Gasflasche
branco ['brẽku] weiß
breve ['brɛvə] kurz; *(kurzgefasst)* **em ~** [ẽi 'brɛvə] bald
brincos ['brĩkuʃ] *(Plural)* Ohrringe
bronquite [brõ'kitə] *(f)* Bronchitis
buraco [bu'raku] Loch
buzina [bu'zinɐ] Hupe
bypass [bai'pas] *(m)* Bypass

C

cabaré [ka'barɛ] *(m)* Kabarett
cabeleireiro [kɐbəlei'reiru] Friseur *(für Damen)*
cabelo [kɐ'belu] Haar
cabina telefónica (ô) [ka'binɐ tələ'fɔnikɐ] Telefonzelle
cabo de carregamento ['kabu də kɐʀəgɐ'mẽtu] Ladekabel
cabo de reboque ['kabu də ʀə'bɔkə] Abschleppseil
cachecol [kaʃə'kɔl] *(m)* Schal
cacilheiro [kɐsi'ʎeiru] Fähre *(in Lissabon)*
cada ['kɐdɐ] jeder; *(als Adjektiv)* **~ um** ['kɐdɐ ũ] jeder *(als Pronomen)*
cadeira [kɐ'deirɐ] Stuhl
cadeira de rodas [kɐ'deirɐ də 'rɔdɐʃ] Rollstuhl
café [kɐ'fɛ] *(m)* Café; Kaffee
café da manhã [ka'fɛ da ma'ɲẽ] *(Bras)* *(m)* Frühstück
cair [kɐ'ir] fallen; stürzen
cais ['kaiʃ] *(m)* Kai
caixa de remendos ['kaiʃɐ də rə'mẽduʃ] Flickzeug
Caixa de Seguro de Doença ['kaiʃɐ də sə'guru də 'dwẽsɐ] Krankenkasse
caixa de velocidades ['kaiʃɐ də vəlusi'dadəʃ] Getriebe
caixa do correio ['kaiʃɐ du ku'ʀeju] Briefkasten
calafrios [kɐlɐ'friuʃ] *(Plural)* Schüttelfrost
calção [kal'sẽu] *(m)* Shorts
calças ['kalsɐʃ] *(Plural)* Hose
calças de ganga ['kalsɐʃ də 'gẽgɐ] *(Plural)* Jeans
calmante [kal'mẽtə] *(m)* Beruhigungsmittel
cama ['kɐmɐ] Bett; **ir para a ~** [ir 'pɐr‿a 'kɐmɐ] zu Bett gehen

cama de criança [ˈkɐmɐ də krjˈɐ̃sɐ] Kinderbett
camarote [kɐmɐˈrɔtə] *(m)* Kabine; Loge
câmbio [ˈkɐ̃bju] Umrechnung; Wechselkurs
caminhar [kɐmiˈɲar] wandern
camisa [kɐˈmizɐ] Hemd
camisola [kɐmiˈzɔlɐ] Pullover *(Bras)* Nachthemd
camping [ˈkɐ̃piŋ] *(Bras) (m)* Campingplatz
campismo [kɐ̃ˈpiʒmu] Camping
cancelar [kɐ̃səˈlar] *(Fahr-, Flugkarten)* abbestellen
câncer [ˈkɐ̃sɛr] *(Bras) (m)* Krebs
cancro [ˈkɐ̃kru] Krebs
candeeiro [kɐ̃ˈdjeiru] Lampe
canivete [kɐniˈvɛtə] *(m)* Taschenmesser
cantar [kɐ̃ˈtar] singen
capacete [kɐpɐˈsetə] *(m)* Sturzhelm
capital [kɐpiˈtal] *(f)* Hauptstadt
caravana [kɐrɐˈvɐnɐ] *(f)* Wohnwagen
cardápio [karˈdapju] *(Bras)* Speisekarte; Menü
carne [ˈkarnə] *(f)* Fleisch
carne de borrego [ˈkarnə də buˈʀegu] *(f)* Lammfleisch
carne de carneiro [ˈkarnə də kɐrˈneiru] *(f)* Hammelfleisch
carne de porco [ˈkarnə də ˈporku] *(f)* Schweinefleisch
carne de vitela [ˈkarnə də viˈtɛlɐ] *(f)* Kalbfleisch
carne picada [ˈkarnə piˈkadɐ] *(f)* Hackfleisch
caro [ˈkaru] teuer; lieb
carraça [kɐˈʀasɐ] Zecke
carregador de baterias [kɐʀəgɐˈdor də bɐtəˈriɐʃ] *(m)* Ladegerät
carro [ˈkaʀu] Auto; Wagen
carro de bagagem [ˈkaʀu də bɐˈgaʒɐ̃i] Gepäckwagen
carro de reboque [ˈkaʀu də ʀəˈbɔkə] Abschleppwagen
carruagem de salão [kɐʀuˈaʒɐ̃i də sɐˈlɐ̃u] *(f)* Großraumwagen
carta de condução [ˈkartɐ də kõduˈsɐ̃u] Führerschein
carta [ˈkartɐ] Brief
carta regist(r)ada [ˈkartɐ ʀəʒiʃˈt(r)adɐ] Einschreibebrief
carta verde [ˈkartɐ ˈverdə] grüne Versicherungskarte
cartão de campista [kɐrˈtɐ̃u də kɐ̃mˈpiʃtɐ] *(m)* Campingausweis
cartão de crédito [kɐrˈtɐ̃u də ˈkrɛditu] *(m)* Kreditkarte
cartão de embarque [kɐrˈtɐ̃u d‿ẽˈbarkə] *(m)* Bordkarte
cartão de memória [kɐrˈtɐ̃u də məˈmɔrjɐ] *(m)* Speicherkarte
cartão telefónico [kɐrˈtɐ̃u tələˈfɔniku] *(m)* Telefonkarte
carteira [kɐrˈteirɐ] Brieftasche; (Hand-)Tasche
carteira de condução [karˈterɐ də kõduˈsɐ̃u] *(Bras)* Führerschein
carteira de identidade [karˈterɐ d‿idẽntiˈdadə] *(Bras)* Personalausweis
carteirista [kɐrteiˈriʃtɐ] *(m)* Taschendieb
carvão [kɐrˈvɐ̃u] *(m)* Grillkohle
casa [ˈkazɐ] Haus; Wohnung; **em ~** [ɐ̃i ˈkazɐ] daheim, zu Hause
casa de banho [ˈkazɐ də ˈbɐɲu] Badezimmer; Toilette
casa de banho para deficientes [ˈkasɐ də ˈbɐɲu ˈpɐrɐ dəfəsiˈẽntəʃ] Behindertentoilette
casaco [kɐˈzaku] Jacke

casaco comprido [kɐˈzaku kõmˈpridu] Damenmantel
castanho [kɐʃˈtɐɲu] braun
caução [kauˈsɐ̃u] *(f)* Kaution
cedo [ˈsedu] früh
celular [seluˈlar] *(Bras) (m)* Handy
central [sẽˈtral] zentral
centro comercial [ˈsẽtru kumərsiˈal] Einkaufszentrum
cérebro [ˈsɛrəbru] Gehirn
certificado [sərtəfiˈkadu] Bescheinigung
certo [ˈsɛrtu] bestimmt; gewiss; sicher; **estar ~** [ʃtar ˈsɛrtu] stimmen
cerveja [sərˈveʒɐ] Bier
chá [ʃa] *(m)* Tee
chamada a pagar no destino [ʃɐˈmad‿a pɐˈgar nu dəʃˈtinu] R-Gespräch
chamada [ʃɐˈmadɐ] Anruf
chamada internacional [ʃɐˈmad‿ĩtərnɐsjuˈnal] Auslandsgespräch
chamada interurbana [ʃɐˈmad‿ĩtɛrurˈbɐnɐ] Ferngespräch
chamada local [ʃɐˈmadɐ luˈkal] Ortsgespräch
chamar-se [ʃɐˈmarsə] heißen
champô [ʃɐ̃ˈpo] *(m)* Shampoo
chapéu [ʃɐˈpɛu] *(m)* Hut
chapéu para o sol [ʃɐˈpɛu ˈpɐrɐ u sɔl] *(m)* Sonnenhut
chave [ˈʃavə] *(f)* Schlüssel; **fechar à ~** [fəˈʃar‿a ˈʃavə] abschließen
chave de ignição [ˈʃavə d‿igniˈsɐ̃u] *(f)* Zündschlüssel
chávena [ˈʃavənɐ] Tasse
chegada [ʃəˈgadɐ] Ankunft
chegar [ʃəˈgar] ankommen; eintreffen; (aus-)reichen
cheio [ˈʃeju] voll
cheirar [ʃeiˈrar] riechen; **~ mal** [ʃeiˈrar mal] stinken
chocolate [ʃukuˈlatə] *(m)* Schokolade
chouriço [ʃoˈrisu] scharfe Paprikawurst
chupeta [ʃuˈpetɐ] Schnuller
chuva [ˈʃuvɐ] Regen
ciática [ˈsjatikɐ] Ischias
cidadão da UE [sidɐˈdɐ̃u dɐ uɛ] *(m)* EU-Bürger
cigarro [siˈgaʀu] Zigarette
cinema [siˈnemɐ] *(m)* Kino
cinto [ˈsĩtu] Gürtel
cinto de segurança [ˈsĩtu də səguˈrɐ̃sɐ] Sicherheitsgurt
cinza [ˈsĩzɐ] *(Bras)* grau
cinzeiro [sĩˈzeiru] Aschenbecher
cinzento [sĩˈzẽtu] grau
classe [ˈklasə] *(f)* Klasse
clima [ˈklimɐ] *(m)* Klima
cobertor [kubərˈtor] *(m)* wollene Bettdecke
código postal [ˈkɔdigu puʃˈtal] Postleitzahl
cofre [ˈkɔfrə] *(m)* Safe
cogumelo [kuguˈmɛlu] Pilz *(Essen)*
coisa [ˈkoizɐ] Ding; Sache
colar [kuˈlar] *(m)* Kollier
colcha [ˈkolʃɐ] Tagesdecke
colchão [kolˈʃɐ̃u] *(m)* Matratze
colecionar [kulɛsjuˈnar] sammeln
colete [kuˈletə] *(m)* Weste
colete de salvação [kuˈletə də salvɐˈsɐ̃u] *(m)* Schwimmweste
colher [kuˈʎɛr] *(f)* Löffel
colher de chá [kuˈʎɛr də ʃa] *(f)* Teelöffel
collants [ˈkɔlɐ̃ʃ] *(Plural)* Strumpfhose
colorau [kuluˈrau] *(m)* Paprika
coluna vertebral [kuˈlunɐ vərtəˈbral] Wirbelsäule
com certeza [kõ sərˈtezɐ] sicher; bestimmt
com cuidado [kõ kuiˈdadu] vorsichtig

PORTUGIESISCH - DEUTSCH
WÖRTERBUCH

com poucas calorias [kõ ˈpokɐʃ kɐluˈriɐʃ] kalorienarm
comandante [kumɐ̃ˈdɐ̃ntə] *(m)* Kapitän
comboio [kõˈbɔju] *(m)* Zug
comboio para transporte de automóveis [kõˈbɔju ˈpɐrɐ trɐ̃ʃˈpɔrtə d‿autuˈmɔveiʃ] *(m)* Autoreisezug
começar [kuməˈsar] anfangen; beginnen
comer [kuˈmer] essen; **não poder ~** [nɐ̃u puˈder kuˈmer] *(Speisen)* nicht vertragen
comerciante de objetos de arte [kumərsiˈɐ̃tə d‿ɔbˈʒɛtuʒ d‿artə] *(m)* Kunsthändler
comestível [kuməʃˈtivɛl] essbar
comida [kuˈmidɐ] Essen; Nahrung; Verpflegung
comida para bebés [kuˈmidɐ ˈpɐrɐ bɛˈbɛʃ] Babynahrung
comissão [kumiˈsɐ̃u] *(f)* Bearbeitungsgebühr
como [ˈkomu] *(Grund)* da; *(Frage, Vergleich)* wie
cómoda muda-fraldas [ˈkɔmudɐ ˈmudɐ ˈfraldɐʃ] Wickeltisch
cómodo [ˈkɔmudu] bequem
compartimento [kõpɐrtiˈmẽtu] Abteil
completo [kõˈplɛtu] besetzt; voll; ganz; vollständig
compor-se de [kõˈporsə də] bestehen aus
comprar [kõˈprar] (ein) kaufen
compreender [kõprjẽˈder] verstehen
comprido [kõˈpridu] lang
comprimido [kõpriˈmidu] Tablette
comprimidos contra as dores [kõpriˈmiduʃ ˈkõtr‿aʒ ˈdorəʃ] *(Plural)* Schmerztabletten
comprimidos para a dor de cabeça [kõpriˈmiduʃ ˈpɐra dor də kɐˈbesɐ] *(Plural)* Kopfschmerztabletten
comprimidos para a garganta [kõpriˈmiduʃ ˈpɐr‿a gɐrˈgɐ̃ntɐ] *(Plural)* Halstabletten
concerto [kõˈsertu] Konzert
concha [ˈkõʃɐ] Muschel; Schöpfkelle
condimento [kõdiˈmẽtu] Gewürz
condutor, condutora [kõduˈtor, kõduˈtorɐ] Fahrer(in)
conduzir [kõduˈzir] Auto fahren
conexão [konɛˈksɐ̃u] *(Bras)* *(f)* Anschluss
confiscar [kõfiʃˈkar] beschlagnahmen
confortável [kõfurˈtavɛl] gemütlich; bequem
conhecer [kuɲəˈser] kennen; kennen lernen
conhecido, conhecida [kuɲəˈsidu, kuɲəˈsidɐ] Bekannte/r; bekannt
constipação [kõʃtipaˈsɐ̃u] *(f)* Erkältung; Schnupfen
consulado [kõsuˈladu] Konsulat
conta [ˈkõntɐ] Konto; Rechnung; *(im Restaurant, etc.)* **enganar-se na ~** [ẽgɐˈnarsə nɐ ˈkõntɐ] sich verrechnen; **tomar ~ (de)** [tuˈmar ˈkõtɐ (də)] aufpassen (auf)
contagioso [kõtɐˈʒjozu] ansteckend
conta-quilómetros [ˈkõtɐ kiˈlɔmətruʃ] *(m)* Tachometer
contar [kõˈtar] erzählen; zählen
continente [kõtiˈnẽtə] *(m)* Festland
contra [ˈkõtrɐ] *(wider)* gegen; **ser ~** [ser ˈkõtrɐ] dagegen sein
contrabando [kõtrɐˈbɐ̃du] Schmuggel

contrário [kõ'trarju] Gegenteil; **pelo ~** ['pelu kõ'trarju] im Gegenteil
controle de passaportes [kõ'trolə də pasɐ'pɔrtəʃ] *(m)* Passkontrolle
controle de segurança [kõ'trɔlə də səgu'rẽsɐ] *(m)* Sicherheitskontrolle
conversa [kõ'vɛrsɐ] Gespräch; Unterhaltung
convidar [kõvi'dar] auffordern; einladen
copo ['kɔpu] Glas
copo de água ['kɔpu d‿'agwɐ] Wasserglas
coração [kurɐ'sɐ̃u] *(m)* Herz
coradas [kɔ'radɐʃ] geröstet *(Kartoffeln)*
cordel [kur'dɛl] *(m)* Bindfaden
cor-de-rosa [kor də 'ʀɔzɐ] rosa
coro ['koru] Chor
corpo ['korpu] Körper
corredor [kuʀə'dor] *(m)* Gang; Flur
corrente [ku'ʀẽtə] *(f)* Kette; Strömung; *(Elektrizität)* Strom
corrente [ku'ʀẽtə] *(als Adjektiv)* üblich; gewöhnlich
correr [ku'ʀer] fließen; laufen; rennen
coser [ku'zer] nähen
costa ['kɔʃtɐ] Küste; Ufer
cotonetes [kotu'nɛtəʃ] *(Plural)* Wattestäbchen
couvert [ku'vɛr] *(m)* Gedeck
cozido [ku'zidu] gekocht *(gegart)*
cozinhar [kuzə'ɲar] kochen *(Essen zubereiten)*
cozinheiro [kuzə'ɲeiru] Koch
creme ['krɛmə] *(m)* Creme
creme para as mãos ['krɛmə 'per‿aʒ mɐ̃uʃ] *(m)* Handcreme
criança ['krjɐ̃sɐ] Kind
crime ['krimə] *(m)* Verbrechen
cru [kru] roh
cruzamento [kruzɐ'mẽtu] Kreuzung
cruzeiro [kru'zeiru] Kreuzfahrt
cruzeta [kru'zetɐ] Kleiderbügel
culpa ['kulpɐ] Schuld
cumprimentar [kũprimẽ'tar] (be)grüßen
cumprir [kũ'prir] *(Wort)* halten
curto ['kurtu] *(räumlich)* kurz
curto prazo; a ~ [ɐ 'kurtu 'prazu] kurzfristig
curva ['kurvɐ] Kurve
custar [kuʃ'tar] kosten

D

D. ['donɐ] Frau
dano ['dɐnu] Beschädigung; Schaden
dar [dar] geben
dar pontos [dar 'põtuʃ] nähen *(Arzt)*
data ['datɐ] Datum; Termin
data de nascimento ['datɐ də nɐʃsi'mẽtu] Geburtsdatum
de [də] ab; von; aus
de cor [də kor] farbig
de hora a hora [d‿'ɔr‿a 'ɔrɐ] stündlich; jede Stunde
de manhã [də mɐ'ɲɐ̃] am Vormittag; morgens; vormittags
de noite [də 'noitə] nachts; abends
de tarde [də 'tardə] nachmittags
debaixo de [də'baiʃu də] unter
defeito [də'feitu] Fehler; *(den man hat)* Mangel
deficiente visual [dəfəsi'ẽtə vizu'al] *(f/m)* Sehbehinderte/r; sehbehindert

delgado [dɛlˈgadu] dünn; schlank
delicioso [dəliˈsjozu] lecker
demasiado [dəmɐˈzjadu] zu *(mit Adjektiv)*
dente [ˈdẽtə] *(m)* Zahn
dente do siso [ˈdẽtə du ˈsizu] *(m)* Weisheitszahn
depois [dəˈpoiʃ] danach; dann; nachher; **~ de** [dəˈpoiʒ də] *(zeitlich)* nach
depois de amanhã [dəˈpoiʒ d‿amɐˈɲɐ̃] übermorgen
depositar [dəpuziˈtar] hinterlegen
depósito [dəˈpɔzitu] (Flaschen-)Pfand; Behälter
depressa [dəˈprɛsɐ] *(Adverb)* rasch; schnell
descansar [dəʃkɐ̃ˈsar] sich ausruhen; sich erholen; (aus)ruhen
descer [dəʃˈser] aussteigen
desconhecido [dəʃkuɲəˈsidu] fremd; unbekannt
desde [ˈdeʒdə] seit *(als Präposition)* ab; **~ que** [ˈdeʒdə kə] seit *(als Konjunktion)*
desenhos animados [dəˈseɲuz‿ɐniˈmaduʃ] *(Plural)* Zeichentrickfilm
desfiladeiro [dəʃfilɐˈdeiru] Gebirgspass
desinfetar [dəzĩfɛˈtar] desinfizieren
desodorizante [dəzoduriˈzɐ̃tə] *(m)* Deo(dorant)
desporto [dəʃˈportu] Sport
destinatário [dəʃtinɐˈtarju] Empfänger
detergente para a louça [dətərˈʒẽtə ˈpɐr‿a ˈlosɐ] *(m)* Spülmittel
detergente para a roupa [dətərˈʒẽtə ˈpɐr‿a ˈʀopɐ] *(m)* Waschmittel
determinado [dətərmiˈnadu] bestimmt
devagar [dəvɐˈgar] *(Adverb)* langsam
dia [ˈdiɐ] *(m)* Tag; **nos ~s úteis** [nuʒˈdiɐz‿ˈuteiʃ] werktags, wochentags
dia útil [ˈdiɐ ˈutil] *(m)* Werktag
diabetes [djɐˈbɛtəʃ] *(f)* Diabetes
diabético [djɐˈbɛtiku] Diabetiker
diagnóstico [djɐgˈnɔʃtiku] Diagnose
diante de [ˈdjɐ̃ntə də] *(räumlich)* vor
diarreia [djɐˈʀejɐ] Durchfall
dieta [ˈdjɛtɐ] Diät; Schonkost
diferente [difəˈrẽtə] anders; verschieden
difícil [diˈfisil] schwer; schwierig
digestão [diʒəʃˈtɐ̃u] *(f)* Verdauung
dínamo [ˈdinɐmu] Lichtmaschine
dinheiro [dəˈɲeiru] Geld; **a ~** [ɐ dəˈɲeiru] bar
direção [dirɛˈsɐ̃u] *(f)* Direktion; Richtung
direito [diˈreitu] gerade; rechte(r, -s); **à ~** [a diˈreitɐ] rechts
direitos alfandegários [diˈreituz‿alfɐ̃ndəˈgarjuʃ] *(Plural)* Zollgebühren
discar [disˈkar] *(Bras)* wählen *(Telefon)*
disparador [dəʃpɐrɐˈdor] *(m)* Auslöser
distante [diʃˈtɐ̃ntə] entfernt; weit; abgelegen
distensão [diʃtẽˈsɐ̃u] *(f)* Zerrung
divertido [divərˈtidu] lustig; unterhaltend
dívida [ˈdividɐ] (Geld-)Schuld
dizer [diˈzer] sagen
do que [du kə] *(bei Vergleich)* als

doce [ˈdosə] *(als Adjektiv)* süß; *(als Substantiv)* Marmelade

doces [ˈdosəʃ] *(Plural)* Süßigkeiten

documentos [dukuˈmẽtuʃ] *(Plural)* Papiere

doença [ˈdwẽsɐ] Krankheit

doença infantil [dwˈẽs‿ĩfɐ̃ˈtil] Kinderkrankheit

doente [ˈdwẽtə] krank

doer [dwer] schmerzen

domicílio [dumiˈsilju] Wohnort

domingo [duˈmĩgu] Sonntag

dores [ˈdorəʃ] *(Plural)* Schmerzen; **~ de cabeça** [dorəʒ də kɐˈbesɐ] Kopfschmerzen; **~ de dentes** [dorəʒ də ˈdẽntəʃ] Zahnschmerzen; **~ de estômago** [dorəʒ də ˈʃtomɐgu] Magenschmerzen; **~ de garganta** [ˈdorəʒ də gɐrˈgɐ̃ntɐ] Halsschmerzen; **~ nas costas** [dorəʒ nɐʃ ˈkɔʃtɐʃ] Rückenschmerzen

dormida [durˈmidɐ] Übernachtung

dormir [durˈmir] schlafen

dose [ˈdɔzə] *(f)* Portion

dourado [doˈradu] goldfarben

drogaria [drugɐˈriɐ] Drogerie

ducha [ˈduʃɐ] *(Bras) (f)* Dusche

duche [ˈduʃə] *(m)* Dusche

duplo [ˈduplu] doppelt

durante [duˈrẽtə] während *(als Präposition)*

durante o dia [duˈrẽt‿u ˈdiɐ] tagsüber

duro [ˈduru] hart

E

e [i] und

ela [ˈɛlɐ] *(Singular: f)* sie; **~s** [ˈɛlɐʃ] *(Plural)* sie

elevador [iləvɐˈdor] *(m)* Fahrstuhl

elevador [iləvɐˈdor] *(m)* Fahrstuhl

eletricidade [ilɛtrəsiˈdadə] *(f)* Strom

elétrico [iˈlɛtriku] elektrisch

elétrico [iˈlɛtriku] *(m)* Straßenbahn

em [ɐ̃i] an; auf; in

embora [ẽˈbɔrɐ] obwohl; **ir-se ~** [irs‿ẽˈbɔrɐ] weggehen

embraiagem [ẽbrɐˈjaʒɐ̃i] *(f)* Kupplung

embrulhar [ẽbruˈʎar] einpacken

ementa [iˈmẽtɐ] Speisekarte; Menü

emergência [imərˈʒẽsjɐ] Notfall

empregado, empregada [ẽprəˈgadu, ẽprəˈgadɐ] Kellner(in)

emprego [ẽˈpregu] (An-)Stellung; Arbeit; Gebrauch; Verwendung

emprestar [ẽprəʃˈtar] (ver)leihen; **pedir ~** [pəˈdir‿ẽprəʃˈtadu] (ent)leihen

encarnado [ẽkɐrˈnadu] rot

encharcado [ẽʃɐrˈkadu] nass; durchnässt

enchidos [ẽˈʃiduʃ] *(Plural)* Wurst

encomenda postal [ẽkuˈmẽdɐ puʃˈtal] Paket; **~ postal pequena** [ẽkuˈmẽdɐ puʃˈtal pɐˈkenɐ] Päckchen

encontrar [ẽkõˈtrar] begegnen; treffen; finden

encontrar-se [ẽkõˈtrarsə] sich befinden

endereço [ẽdəˈresu] Adresse

enfermeira [ẽfər'meirɐ] Krankenschwester
enjoo [ẽ'ʒou] Übelkeit
enquanto [ẽ'kwẽntu] während *(als Konjunktion)*
ensinar [ẽsi'nar] lehren; unterrichten
então [ẽ'tɐ̃u] also; *(Zeit)* da; damals; dann; nun
entrada [ẽ'tradɐ] Eingang; Einfahrt; Einreise; Eintritt; Vorspeise
entre ['ẽtrə] unter; zwischen
entrega da bagagem [ẽ'trɛgɐ dɐ bɐ'gaʒɐ̃i] Gepäckausgabe
entregar [ẽtrə'gar] überbringen; abgeben
envelope [ẽvə'lɔpə] *(m)* Briefumschlag
envenenamento [ẽvənənɐ'mẽntu] Vergiftung
enxaqueca [ẽʃɐ'kɛkɐ] Migräne
equipado para cadeira de rodas [iki'padu 'pɐrɐ kɐ'deirɐ də 'rɔdɐʃ] rollstuhlgerecht
equipado para deficientes [iki'padu 'pɐrɐ dəfəsi'ẽntəʃ] behindertengerecht
errado [i'ʀadu] falsch
erro ['eʀu] Fehler; Irrtum
ervas aromáticas ['ɛrvɐz ɐru'matikɐʃ] *(Plural)* Kräuter
escala ['ʃkalɐ] Zwischenlandung
escape ['ʃkapə] *(m)* Auspuff
escola ['ʃkɔlɐ] Schule
escolher [ʃku'ʎer] aussuchen; wählen
escova de dentes ['ʃkovɐ də 'dẽntəʃ] Zahnbürste
escova para a louça ['ʃkovɐ 'pɐr‿a 'losɐ] Spülbürste
escrever [ʃkrə'ver] schreiben
escuro ['ʃkuru] dunkel
esferográfica [ʃfɛrɔ'grafikɐ] Kugelschreiber
esófago [i'zɔfɐgu] Speiseröhre
espancar [ʃpɐ̃ŋ'kar] zusammenschlagen
Espanha ['ʃpɐɲɐ] Spanien
espanhol, espanhola [ʃpɐ'ɲɔl, ʃpɐ'ɲɔlɐ] Spanier(in); spanisch
especialidade [ʃpəsjɐli'dadə] *(f)* Spezialität
espelho ['ʃpeʎu] Spiegel
esperar [ʃpə'rar] erwarten; hoffen; warten
espetáculo [ʃpɛ'takulu] Show; Vorstellung
espinha ['ʃpiɲɐ] Gräte
espirrar [ʃpi'ʀar] niesen
esporte [is'pɔrti] *(Bras)* Sport
esquerdo ['ʃkerdu] linke(r, -s); **à esquerda** [a 'ʃkerdɐ] links
esse, essa ['esə, 'ɛsɐ] diese(r, -s)
este, esta ['eʃtə, 'ɛʃtɐ] diese(r, -s)
estação [ʃtɐ'sɐ̃u] *(f)* Saison; Bahnhof; **~ do ano** [ʃtɐ'sɐ̃u du 'ɐnu] (f) Jahreszeit
estação alta [ʃtɐ'sɐ̃u 'altɐ] *(f)* Hauptsaison
estação baixa [ʃtɐ'sɐ̃u 'baiʃɐ] *(f)* Vor-/Nachsaison
estação central [ʃtɐ'sɐ̃u sẽn'tral] *(f)* Hauptbahnhof
estação rodoviária [ʃtɐ'sɐ̃u ʀɔdɔ'vjarjɐ] *(f)* Busbahnhof
estacionamento para deficientes [ʃtɐsjunɐ'mẽtu 'pɐrɐ dəfəsi'ẽtəʃ] Behindertenparkplatz
estacionar [ʃtɐsju'nar] *(Auto)* abstellen; parken
estar [ʃtar] sein; sich befinden; **~ em pé** [ʃtar‿ɐ̃i pɛ] stehen
estômago ['ʃtomɐgu] Magen
estrada ['ʃtradɐ] (Land-) Straße

PORTUGIESISCH - DEUTSCH
WÖRTERBUCH

estrada principal [ˈʃradɐ prĩsiˈpal] Hauptstraße
estragado [ʃtrɐˈgadu] *(Obst)* faul; verdorben; kaputt
estrangeiro [ʃtrẽˈʒeiru] Ausland; Ausländer; der Fremde; fremd; ausländisch
estufado [ʃtuˈfadu] gedämpft; gedünstet; geschmort
eu [eu] ich
euro [ˈeuru] Euro
Europa [euˈrɔpɐ] Europa
europeu [euruˈpeu] europäisch
europeu, europeia [euruˈpeu, euruˈpejɐ] Europäer(in)
exame [iˈzɐmə] *(m)* Untersuchung
exceto [ʃˈsɛtu] außer
excursão [ʃkurˈsɐ̃u] *(f)* Ausflug; Tour
excursão a terra [ʃkurˈsɐ̃u ɐ ˈtɛʀɐ] *(f)* Landausflug
extensão [ʃtẽˈsɐ̃u] *(f)* Verlängerungsschnur
extintor de incêndios [ʃtĩnˈtor d͜ĩˈsẽndjuʃ] *(m)* Feuerlöscher

F

fábrica [ˈfabrikɐ] Fabrik
faca [ˈfakɐ] Messer
fácil [ˈfasil] einfach; leicht
falar [fɐˈlar] reden; sprechen
falha [ˈfaʎɐ] Defekt
faltar [falˈtar] fehlen
família [fɐˈmiljɐ] Familie
farinha [fɐˈriɲɐ] Mehl
farmácia [fɐrˈmasjɐ] Apotheke
farol [fɐˈrɔl] *(m)* Leuchtturm; Scheinwerfer
fatia [fɐˈtiɐ] Scheibe
fatigante [fɐtiˈgẽtə] anstrengend
fato de banho [ˈfatu də ˈbɐɲu] *(m)* Badeanzug
fator de proteção solar [fɐˈtor də prutɛˈsɐ̃u su lar] *(m)* Lichtschutzfaktor
fatura [faˈturɐ] Rechnung
fax [faks] *(m)* Fax; Faxgerät
fazer [fɐˈzer] machen; tun
febre [ˈfɛbrə] *(f)* Fieber
fechado [fəˈʃadu] geschlossen; zu
feira da ladra [ˈfeirɐ dɐ ˈladrɐ] Flohmarkt
feito à mão [ˈfeitu a mɐ̃u] handgemacht
feliz [fəˈliʃ] glücklich
férias [ˈfɛrjɐʃ] *(Plural)* Ferien; Urlaub
ferida [fəˈridɐ] Verletzung; Wunde
ferir [fəˈrir] verletzen
ferramenta [fəʀɐˈmẽtɐ] Werkzeug
ferry-boat [ˈfɛʀi bot] *(m)* Fähre
fervedor elétrico [fərvəˈdor iˈlɛtriku] *(m)* Wasserkocher
ferver [fərˈver] kochen *(Flüssigkeiten)*
fervido [fərˈvidu] gekocht *(Flüssigkeiten)*
fevereiro [fəvəˈreiru] Februar
fígado [ˈfigɐdu] Leber
filha [ˈfiʎɐ] Tochter
filme [ˈfilmə] *(m)* Film
filtro de café [ˈfiltru də kɐˈfɛ] Kaffeefilter
fio [ˈfiu] Kette *(fein)*
flash [flɛʃ] *(m)* Blitzgerät
flocos de aveia [ˈflɔkuʒ d͜ɐˈveiɐ] *(Plural)* Haferflocken
flor [flor] *(f)* Blume
floresta [fluˈrɛʃtɐ] Wald
fogão [fuˈgɐ̃u] *(m)* Herd; Kocher; **~ a gás** [fuˈgɐ̃u ɐ gaʃ] Gasherd, Gaskocher; **~ elétrico** [fuˈgɐ̃u iˈlɛtriku] Elektroherd
fogo [ˈfogu] Feuer; **~ de artifício** [ˈfogu d͜ɐrtəˈfisju] Feuerwerk

folha de alumínio [ˈfoʎɐ d‿ɐluˈminju] Alufolie
fora [ˈfɔrɐ] außen; draußen; **~ da validade** [ˈfɔrɐ dɐ vɐliˈdadə] abgelaufen; **~ de** [ˈfɔrɐ də] außerhalb; **~ de jogo** [ˈfɔrɐ də ˈʒogu] abseits; **~ do vulgar** [ˈfɔrɐ du vulˈgar] außergewöhnlich
forno [ˈfornu] Backofen
fósforo [ˈfɔʃfuru] Streichholz
fotografia [futugrɐˈfiɐ] Foto; Aufnahme; Bild
fraldas [ˈfraldɐʃ] *(Plural)* Windeln
franco suíço [ˈfrɐ̃ŋku ˈswisu] Schweizer Franken
frango [ˈfrɐ̃gu] Hähnchen
franquia [frɐ̃ŋˈkiɐ] Porto
fratura [fraˈturɐ] Knochenbruch
freio [ˈfreju] *(Bras) (m)* Bremse; **~ de mão** [ˈfreju də mɐ̃u] *(m)* Handbremse; **~ de emergência** [ˈfreju d‿imərˈʒẽsjɐ] *(m)* Notbremse
frente, **à ~** [a ˈfrẽtə] vorn, em ~ [ɐ̃i ˈfrẽtə] gegenüber, geradeaus, para a ~ [ˈpɐr‿a ˈfrẽtə] vorwärts
fresco [ˈfreʃku] frisch; kühl
frigideira [friʒiˈdeirɐ] Bratpfanne
frigorífico [friguˈrifiku] Kühlschrank
frio [ˈfriu] kalt *(m)* Kälte; **ter ~** [ter ˈfriu] frieren
frito [ˈfritu] gebraten
fronteira [frõˈteirɐ] Grenze
fruta [ˈfrutɐ] Obst
fumador [fumɐˈdor] *(m)* Raucher
fumar [fuˈmar] rauchen
funcionar [fũsjuˈnar] funktionieren
fundo [ˈfũdu] tief
furioso [fuˈrjozu] wütend
furo [ˈfuru] Platten

G

gancho [ˈgɐ̃ʃu] Haken
garagem [gɐˈraʒɐ̃i] *(f)* Garage
garçom, garçonete [garˈsõ, garsoˈnɛti] *(Bras)* Kellner(in)
garfo [ˈgarfu] Gabel
garrafa [gɐˈʀafɐ] Flasche
gaze [ˈgazə] *(f)* Mullbinde
geladeira [ʒelaˈderɐ] *(Bras)* Kühlschrank
gelado [ʒəˈladu] Speiseeis
gelado, estar ~ [ʃtar ʒəˈladu] frieren
gelo [ˈʒelu] Eis
gente [ˈʒẽtə] *(f)* Leute
gordo [ˈgordu] dick; fett
gorjeta [gurˈʒetɐ] Trinkgeld
graça [ˈgrasɐ] Witz; **de ~** [dəˈgrasɐ] gratis
grande [ˈgrɐ̃də] groß; bedeutend
grande armazém [ˈgrɐnd‿armɐˈzɐ̃i] *(m)* Kaufhaus
gratuito [grɐˈtuitu] gratis; kostenlos
gravidez [grɐviˈdeʃ] *(f)* Schwangerschaft
grelhador [grəʎɐˈdor] *(m)* Grill
gripe [ˈgripə] *(f)* Grippe
grupo sanguíneo [ˈgrupu sɐ̃ˈg(w)‿inju] Blutgruppe
GPS [ʒepeˈɛsə] Navigationsgerät
guarda-chuva [ˈgwardɐ ˈʃuvɐ] *(m)* Schirm
guardanapo [gwɐrdɐˈnapu] Serviette
guia turístico [ˈgiɐ tuˈriʃtiku] *(m)* Reiseführer

H

há [a] es gibt; vor *(in der Vergangenheit)*
havaianas [ɐvaiˈɐnɐʃ] *(Plural)* Flipflops®

hérnia inguinal [ˈɛrnjɐ ĩŋgiˈnal] Leistenbruch
hoje [ˈoʒə] heute
homem [ˈɔmẽi] *(m)* Mann; Mensch
homens [ˈɔmẽiʃ] *(Plural)* Herren
hora [ˈɔrɐ] Stunde
hora de chegada [ˈɔrɐ də ʃəˈgadɐ] Ankunftszeit
horário [oˈrarju] Fahrplan
horas da visita [ˈɔrɐʒ dɐ vəˈzitɐ] *(Plural)* Besuchszeit
hospital [oʃpiˈtal] *(m)* Krankenhaus

I

ideia [iˈdejɐ] Gedanke; Idee
ignição [igniˈsɐ̃u] *(f)* Zündung
impedido [ĩpəˈdidu] besetzt
importância [ĩpurˈtɐ̃sjɐ] Bedeutung; Wichtigkeit; **sem ~** [sɐ̃i ĩpurˈtɐ̃sjɐ] unwichtig
importante [ĩpurˈtɐ̃ntə] bedeutend; groß; wichtig
importunar [ĩpurtuˈnar] belästigen
impressionante [ĩprəsjuˈnɐ̃ntə] beeindruckend
inadequado [inɐdəˈkwadu] ungeeignet
inchado [ĩˈʃadu] geschwollen; dick
inde(m)nizar [ĩdə(m)niˈzar] *(Schaden)* ersetzen
indicativo [ĩdikɐˈtivu] Vorwahlnummer
indigestão [ĩdiʒəʃˈtɐ̃u] *(f)* Verdauungsstörung
infe(c)ção [ĩfɛˈsɐ̃u] *(f)* Infektion
infelizmente [ĩfəliʒˈmẽntə] leider
informação [ĩfurmɐˈsɐ̃u] *(f)* Auskunft; Bescheid
informar [ĩfurˈmar] informieren; unterrichten; Bescheid sagen; **~-se** [ĩfurˈmarsə] sich erkundigen
infusão [ĩfuˈzɐ̃u] *(f)* Infusion
injecão [ĩʒɛˈsɐ̃u] *(f)* Spritze
insolação [ĩsuɫɐˈsɐ̃u] *(f)* Sonnenstich
insónia (ô) [ĩˈsɔnjɐ] Schlaflosigkeit
insuportável [ĩsupurˈtavɛl] unerträglich
inteiramente [ĩteirɐˈmẽntə] ganz
inteiro [ĩˈteiru] vollständig; ganz
intercomunicador para bebés [ĩtərkumunikɐˈdor ˈpɐrɐ bɛˈbɛʃ] Babyfon®
interessante [ĩtərəˈsɐ̃ntə] interessant
interromper [ĩtəʀõmˈper] abbrechen; unterbrechen
intervalo [ĩtərˈvalu] Pause
intestino [ĩtəʃˈtinu] Darm
intoxicação [ĩtɔksikɐˈsɐ̃u] *(f)* Vergiftung
intoxicação alimentar [ĩtɔksikɐˈsɐ̃u ɐlimẽnˈtar] *(f)* Lebensmittelvergiftung
inverno [ĩˈvɛrnu] Winter
ioga [iˈɔgɐ] *(m)* Yoga
iogurte [joˈgurtə] *(m)* Joghurt
IP (itinerário principal) [iˈpe (itənəˈrarju prĩsiˈpal)] Schnellstraße
ir [ir] fahren; gehen; **~ a pé** [ir ɐ pɛ] *(zu Fuß)* gehen; **~ buscar** [ir buʃˈkar] holen; **~-se embora** [irs ẽmˈbɔrɐ] weggehen
irmã [irˈmɐ̃] *(f)* Schwester
irmão [irˈmɐ̃u] *(m)* Bruder

J

já [ʒa] sofort; gleich; bereits; schon; **~ que** [ʒa kə] *(Grund)* da

janeiro [ʒɐˈneiru] Januar
janela [ʒɐˈnɛlɐ] Fenster
jantar [ʒɐ̃ˈtar] *(m)* Abendessen
joias [ˈʒɔjɐʃ] *(Plural)* Schmuck
jornal [ʒurˈnal] *(m)* Zeitung
juiz, juíza [ʒuˈiʃ, ʒuˈizɐ] Richter(in)
julho [ˈʒuʎu] Juli
junho [ˈʒuɲu] Juni
juntamente [ʒũtɐˈmẽtə] zusammen
junto de [ˈʒũtu də] neben
juntos [ˈʒũntuʃ] zusammen; gemeinsam
justamente [ʒuʃtɐˈmẽtə] *(zeitlich)* gerade

K

ketchup [kɛˈtʃɐp] *(m)* Ketschup
kiwi [ˈkivi] *(m)* Kiwi

L

lá [la] da; dort; dorthin
lá dentro [la ˈdẽtru] drin; drinnen
lá fora [la ˈfɔrɐ] draußen
ladrão [lɐˈdrɐ̃u] *(m)* Dieb
lago [ˈlagu] *(Binnengewässer)* See
lâmpada [ˈlɐ̃pɐdɐ] Glühbirne
largo [ˈlargu] breit; weit
largura [lɐrˈgurɐ] Breite
lata [ˈlatɐ] Dose
lata de gasolina [ˈlatɐ də gɐzuˈlinɐ] *(Bras) (f)* Benzinkanister
lavabos [lɐˈvabuʃ] *(Plural)* Waschraum
lavandaria [lɐvɐ̃dɐˈriɐ] Wäscherei
lavatório [lɐvɐˈtɔrju] (Hand-)Waschbecken
legendas [ləˈʒẽdɐʃ] *(Plural)* Untertitel
leite [ˈleitə] *(m)* Milch
leite magro [ˈleitə ˈmagru] *(m)* fettarme Milch
lembrança [lẽˈbrɐ̃sɐ] Mitbringsel
lenços de papel [ˈlẽsuʒ də pɐˈpɛl] *(Plural)* Papiertaschentücher
lente [ˈlẽtə] *(f)* Linse
lento [ˈlẽtu] langsam
ler [ler] lesen
leste [ˈlɛʃtə] *(m)* Osten; **a ~ de** [ɐˈlɛʃtə də] östlich von
levar [ləˈvar] tragen; forttragen; mitnehmen
leve [ˈlɛvə] *(Gewicht)* leicht
lhes [ʎəʃ] euch *(Dativ)*
ligação [ligɐˈsɐ̃u] *(f)* Verbindung *(Zug; Telefon)*
ligadura [ligɐˈdurɐ] Verband
ligadura elástica [ligɐˈdur‿iˈlaʃtikɐ] Elastikbinde
ligar [liˈgar] einschalten; verbinden
limpa-para-brisas [ˈlĩpɐ ˈparɐ ˈbrizɐʃ] *(m)* Scheibenwischer
limpar [lĩˈpar] putzen; reinigen
lindo [ˈlĩdu] schön
língua [ˈlĩgwɐ] Sprache
linha [ˈliɲɐ] *(Elektrizität, Telefon)* Leitung; Linie; (Bahn-)Strecke
líquido anticongelante [ˈlikidu ɐ̃tikõnʒəˈlẽntə] Frostschutzmittel
líquido dos travões [ˈlikidu duʃ trɐˈvõiʃ] Bremsflüssigkeit
líquido dos freios [ˈlikidu dus ˈfrejus] *(Bras)* Bremsflüssigkeit
lista [ˈliʃtɐ] Liste; (Speise-)Karte
livre de taxa alfandegária [ˈlivrə də ˈtaʃ‿alfẽdəˈgarjɐ] zollfrei
livro [ˈlivru] Buch
lixo [ˈliʃu] Abfall; Müll

local de nascimento [lu'kal də nɐʃsi'mẽtu] *(m)* Geburtsort
logo ['lɔgu] bald; sofort
loja de artigos elétricos ['lɔʒɐ d‿ɐr'tiguz‿i'lɛtrikuʃ] Elektrohandlung
loja de bebidas alcoólicas ['lɔʒɐ də bə'bidɐz‿al'kwɔlikɐʃ] Spirituosengeschäft
loja de computadores ['lɔʒɐ də kõputɐ'dorəʃ] Computerfachgeschäft
loja de duty-free ['lɔʒɐ də 'djuti fri] zollfreier Laden
loja franca ['lɔʒɐ 'frẽkɐ] zollfreier Laden
longo ['lõgu] *(Weg)* weit
louça ['losɐ] Geschirr
louro ['loru] blond; Lorbeer
lugar [lu'gar] *(m)* Ort; Stelle; Platz; Sitz; **em ~ de** [ẽi lu'gar də] statt; **em primeiro ~** [ẽi pri'meiru lu'gar] zuerst, zunächst; **em último ~** [ẽi 'ultimu lu'gar] zuletzt
lugar à janela [lu'gar‿a ʒɐ'nɛlɐ] *(m)* Fensterplatz
luz [luʃ] *(f)* Licht
luzes dos travões ['luzəʒ duʃ trɐ'võiʃ] *(Plural)* Bremslichter
luzes dos freios ['luzəʒ dus 'frejus] *(Bras) (Plural)* Bremslichter
luzes traseiras ['luzəʃ trɐ'zeirɐʃ] *(Plural)* Rücklicht

M

macaco [mɐ'kaku] *(Auto)* Wagenheber; *(Tier)* Affe
macio [mɐ'siu] weich
mãe [mẽi] *(f)* Mutter
magro ['magru] mager
maio ['maju] Mai
maiô [ma'jo] *(Bras) (m)* Badeanzug
mais [maiʃ] mehr; plus; **~ (do) que** [maiʃ (dʊ) kə] mehr als; **de ~** [də maiʃ] zu viel, zu sehr
mais cedo [maiʃ 'sedʊ] früher
mais tarde [maiʃ 'tardə] später
mal [mal] schlecht; kaum
mala ['malɐ] Koffer
mala de mão ['malɐ də mɐ̃u] Handtasche
mala de primeiros socorros ['malɐ də pri'meiruʃ sʊ'kɔʀuʃ] Verbandskasten
mala do carro ['malɐ du 'kaʀu] Kofferraum
mala térmica ['malɐ 'tɛrmikɐ] Kühltasche
mancha ['mẽʃɐ] Fleck
mandar [mẽn'dar] befehlen; schicken; senden
manga ['mẽgɐ] Ärmel; Mango
manhã [mɐ'ɲẽ] *(f)* Vormittag; Morgen
manta de lã ['mẽntɐ də lẽ] Wolldecke
manteiga [mẽn'teigɐ] Butter
mapa ['mapɐ] *(m)* Landkarte
mapa das estradas ['mapɐ dɐʃ‿ʃ'tradɐʃ] *(m)* Straßenkarte
máquina automática de bilhetes ['makinɐ autu'matikɐ də bə'ʎetəʃ] Fahrkartenautomat
máquina de lavar a louça ['makinɐ də lɐ'var ɐ 'losɐ] Geschirrspülmaschine
máquina de lavar a roupa ['makinɐ də lɐ'var ɐ 'ʀopɐ] Waschmaschine
máquina fotográfica ['makinɐ futu'grafikɐ] Fotoapparat
máquina fotográfica subaquática ['makinɐ futu'grafikɐ subɐ'qwatikɐ] Unterwasserkamera

mar [mar] *(m)* Meer; See
marcar [mɐrˈkar] *(Platz)* buchen; vorbestellen; wählen *(Telefon)*
marcha [ˈmarʃɐ] schnelles Gehen
marcha à ré [ˈmarʃ‿a ʀɛ] *(Bras)* Rückwärtsgang
março [ˈmarsu] März
maré baixa [mɐˈrɛ ˈbaiʃɐ] *(f)* Ebbe
marido [mɐˈridu] (Ehe-) Mann
marmelada [mɐrməˈlada] (Quitten-)Marmelade
marrom [maˈʀõ] *(Bras)* braun
martelo [mɐrˈtɛlu] Hammer
mas [mɐʃ] aber; doch; sondern
massa [ˈmasɐ] Nudeln
mata [ˈmatɐ] Wald
mau [mau] böse; schlecht; schlimm
máximos [ˈmasimuʃ] *(Plural)* Fernlicht
me [mə] mir; mich
medicamento [mədikɐˈmẽtu] Medikament
meia-pensão [ˈmejɐ pẽˈsɐ̃u] *(f)* Halbpension
meio [ˈmeju] Mitte; Mittel; halb; **por ~ de** [pur ˈmeju də] durch, mittels
meio-bilhete [ˈmeju bəˈʎetə] *(m)* Kinderfahrkarte; Kindereintrittskarte
meio-dia [ˈmeju ˈdiɐ] *(m)* Mittag
mel [mɛl] *(m)* Honig
melhor [məˈʎɔr] besser; **o/a ~** [u/ɐ ...] beste(r, -s)
menina [məˈninɐ] Fräulein; Mädchen
meningite [mənĩˈʒitə] *(f)* Hirnhautentzündung
menu [meˈnju] *(m)* Menü
mercado [mərˈkadu] Markt
mercearia [mərsjɐˈriɐ] Lebensmittelgeschäft
mergulhar [mərguˈʎar] tauchen
mês [meʃ] *(m)* Monat; **por ~** [pur meʃ] monatlich
mesa [ˈmezɐ] Tisch
mesmo [ˈmeʒmu] selbst; sogar; dasselbe; **ao ~ tempo** [au ˈmeʒmu ˈtẽpu] gleichzeitig
metro [ˈmɛtru] Meter; **~ quadrado** [ˈmɛtru kwaˈdradu] Quadratmeter
metro [ˈmɛtru] *(m)* U-Bahn
metrô [meˈtro] *(Bras) (m)* U-Bahn
metropolitano [mətrupuliˈtɐnu] U-Bahn
meu [meu] mein; meine
mim [mĩ] mir; mich; **por ~** [pur mĩ] meinetwegen
minha [ˈmiɲɐ] mein; meine
miúdos [mjuduʃ] *(Plural)* Kleingeld
moça [ˈmosɐ] Mädchen
mochila [muˈʃilɐ] Rucksack
moeda [ˈmwɛdɐ] Münze; Währung
molas para a roupa [ˈmɔlɐʃ ˈpɐrɐ ˈʀopɐ] *(Plural)* Wäscheklammern
mole [ˈmɔlə] weich
molhado [muˈʎadu] nass
monte [ˈmõtə] *(m)* Berg
morar [muˈrar] wohnen
mosquito [muʃˈkitu] Mücke
mostarda [muʃˈtardɐ] Senf
mostrar [muʃˈtrar] (vor) zeigen
motel [moˈtɛl] *(m)* Motel
motor [muˈtor] *(m)* Motor
motor de arranque [muˈtor d‿ɐˈʀɐ̃kə] *(m)* Anlasser
mudança de óleo [muˈdɐ̃sɐ d‿ˈɔlju] Ölwechsel
mudar o voo [muˈdar‿u ˈvou] umbuchen
muesli [ˈmusli] *(m)* Müsli
muitas vezes [ˈmũitɐʃ ˈvezəʃ] oft; häufig
muito [ˈmũitu] sehr; viel
mulher [muˈʎɛr] *(f)* Frau; Ehefrau
multa [ˈmultɐ] Geldstrafe

multibanco [multiˈbɐ̃ku] Geldautomat
mundo [ˈmũdu] Welt
músculo [ˈmuʃkulu] Muskel
museu [muˈzeu] *(m)* Museum

N

nacional [nɐsjuˈnal] einheimisch
nacionalidade [nɐsjunɐliˈdadə] *(f)* Staatsangehörigkeit
nada [ˈnadɐ] nichts
nadar [nɐˈdar] schwimmen
não [nɐ̃u] nicht; nein
nariz [nɐˈriʃ] *(m)* Nase
natas [ˈnatɐʃ] *(Plural)* Sahne
natural [nɐtuˈral] natürlich; einheimisch
náusea [ˈnauzjɐ] Übelkeit
náuseas [ˈnauzjɐʃ] *(Plural)* Brechreiz
negro [ˈnegru] schwarz
nenhum [nəˈɲũ] kein
nevoeiro [nəˈvweiru] Nebel
ninguém [nĩˈgɐ̃i] keiner; niemand
no caso de [nu ˈkazu də] falls
no domingo [nu duˈmĩgu] am Sonntag
no fim de semana [nu fĩ də səˈmɐnɐ] am Wochenende
noite [ˈnoitə] *(f)* Nacht; Abend *(nach Einbruch der Dunkelheit)*
nome [ˈnomə] *(m)* Name
nome de batismo [ˈnomə də baˈtiʒmu] *(m)* Vorname
nome de solteira [ˈnomə də solˈteirɐ] *(m)* Geburtsname
norte [ˈnɔrtə] *(m)* Norden
nós [nɔʃ] wir
nos [nuʃ] uns
nosso, nossa [ˈnɔsu, nɔsɐ] unser(e)
nota [ˈnɔtɐ] Aufzeichnung; (Geld-)Schein
notebook [notəˈbuk] *(m)* Notebook
notícia [nuˈtisjɐ] Nachricht
novembro [nuˈvẽbru] November
novo [ˈnovu] neu; frisch; jung; **de ~** [də ˈnovu] wieder
noz-moscada [nɔʒ muʃˈkadɐ] *(f)* Muskatnuss
nu [nu] nackt; *(m)* Akt *(Malerei)*
número [ˈnumәru] Nummer; Zahl
número da porta [ˈnumәru dɐ ˈpɔrtɐ] Hausnummer
número de telefone [ˈnumәru də tələˈfɔnə] Telefonnummer
nunca [ˈnũŋkɐ] nie; je

O

objetiva [obʒɛˈtivɐ] Objektiv
obliterador de bilhetes [ɔblitәrɐˈdɔr də bəˈʎetəʃ] *(m)* Fahrscheinentwerter
obra de talha [ˈɔbrɐ də ˈtaʎɐ] Schnitzerei
oculista [ɔkuˈliʃtɐ] *(m)* Optiker
ocupado [okuˈpadu] beschäftigt *(Platz)*; besetzt
oficina [ofəˈsinɐ] Werkstatt
óleo [ˈɔlju] Öl
óleo solar [ˈɔlju suˈlar] Sonnenöl
ondulação [õdulɐˈsɐ̃u] *(f)* Seegang
ônibus [ˈonibus] *(Bras)* *(m)* (Stadt-)Bus
ontem [ˈõtɐ̃i] gestern
ópera [ˈɔpәrɐ] Oper
operação [opәrɐˈsɐ̃u] *(f)* Operation
opinião [opəˈnjɐ̃u] *(f)* Ansicht; Meinung

PORTUGIESISCH - DEUTSCH
WÖRTERBUCH

orquestra [or'kɛʃtrɐ] Orchester
osso ['osu] Knochen
otite [ɔ'titə] *(f)* Mittelohrentzündung
ou [o] oder
ouro ['oru] Gold
outro ['otru] ein anderer
outubro [o'tubru] Oktober
ouvido [o'vidu] Gehör; Ohr
ouvir [o'vir] hören
ovos ['ɔvuʃ] *(Plural)* Eier

P

pá [pa] *(f)* Kehrschaufel
padaria [padɐ'riɐ] Bäckerei
pãezinhos [pɐ̃i'ziɲuʃ] *(Plural)* Brötchen
pagar [pɐ'gar] bezahlen; zahlen
pai [pai] *(m)* Vater; **~s** ['paiʃ] *(Plural)* Eltern
país [pɐ'iʃ] *(m)* Land; Inland
palhinha [pɐ'ʎiɲɐ] Strohhalm
palito [pɐ'litu] Zahnstocher
pano da louça ['pɐnu dɐ 'losɐ] Geschirrtuch
pão [pɐ̃u] *(m)* Brot
pão branco [pɐ̃u 'brɐ̃ku] *(m)* Weißbrot
pão integral [u pɐ̃u ĩntə'gral] *(m)* Vollkornbrot
papel [pɐ'pɛl] *(m)* Papier
papel principal [pɐ'pɛl prĩsi'pal] *(m)* Hauptrolle
par [par] *(m)* Paar
para ['pɐrɐ] für; **~ o Porto** ['pɐrɐ u 'portu] nach Porto
para cima ['pɐrɐ 'simɐ] aufwärts
para-choques ['parɐ 'ʃɔkəʃ] *(m)* Stoßstange
parada [pa'radɐ] *(Bras)* *(f)* Haltestelle
paragem [pɐ'raʒɐ̃i] *(f)* Aufenthalt; Haltestelle
parar [pɐ'rar] halten; **ficar parado** [fi'kar pɐ'radu] anhalten, stehen bleiben
parede [pɐ'redə] *(f)* Wand
parque de campismo ['parkə də kɐ̃'piʒmu] *(m)* Campingplatz
parque de estacionamento ['parkə də‿ʃtɐsjunɐ'mẽtu] *(m)* Parkplatz
participar [pɐrtəsi'par] melden; mitteilen; **~ (em)** [pɐrtəsi'par (ɐ̃i)] teilnehmen (an)
partida [pɐr'tidɐ] Abfahrt; Abflug
partido [pɐr'tidu] gebrochen; Partei
passageiro [pɐsɐ'ʒeiru] Fahrgast
passaporte [pasɐ'pɔrtə] *(m)* Pass; Reisepass; Ausweis
pasta dentrífica ['paʃtɐ dẽ'tifrikɐ] Zahncreme; Zahnpasta
pastilha elástica [pɐʃ'tiʎ‿i'laʃtikɐ] Kaugummi
peça ['pɛsɐ] Stück
peça de teatro ['pɛsɐ də 'tjatru] Theaterstück
peça popular ['pɛsɐ pupu'lar] Volksstück
pedido [pə'didu] Bitte
pedir emprestado [pə'dir‿ẽprəʃ'tadu] leihen *(von jemandem)*
pegar [pe'gar] *(Bras)* benutzen *(Verkehrsmittel)*
peito ['peitu] Brust
peixaria [peiʃɐ'riɐ] Fischgeschäft
peixe ['peiʃə] *(m)* Fisch
pele ['pɛlə] *(f)* Haut; Fell; Pelz
película transparente [pə'likulɐ trɐ̃nʃpɐ'rẽntə] Frischhaltefolie
pen drive [pẽn'draivə] *(m)* Memorystick
pensão [pẽ'sɐ̃u] *(f)* Pension

pensão completa [pẽ'sɐ̃u kõm'plɛtɐ] *(f)* Vollpension
penso ['pẽsu] Verband; **fazer o ~** [fɐ'zer‿u 'pẽsu] verbinden
pente ['pẽtə] *(m)* Kamm
penúltimo, penúltima [pə'nultimu, pə'nultimɐ] vorletzte(r, -s)
pequeno [pə'kenu] klein
pequeno-almoço [pə'ken‿al'mosu] Frühstück
perder [pər'der] verlieren; **~-se** [pər'dersə] sich verirren
pergunta [pər'gũtɐ] Frage
perguntar [pərgũn'tar] fragen
perigoso [pəri'gozu] gefährlich
pernoitar [pərnoi'tar] übernachten
pernoite [per'noiti] *(Bras)* *(m)* Übernachtung
perto ['pɛrtu] nahe; **~ de** ['pɛrtu də] (nahe) bei
perturbação circulatória [pərturbɐ'sɐ̃u sirkulɐ'tɔrjɐ] *(f)* Kreislaufstörung
perturbações cardíacas [pərturbɐ'sõiʃ kɐr'diɐkɐʃ] *(Plural)* Herzbeschwerden
peso ['pezu] Gewicht
pessoa [pə'soɐ] Person
pessoa acompanhante [pə'soɐ ɐkõmpɐ'ɲẽtə] Begleitperson
pessoa em cadeira de rodas [pə'soɐ ẽi kɐ'deirɐ də 'rɔdɐʃ] Rollstuhlfahrer(in)
picante [pi'kẽntə] scharf
pilha ['piʎɐ] Batterie
piloto [pi'lotu] Pilot
pimenta [pi'mẽtɐ] Pfeffer
pincel de barba [pĩ'sɛl də 'barbɐ] *(m)* Rasierpinsel
piscina [pəʃ'sinɐ] Schwimmbad; Swimmingpool
placa de matrícula ['plakɐ də mɐ'trikulɐ] Nummernschild
planície [plɐ'nisjə] *(f)* Ebene
pneu [pneu] *(m)* Mantel *(Reifen)*
pneu de inverno [pneu d‿ĩ'vɛrnu] *(m)* Winterreifen
pneumonia [pneumu'niɐ] Lungenentzündung
pobre ['pɔbrə] arm
poder [pu'der] können; dürfen
polícia [pu'lisjɐ] Polizei
polícia, mulher-polícia [pu'lisjɐ, mu'ʎɛr pu'lisjɐ] Polizist(in)
pomada [pu'madɐ] Salbe
ponte ['põntə] *(f)* Brücke
pontual [põ'twal] pünktlich
pôr [por] stellen; setzen; legen
por [pur] *(Grund)* aus; *(mittels)* durch; *(Passiv)* durch; von; für; pro; **~ cima de** [pur 'simɐ də] über; **~ isso** [pur‿'isu] daher, deshalb
por dia [pur 'diɐ] pro Tag
por hora [pur‿'ɔrɐ] pro Stunde
por meio de [pur 'meju də] mittels; durch
porém [pu'rẽi] doch; jedoch
portagem [pur'taʒẽi] *(f)* Maut
portanto [pur'tẽtu] also
portátil [pur'tatil] *(m)* Laptop
porte ['pɔrtə] *(m)* Porto
porto ['portu] Hafen
Portugal [purtu'gal] Portugal
português, portuguesa [purtu'geʃ, purtu'gezɐ] Portugiese, Portugiesin
português [purtu'geʃ] Portugiesisch; **em ~** [ẽi purtu'geʃ] auf Portugiesisch

possível [pu'sivɛl] möglich
postal [puʃ'tal] *(m)* Postkarte
posterior [puʃtə'rjor] später
posto de socorros ['poʃtu də su'kɔʀuʃ] Pannenhilfe
pouco ['poku] wenig; **um ~** [ũm 'poku] ein bisschen, etwas
praça ['prasɐ] Platz *(in der Stadt)*
praça de táxis ['prasɐ də 'taksiʃ] Taxistand
praia ['prajɐ] Strand
praticar [prɐti'kar] üben
prático ['pratiku] praktisch
prato ['pratu] *(Essen)* Gang; Gericht; Teller; Platte
prato de criança ['pratu də krj'ɐ̃sɐ] Kinderteller
prato de sopa ['pratu də 'sopɐ] Suppenteller
prato do dia ['pratu du 'diɐ] Tagesgericht
prato principal ['pratu prĩsi'pal] Hauptspeise
precisar de [prəsi'zar də] benötigen; brauchen
preço ['presu] Preis; **~ de entrada** ['presu d‿ẽn'tradɐ] Eintrittspreis; **~ total** ['presu tu'tal] Pauschale
prefixo [pre'fiksu] *(Bras)* Vorwahlnummer
prejuízo [prə'ʒwizu] Schaden
prender [prẽn'der] verhaften
preto ['pretu] schwarz
primo, prima ['primu, 'primɐ] Cousin, Cousine
prisão preventiva [pri'zɐ̃u prəvẽ'tivɐ] *(f)* Untersuchungshaft
problema [pru'blemɐ] *(m)* Problem
procurar [proku'rar] suchen; nachsehen; sich umsehen
profissão [prufi'sɐ̃u] *(f)* Beruf
programa [pru'gremɐ] *(m)* Programm
programa da temporada [pru'gremɐ dɐ tẽmpu'radɐ] *(m)* Spielplan
proibido [prwi'bidu] verboten
prolongar [prulõ'gar] verlängern
pronto ['prõtu] bereit; fertig
pronunciar [prunũ'sjar] aussprechen
protetor contra insetos [prutɛ'tor 'kõntrɐ ĩn'sɛtuʃ] *(m)* Mückenschutz
provável [pru'vavɛl] wahrscheinlich
provavelmente [pruvavɛl'mẽtə] wahrscheinlich
próximo, próxima ['prɔsimu, 'prɔsimɐ] nächste(r, -s)
pulmão [pul'mɐ̃u] *(m)* Lunge
pulôver [pu'lovɛr] *(m)* Pullover
pulseira [pul'seirɐ] Armband
pulso ['pulsu] Puls
puxar [pu'ʃar] ziehen

Q

quadro ['kwadru] Gemälde; Bild
qualidade [kwɐli'dadə] *(f)* Eigenschaft; Qualität
quando ['kwɐ̃du] *(zeitlich)* als; wenn
quantia [kwɐ̃'tiɐ] Betrag
quarta-feira ['kwartɐ 'feirɐ] Mittwoch
quarto ['kwartu] Schlafzimmer; Raum; Viertel; **um ~ de hora** [ũ 'kwartu d‿'ɔrɐ] eine Viertelstunde
quase ['kwazə] beinahe; fast

que [kə] *(bei Vergleich)* als; dass; was; **~ ... ?** [kə] was für ein/eine ... ?; **~ espécie de ...?** [kə‿ˈʃpɛsjə də] was für ein/eine ...?
queijo [ˈkeiʒu] Käse
queijo de leite de cabra [ˈkeiʒu də ˈleitə də ˈkabrɐ] Ziegenkäse
quente [ˈkẽtə] heiß; warm
quilo [ˈkilu] *(m)* Kilogramm
quilograma [kiluˈgrɐmɐ] *(m)* Kilogramm
quilómetro (ô) [kiˈlɔmətru] Kilometer
quinta-feira [ˈkĩtɐ ˈfeirɐ] Donnerstag

R

radiador [ʀɐdjɐˈdor] *(m)* Kühler
radiografar [ʀadjugrɐˈfar] röntgen
radiografia [ʀadjugrɐˈfiɐ] Röntgenaufnahme
rápido [ˈʀapidu] rasch; schnell
raramente [ʀarɐˈmẽtə] selten
raro [ˈʀaru] selten
realmente [ʀjalˈmẽtə] wirklich
rebocar [ʀəbuˈkar] abschleppen
rebuçados [ʀəbuˈsaduʃ] *(Plural)* Bonbons
receber [ʀəsəˈber] bekommen; empfangen; erhalten
receção [ʀəsɛˈsɐ̃u] *(f)* Rezeption; Anmeldung
receitar [ʀəseiˈtar] verschreiben
recentemente [ʀəsẽntəˈmẽtə] kürzlich
recibo [ʀəˈsibu] Quittung
recolha [ʀəˈkoʎɐ] Leerung
rede [ˈʀedə] *(f)* Netz
redondo [ʀəˈdõdu] rund
redução [ʀəduˈsɐ̃u] *(f)* Ermäßigung
região [ʀəʒjˈɐ̃u] *(f)* Gegend; Region
regular [ʀəguˈlar] regelmäßig; regeln
regularmente [ʀəgularˈmẽntə] regelmäßig
relação [ʀəlɐˈsɐ̃u] *(f)* Verbindung
relógio de pulso [ʀəˈlɔʒju də ˈpulsu] Armbanduhr
remetente [ʀəməˈtẽtə] *(m)* Absender
reparar [ʀəpɐˈrar] *(Schaden)* ersetzen reparieren
repetir [ʀəpəˈtir] wiederholen
representação [ʀəprəzẽtɐˈsɐ̃u] *(f)* Vorstellung *(Theater)*
requeijão [rəkeiˈʒɐ̃u] *(m)* Quark; Weichkäse *(typisch aus Portugal)*
reserva [ʀəˈzɛrvɐ] Buchung; Reservierung; Platzkarte
reserva natural [ʀəˈzɛrvɐ nɐtuˈral] Naturschutzgebiet
reserva por Internet [ʀəˈsɛrvɐ pur ĩntɛrˈnɛtə] Internetbuchung
reservar [ʀəzərˈvar] buchen; reservieren; vorbestellen
resfriado [ʀesˈfrjadu] Erkältung; Schnupfen
respirar [ʀəʃpiˈrar] atmen
responder [ʀəʃpõˈder] antworten; erwidern
restaurante [ʀəʃtauˈrɐ̃tə] *(m)* Restaurant
reumatismo [ʀeumɐˈtiʒmu] Rheuma
revisor [ʀəviˈzor] *(m)* Kontrolleur
revisor, revisora [ʀəviˈzor, ʀəviˈzorɐ] Schaffner(in)
revista [ʀəˈviʃtɐ] Zeitschrift; Illustrierte; Kabarett
rim [ʀĩ] *(m)* Niere
rio [ˈʀiu] Fluss; Strom
rir [ʀir] lachen
rock [ʀɔk] *(m)* Rock

roda ['ʀɔdɐ] Rad
roda sobresselente ['ʀɔdɐ sobrəsə'lẽtə] Ersatzrad
rotura de ligamentos [ʀu'turɐ də ligɐ'mẽtuʃ] Bänderriss
roubo ['ʀobu] Diebstahl
roupa ['ʀopɐ] Kleidung; **mudar de ~** [mu'dar də 'ʀopɐ] sich umziehen
roupa de cama ['ʀopɐ də 'kɐmɐ] Bettwäsche
rua ['ʀuɐ] (Wohn-)Straße
rua lateral ['ʀuɐ lɐtə'ral] Nebenstraße
rua principal ['ʀuɐ prĩsi'pal] Hauptstraße
rubéola [ʀu'bɛulɐ] Röteln

S

sábado ['sabɐdu] Samstag
saber [sɐ'ber] wissen
sabonete [sɐbu'netə] *(m)* Seife
saca-rolhas ['sakɐ 'ʀoʎɐʃ] *(m)* Korkenzieher
saco ['saku] *(größere)* Tüte
saco de viagem ['saku də 'vjaʒẽi] Reisetasche
saia ['sajɐ] Rock
saída [sɐ'idɐ] Ausfahrt; Ausgang
saída de emergência [sɐ'idɐ d‿imər'ʒẽsjɐ] Notausgang
sal [sal] *(m)* Salz
sala ['salɐ] Saal; **~ de espera** ['salɐ də‿'ʃpɛrɐ] Wartezimmer, Wartesaal; **~ de estar** ['salɐ də‿ʃtar] Wohnzimmer, Aufenthaltsraum; **~ de jantar** ['salɐ də ʒɐ̃'tar] Esszimmer, Speisesaal; **~ de televisão** ['salɐ də tələvi'zɐ̃u] Fernsehraum; **~ do pequeno-almoço** ['salɐ du pə'ken‿al'mosu] Frühstücksraum
salada [sɐ'ladɐ] Salat
salame [sɐ'lɐmə] *(m)* Salami
salmonelas [salmu'nɛlɐʃ] *(Plural)* Salmonellen
salão de lavandaria [sɐ'lɐ̃u də lɐvɐ̃dɐ'riɐ] *(m)* Waschsalon
saleiro [sɐ'leiru] Salzstreuer
salsa ['salsɐ] Petersilie
salva ['salvɐ] Salbei
salva-vidas ['salva 'vidɐs] *(Bras)* *(m)* Bademeister
sandálias [sɐ̃'daljɐʃ] *(Plural)* Sandalen
sangrar [sɐ̃'grar] bluten
sangue ['sɐ̃gə] *(m)* Blut
sapataria [sɐpɐtɐ'riɐ] Schuhgeschäft
sapatilhas [sɐpɐ'tiʎɐʃ] *(Plural)* Turnschuhe
sapato [sɐ'patu] Schuh
sapatos de praia [sɐ'patuʒ də 'prajɐ] *(Plural)* Strandschuhe
saquinho de plástico [sɐ'kiɲu də 'plaʃtiku] Plastikbeutel
satisfeito [sɐtəʃ'feitu] zufrieden; satt; **ficar ~ com** [fi'kar sɐtəʃ'feitu kõ] sich freuen über
saudável [sɐu'davɛl] gesund
se [sə] *(Pronomen)* sich; man; ob; wenn *(Bedingung)*
secadora de roupa [səkɐ'dorɐ də 'ʀopɐ] Wäschetrockner
seco ['seku] trocken
segundo, segunda [sə'gũdu, sə'gũdɐ] zweite(r, -s)
segunda-feira [sə'gũdɐ 'feirɐ] Montag
segundo [sə'gũdu] Sekunde
segurar [səgu'rar] (fest) halten; versichern
seguro [sə'guru] sicher; zuverlässig; Versicherung
seguro contra terceiros, roubo e incêndio [sə'guru 'kõtrɐ tər'seiruʒ 'ʀob‿i ĩ'sẽndju] Teilkasko

seguro contra todos os riscos [sə'guru 'kõtrɐ 'toduz‿uʒ 'ʀiʃkuʃ] Vollkasko
selo ['selu] Briefmarke
sem [sɐ̃i] ohne
sem álcool [sɐ̃i 'alkwɔl] alkoholfrei
sem obstáculos [sɐ̃i obʃ'takuluʃ] barrierefrei
sem sentidos [sɐ̃i sẽ'tiduʃ] bewusstlos
semáforo [sə'mafuru] Ampel
semana [sə'mɐnɐ] Woche; **todas as ~s** ['todɐz‿ɐʃ sə'mɐnɐʃ] wöchentlich
dentro de uma semana ['dẽtru d‿'umɐ sə'mɐnɐ] in einer Woche
semelhante [səmə'ʎɐ̃tə] ähnlich
sempre ['sẽprə] immer; stets
senhor [sə'ɲor] *(m)* Herr
senhoras [sə'ɲorɐʃ] Damen
sensibilidade do filme [sẽsibəli'dadə du 'filmə] *(f)* Filmempfindlichkeit
septicemia [sɛptisə'miɐ] Blutvergiftung
ser a favor de [ser ɐ fɐ'vor də] dafür sein
ser [ser] sein *(Verb)*
serviço [sər'visu] Bedienung; Dienst
serviço de reboque [sər'visu də ʀə'bɔkə] Abschleppdienst
sessão [sə'sɐ̃u] *(f)* Vorstellung *(Kino)*
setembro [sə'tẽbru] September
significado [signifi'kadu] Sinn; Bedeutung
simpático [sĩ'patiku] nett; sympathisch
simples ['sĩpləʃ] einfach
sinal itinerário [si'nal itənə'rarju] *(m)* Wegweiser
smartphone [smart'fonə] *(m)* Smartphone
só [sɔ] *(nicht früher als)* erst; nur; allein; einzeln
só de uma cor [sɔ d‿'umɐ kor] einfarbig
sobre ['sobrə] auf; über
sobrenome [sobre'nomi] *(Bras) (m)* Familienname
sobretudo [sobrə'tudu] Herrenmantel
sofá-cama [so fa 'kɐmɐ] *(m)* Schlafcouch
soletrar [sulə'trar] buchstabieren
solteiro [sol'teiru] Junggeselle; ledig
sonho ['soɲu] Traum
soníferos [su'niferuʃ] *(Plural)* Schlaftabletten
sopa ['sopɐ] Suppe
sorte ['sɔrtə] *(f)* Glück
soutien [su'tjẽ] *(m)* BH
sozinho [sɔ'ziɲu] einsam; allein
suar [swar] schwitzen
suave ['swavə] mild
subir [su'bir] einsteigen
substituir [subʃti'twir] ersetzen
suco de laranja ['suku də lɐ'rɐ̃ʒɐ] *(Bras)* Orangensaft
suculento [suku'lẽntu] saftig
Suíça ['swisɐ] Schweiz
suíço, suíça ['swisu, 'swisɐ] Schweizer(in)
sujeito a taxa alfandegária [su'ʒeit‿ɐ 'taʃ‿alfɐ̃də'garjɐ] zollpflichtig
sul [sul] *(m)* Süden
sumo de laranja ['sumu də lɐ'rɐ̃ʒɐ] Orangensaft
supermercado [supərmər'kadu] Supermarkt
surdo, surda ['surdu, 'surdɐ] Gehörlose/r
sutiã [su'tjɐ̃] *(Bras) (m)* BH

T

tabacaria [tɐbɐkɐ'riɐ] Tabakladen
tábua para cortar ['tabuɐ 'pɐrɐ kur'tar] Schneidebrett

tacho [ˈtaʃu] Topf
tala [ˈtalɐ] Schiene
talher [tɐˈʎɛr] *(m)* Besteck
talho [ˈtaʎu] Metzgerei
também [tɐ̃ˈbɐ̃i] auch; **~ não** [tɐ̃ˈbɐ̃i nɐ̃u] auch nicht
tarde [ˈtardə] *(f)* Nachmittag; spät
tarifa de fim de semana [tɐˈrifɐ də fĩ də səˈmɐnɐ] Wochenendpauschale
taxa de segurança [ˈtaʃɐ də səguˈrɐ̃sɐ] Sicherheitsgebühr
te [tə] dich; dir
teatro [ˈtjatru] Theater
telefonar [tələfuˈnar] anrufen; telefonieren
telefone [tələˈfɔnə] *(m)* Telefon
telemóvel [tɛlɛˈmɔvɛl] *(m)* Handy
televisão [tələviˈzɐ̃u] *(f)* Fernseher
telhado [təˈʎadu] Dach
temperar [tẽpəˈrar] würzen
tempo [ˈtẽpu] Zeit; Wetter; **ao mesmo ~** [au ˈmeʒmu ˈtẽpu] gleichzeitig
tenda [ˈtẽndɐ] Zelt
ténis [ˈtɛniʃ] *(Plural)* Turnschuhe
tenro [ˈtẽʀu] zart
tensão arterial [tẽˈsɐ̃u ɐrtəˈrjal] *(f)* Blutdruck
ter [ter] haben; **~ de/que** [ter də/kə] müssen
ter fome [ter ˈfɔmə] hungrig sein
ter sede [ter ˈsedə] durstig sein
terça-feira [ˈtersɐ ˈfeirɐ] Dienstag
terceiro, terceira [tərˈseiru, tərˈseirɐ] dritte(r, -s)
terminal [tərmiˈnal] *(m)* Terminal
termos [ˈtɛrmuʃ] *(m)* Thermosflasche®
terra [ˈtɛʀɐ] Erde; Land; **~ natal** [ˈtɛʀɐ nɐˈtal] Heimat
terra firme [ˈtɛʀɐ ˈfirmə] Festland
tesoura [təˈzorɐ] Schere
tetina [təˈtinɐ] Sauger
teto [ˈtɛtu] Decke
teu [teu] dein; deine
ti [ti] dich; dir
típico [ˈtipiku] typisch
toalha [ˈtwaʎɐ] Handtuch; **~ de mesa** [ˈtwaʎɐ də ˈmezɐ] Tischtuch
todo [ˈtodu] ganz; **~s** [ˈtoduʃ] alle
todos os dias [ˈtoduz‿uʒ ˈdiɐʃ] täglich; jeden Tag
tomar [tuˈmar] nehmen; trinken; **~ conta (de)** [tuˈmar ˈkõntɐ (də)] aufpassen (auf); **~ o pequeno-almoço** [tuˈmar‿u pəˈken‿alˈmosu] frühstücken
tornar-se [turˈnarsə] werden
torrada [tuˈʀadɐ] Toast
tosse [ˈtɔsə] *(f)* Husten
total [tuˈtal] *(m)* ganz; das Ganze
trabalhar [trɐbɐˈʎar] arbeiten
trabalho [trɐˈbaʎu] Arbeit
tragédia [trɐˈʒɛdjɐ] Tragödie
trailer [ˈtreilɐ] *(Bras) (m)* Wohnwagen
transferência [trɐ̃ʃfəˈrẽsjɐ] Überweisung
traumatismo craniano [traumɐˈtiʒmu krɐ̃niˈɐnu] Gehirnerschütterung
travão [trɐˈvɐ̃u] *(m)* Bremse
travão de mão [trɐˈvɐ̃u də mɐ̃u] *(m)* Handbremse
travessa [trɐˈvɛsɐ] Gasse; Schüssel
trazer [trɐˈzer] tragen; her-/mitbringen
trem [trɐ̃i] *(Bras) (m)* Zug; **~ para transporte de**

automóveis [trẽi 'perɐ trẽʃ'pɔrtə d‿autu'mɔveiʃ] *(m)* Autoreisezug; **~ suburbano** [trẽi subur'bɐnu] *(m)* Nahverkehrszug; **~ rápido suburbano** [trẽi 'ʀapidu subur'bɐnu] *(m)* S-Bahn
triângulo [tri'ɐ̃gulu] (Warn)dreieck
triste ['triʃtə] traurig
trocar [tru'kar] (aus)tauschen; vertauschen; umtauschen; wechseln
troco ['troku] Kleingeld; **dar ~** [dar 'troku] (Geld) herausgeben; **~s** ['trɔkuʃ] *(Plural)* Wechselgeld
T-shirt [ti ' ʃɐrt] *(f)* T-Shirt
tu [tu] du
tua ['tuɐ] dein; deine
tudo ['tudu] alles

U

úlcera ['ulsərɐ] Geschwür
um [ũ] ein; eins
uma ['umɐ] eine; eins
urgente [ur'ʒẽtə] dringend
urina [u'rinɐ] Urin
usar [u'zar] benutzen; gebrauchen

V

vacina [vɐ'sinɐ] Impfung
vagão-restaurante [va'gɐ̃u ʀəʃtau'rẽtə] *(m)* Speisewagen
válido ['validu] gültig; **ser ~** [ser 'validu] gelten
varanda [vɐ'rɐ̃ndɐ] Balkon
vazio [vɐ'ziu] leer
vegetariano [vəʒətɐ'rjɐnu] vegetarisch
vela ['vɛlɐ] (Zünd)kerze; Segel
velejar [vələ'ʒar] segeln
velho ['vɛʎu] alt *(nicht frisch)*
velocidade [vəlusi'dadə] *(f)* Geschwindigkeit; Gang *(Auto)*
velocidade controlada por radar [vəlusi'dadə kõntru'ladɐ pur ʀa'dar] Radarkontrolle
venda antecipada ['vẽd‿ɐ̃təsi'padɐ] Vorverkauf
veneno [və'nenu] Gift
venenoso [vənə'nozu] giftig
ventilador [vẽtilɐ'dor] *(m)* Ventilator
ver [ver] schauen; sehen; zuschauen
verdadeiro [vərdɐ'deiru] wahr; wirklich
verde ['verdə] grün
vermelho [vər'meʎu] rot
vesícula biliar [və'zikulɐ bi'ljar] Gallenblase
vestiário [vəʃti'arju] Garderobe
vestido [vəʃ'tidu] Kleid
vestir [vəʃ'tir] *(Kleidungsstück)* anziehen
via rápida ['viɐ 'ʀapidɐ] Schnellstraße
viagem ['vjaʒẽi] *(f)* Reise; Fahrt
viajar [vjɐ'ʒar] reisen
vida ['vidɐ] Leben
vinagre [vi'nagrə] *(m)* Essig
vinho ['viɲu] Wein
vinho branco ['viɲu 'brẽŋku] Weißwein
vinho rosé ['viɲu rɔ'ze] Rosé
vinho tinto ['viɲu 'tĩntu] Rotwein
violação [vjulɐ'sɐ̃u] *(f)* Vergewaltigung
vir [vir] kommen; stammen
vírus ['viruʃ] *(m)* Virus
visita [və'zitɐ] Besuch
visitar [vəzi'tar] besuchen; besichtigen
visto ['viʃtu] Visum
viúvo ['vjuvu] verwitwet
viver [vi'ver] leben

vizinho, vizinha [vəˈziɲu, vəˈziɲɐ] Nachbar(in)
voar [vuˈar] fliegen
você [vɔˈse] *(Personalpronomen)* Sie *(Bras)* du
vocês [vɔˈseʃ] *(Personalpronomen: Akkusativ)* ihr; Sie; **a ~** [a vɔˈseʃ] *(Bras)* euch *(Personalpronomen: Dativ)*
volta [ˈvɔltɐ] Rückkehr; Runde; Tour; **em/à ~ de** [ɐ̃i/a ˈvɔltɐ də] um *(herum)*
voo [ˈvou] Flug; **~ doméstico** [ˈvou duˈmɛʃtiku] Inlandsflug; **~ internacional** [ˈvou ĩntərnɐsjuˈnal] Auslandsflug; **~ planado** [ˈvou plɐˈnadu] Segelfliegen
vosso [ˈvɔsu] euer

W

Wi-Fi [waiˈfai] WLAN
windsurf, fazer ~ [fɐˈzer ˈwĩndsɐrf] windsurfen

X

xampu [ʃɐ̃ˈpu] *(Bras) (m)* Shampoo
xarope para a tosse [ʃɐˈrɔpə ˈpɐr‿a ˈtɔsə] *(m)* Hustensaft
xícara [ˈʃikarɐ] *(Bras)* Tasse

Z

zangado [zɐ̃ˈgadu] verärgert; böse
zona para peões [ˈzonɐ ˈpɐrɐ pjõiʃ] Fußgängerzone
zona para pedestres [ˈzonɐ ˈpɐrɐ peˈdɛstris] *(Bras)* Fußgängerzone

A

Abend a noite [ɐ ˈnoitə]
Abendessen o jantar [u ʒẽˈtar]
abends à tarde [a ˈtardə]; à noite [a ˈnoitə]
aber mas [mɐʃ]
abfahren (von) partir (de) [pɐrˈtir (də)]
Abfahrt partida [pɐrˈtidɐ]
Abfall lixo [ˈliʃu]
Abflug partida [pɐrˈtidɐ]
abgeben entregar [ẽntrəˈgar]
abgelaufen fora da validade [ˈfɔrɐ dɐ vɐliˈdadə]
abreisen (nach) partir (para) [pɐrˈtir (ˈpɐrɐ)]
Abschleppdienst serviço de reboque [sərˈvisu də ʀəˈbɔkə]
abschleppen rebocar [ʀəbuˈkar]
Abschleppseil cabo de reboque [ˈkabu də ʀəˈbɔkə]
Abschleppwagen carro de reboque [ˈkaʀu də ʀəˈbɔkə]
Absender o remetente [u ʀəməˈtẽtə]
Abszess abcesso [ɐbˈsɛsu]
Abteil compartimento [kõmpɐrtiˈmẽtu]
Adapter o adaptador [u ɐdɐptɐˈdor]
Adresse endereço [ẽdəˈresu]
ähnlich semelhante [səməˈʎẽtə]
Akku o acumulador [u ɐkumulɐˈdor]
Akt ato [ˈatu]; *(Malerei)* o nu [u nu]
alkoholfrei sem álcool [sẽi ˈalkwɔl]
alle todos [ˈtoduʃ]
allein só [sɔ]; sozinho [sɔˈziɲu]
Allergie alergia [ɐlərˈʒiɐ]
alles tudo [ˈtudu]
als *(zeitlich)* quando [ˈkwẽdu]; *(bei Vergleich)* do que [du kə]
also então [ẽnˈtɐ̃u]; portanto [purˈtẽntu]
alt *(nicht frisch)* velho [ˈvɛʎu]; *(aus früheren Zeiten)* antigo [ẽnˈtigu]
Alufolie folha de alumínio [ˈfɔʎɐd ɐluˈminju]
am Sonntag no domingo [nu duˈmĩgu]
am Vormittag de manhã [də mɐˈɲɐ̃]
am Wochenende no fim de semana [nu fĩ də səˈmɐnɐ]
Ampel semáforo [səˈmafuru]
an em [ɐ̃i]; **am Tejo** na margem do Tejo [nɐ ˈmarʒɐ̃i du ˈtɛʒu]
andere; **der ~** o outro [u ˈotru]
anders *(als Adjektiv)* diferente [difəˈrẽtə]; *(als Adverb)* de outra forma [d‿ˈotrɐ ˈfɔrmɐ]
anderswo noutro lado [ˈnotru ˈladu]
anfangen começar [kuməˈsar]
angenehm agradável [ɐgrɐˈdavɛl]
anhalten parar [pɐˈrar]
ankommen chegar [ʃəˈgar]
Ankunft chegada [ʃəˈgadɐ]
Ankunftszeit hora de chegada [ˈɔrɐ də ʃəˈgadɐ]
Anlasser o motor de arranque [u muˈtor d‿ɐˈʀɐ̃kə]
Anmeldung a rece(p)ção [ɐ ʀəsɛˈsɐ̃u]
Anorak o ancraque [u ɐnɔˈrak]
Anruf chamada [ʃɐˈmadɐ]

anrufen telefonar [tələfu'nar]
Anschluss a ligação [ɐ ligɐ'sɐ̃u]; a conexão [a konɛ'ksɐ̃u] *(Bras)*
ansehen ver [ver]
ansteckend contagioso [kõtɐ'ʒjozu]
anstrengend fatigante [fɐti'gɐ̃ntə]
antworten responder [ʀəʃpõn'der]
anzeigen participar [pɐrtəsi'par]
anziehen *(Kleidungsstück)* vestir [vəʃ'tir]
Apotheke farmácia [fɐr'masjɐ]
Arbeit trabalho [trɐ'baʎu]; *(Anstellung)* emprego [ẽ'pregu]
arbeiten trabalhar [trɐbɐ'ʎar]
arm pobre ['pɔbrə]
Armband pulseira [pul'seirɐ]
Armbanduhr relógio de pulso [ʀə'lɔʒju də 'pulsu]
Ärmel manga ['mɐ̃gɐ]
Aschenbecher cinzeiro [sĩ'zeiru]
Aspirin aspirina [ɐʃpi'rinɐ]
Asthma asma ['aʒmɐ]
atmen respirar [ʀəʃpi'rar]
Attest atestado [ɐtəʃ'tadu]
auch também [tɐ̃'bɐ̃i]; **~ nicht** também não [tɐ̃'bɐ̃i nɐ̃u]
auf *(als Präposition)* sobre ['sobrə]; em [ɐ̃i]; *(offen)* aberto [ɐ'bɛrtu]; **auf Portugiesisch** em português [ɐ̃i purtu'geʃ]
aufbrechen arrombar [ɐʀõ'bar]
Aufenthalt a paragem [ɐ pɐ'raʒɐ̃i]
Aufführung a representação [ɐ ʀəprəzẽtɐ'sɐ̃u]
aufhören acabar [ɐkɐ'bar]
aufpassen (auf) tomar conta (de) [tu'mar 'kõtɐ (də)]
aufschreiben anotar [ɐnu'tar]
aufstehen levantar-se [ləvɐ̃'tarsə]
aufwachen acordar [ɐkur'dar]
aufwärts para cima ['pɐrɐ 'simɐ]
Aufzug o elevador [u iləvɐ'dor]
aus *(Herkunft)* de [də]; *(Material)* de [də]; *(Grund)* por [pur]
Auskunft a informação [ɐ ĩfurmɐ'sɐ̃u]
Ausland estrangeiro [ʃtrɐ̃'ʒeiru]
Ausländer(in) estrangeiro, estrangeira [ʃtrɐ̃'ʒeiru, ʃtrɐ̃'ʒeirɐ]
ausländisch estrangeiro [ʃtrɐ̃'ʒeiru]
Auslandsflug voo internacional ['vou ĩntərnɐsju'nal]
Auslandsgespräch chamada internacional [ʃɐ'mad‿ĩntərnɐsju'nal]
Auslöser o disparador [u dəʃpɐrɐ'dor]
Auspuff o escape [u 'ʃkapə]
Ausreise saída [sɐ'idɐ]; partida [pɐrtidɐ]
ausruhen; **sich ~** descansar [dəʃkɐ̃'sar]
außen fora ['fɔrɐ]
außer exceto [ʃ'sɛtu]; além de [a'lɐ̃i də]
außerdem além disso [a'lɐ̃i 'disu]
außergewöhnlich fora do vulgar ['fɔrɐ du vul'gar]
außerhalb fora de ['fɔrɐ də]
aussprechen pronunciar [prunũ'sjar]
aussteigen descer [dəʃ'ser]
auszahlen pagar [pɐ'gar]
Auto carro ['kaʀu]; o automóvel [u autu'mɔvɛl]; **~ fahren** conduzir [kõdu'zir]
Autobahn autoestrada ['auto'ʃtradɐ]

Autoreisezug comboio para transporte de automóveis [kõ'bɔju 'perɐ trɐ̃ʃ'pɔrtə d‿autu'mɔveiʃ]; o trem para transporte de automóveis [u trẽi 'perɐ trɐ̃ʃ'pɔrtə d‿autu'mɔveiʃ] *(Bras)*

B

Baby o bebé [u bɛ'bɛ]
Babyfon o intercomunicador para bebés [u ĩtərkumunikɐ'dor 'perɐ bɛ'bɛʃ]
Babynahrung comida para bebés [ku'midɐ 'perɐ bɛ'bɛʃ]
Bäckerei padaria [padɐ'riɐ]
Backofen forno ['fornu]
Badeanzug fato de banho ['fatu də 'bɐɲu]; o maiô [u ma'jo] *(Bras)*
Badehose o calção de banho [u kal'sɐ̃u də 'bɐɲu]
Bademeister banheiro [bɐ'ɲeiru]; o salva-vidas [u 'salva 'vidɐs] *(Bras)*
Badeschuhe os sapatos para banho [uʃ sɐ'patuʃ 'perɐ 'bɐɲu]
Badewanne banheira [bɐ'ɲeirɐ]
Bahnhof a estação [ɐ ʃtɐ'sɐ̃u]
bald logo ['lɔgu]; em breve [ɐ̃i 'brɛvə]; **so ~ wie möglich** o mais depressa possível [u maiʒ də'prɛsɐ pu'sivɛl]
Balkon varanda [vɐ'rɐ̃ndɐ]
Ball bola ['bɔlɐ]; *(Fest)* o baile [u 'bailə]
Bänderriss rotura de ligamentos [ʀu'turɐ də ligɐ'mẽtuʃ]
Bank *(Geldinstitut; Sitzbank)* banco ['bɐ̃ku]
bar a dinheiro [ɐ də'ɲeiru]; a pronto [ɐ 'prõtu]
Bar o bar [u bar]
Bargeld numerario [numə'rarju]
barrierefrei sem obstáculos [sɐ̃i obʃ'takuluʃ]
Batterie pilha ['piʎɐ]
beantworten responder a [ʀəʃpõ'der‿ɐ]
Bearbeitungsgebühr a comissão [ɐ kumi'sɐ̃u]
Bedeutung *(Sinn)* significado [signifi'kadu]; *(Wichtigkeit)* importância [ĩmpur'tɐ̃sjɐ]
Bedienung serviço [sər'visu]
beeilen; sich ~ apressar-se [ɐprə'sarsə]
beeindruckend impressionante [ĩmprəsju'nɐ̃tə]
befinden; sich ~ encontrar-se [ẽkõ'trarsə]
Begleitperson pessoa acompanhante [pə'soɐ ɐkõpɐ'ɲɐ̃tə]
begrüßen cumprimentar [kũprimẽ'tar]
behindertengerecht equipado para deficientes [ɛki'padu 'perɐ dəfəsi'ẽtəʃ]
Behindertenparkplatz estacionamento para deficientes [ʃtɐsjunɐ'mẽtu 'perɐ dəfəsi'ẽtəʃ]
Behindertentoilette casa de banho para deficientes ['kasɐ də 'bɐɲu 'perɐ dəfəsi'ẽtəʃ]
Behörde as autoridades [ɐz‿auturi'dadəʃ]
bei *(nahe)* perto de ['pɛrtu də]
beide ambos ['ɐ̃buʃ]; ambas ['ɐ̃bɐʃ]
bekannt conhecido [kuɲə'sidu]; **jemanden mit jemandem ~ machen** apresentar alguém a alguém [ɐprəzẽn'tar al'gɐ̃i ɐ al'gɐ̃i]
Bekannte/r o conhecido, a conhecida [u kuɲə'sidu, ɐ kuɲə'sidɐ]

DEUTSCH – PORTUGIESISCH
WÖRTERBUCH

bekommen receber [ʀəsə'ber]
belästigen importunar [ĩpurtu'nar]
benutzen usar [u'zar]; *(Verkehrsmittel)* tomar [tu'mar]; pegar [pe'gar] *(Bras)*
Benzinkanister o bidão de gasolina [u bi'dɐ̃u də gɐzu'linɐ]; a lata de gasolina [a 'latɐ də gɐzu'linɐ] *(Bras)*
Benzinpumpe bomba para gasolina ['bõbɐ 'pɐrɐ gɐzu'linɐ]
bequem cómodo ['kɔmudu]; confortável [kõfur'tavɛl]
Berg o monte [u 'mõtə]
Beruf a profissão [ɐ prufi'sɐ̃u]
Beruhigungsmittel o calmante [u kal'mɐ̃tə]
Bescheinigung atestado [ɐtəʃ'tadu]; certificado [sərtəfi'kadu]
beschlagnahmen confiscar [kõfiʃ'kar]
besetzt impedido [ĩmpə'didu]; *(Platz)* ocupado [oku'padu]; *(voll)* completo [kõm'plɛtu]
besichtigen visitar [vəzi'tar]
Besichtigung visita [və'zitɐ]
besser melhor [mə'ʎɔr]
beste(r, -s) a/o melhor [ɐ/u mə'ʎɔr]
Besteck o talher [u tɐ'ʎɛr]
bestehen aus compor-se de [kõm'porsə də]
bestimmt *(als Adjektiv)* determinado [dətərmi'nadu]; *(als Adverb)* com certeza [kõ sər'tezɐ]
Besuch visita [və'zitɐ]
besuchen; **jemanden ~** visitar alguém [vəzi'tar‿al'gɐ̃i]
Besuchszeit as horas da visita [ɐz‿'ɔrɐʒ dɐ və'zitɐ]
Betrag quantia [kwɐ̃n'tiɐ]
Bett cama ['kɐmɐ]; **zu ~ gehen** ir para a cama [ir 'pɐr‿a 'kɐmɐ]
Bettdecke *(Tagesdecke)* colcha ['kolʃɐ]; *(wollene)* o cobertor [u kubər'tor]; manta ['mɐ̃ntɐ]
Bettwäsche roupa de cama ['ʀopɐ də 'kɐmɐ]
bewusstlos sem sentidos [sɐ̃i sɐ̃n'tiduʃ]
bezahlen pagar [pɐ'gar]
BH o soutien; sutiã [u su'tjɐ̃] *(Bras)*
Bier cerveja [sər'veʒɐ]
Bikini o biquíni [u bi'kini]
Bild *(Foto)* fotografia [futugrɐ'fiɐ]; *(Gemälde)* quadro ['kwadru]
billig barato [bɐ'ratu]
Bindfaden o cordel [u kur'dɛl]
bis até [ɐ'tɛ]; **~ jetzt** até agora [ɐ'tɛ ɐ'gɔrɐ]
bisschen; **ein ~** um pouco (de) [ũ 'poku (də)]
Bitte pedido [pə'didu]
bitten; **jemanden um etwas ~** pedir alguma coisa a alguém [pə'dir‿al'gumɐ 'koiza‿al'gɐ̃i]
bitter amargo [ɐ'margu]
blau azul [ɐ'zul]
Blitzgerät o flash [u flɛʃ]
Blues os blues [uʒ blus]
Blume a flor [ɐ flor]
Bluse blusa ['bluzɐ]
Blut o sangue [u 'sɐ̃gə]
Blutdruck a tensão arterial [ɐ tẽ'sɐ̃u ɐrtə'rjal]
bluten sangrar [sɐ̃'grar]
Blutgruppe grupo sanguíneo ['grupu sɐ̃'g(w)inju]
Blutvergiftung septicemia [sɛptisə'miɐ]
Bonbons os rebuçados [uʒ ʀəbu'saduʃ]
Bordkarte o cartão de embarque [u kɐr'tɐ̃u d‿ẽ'barkə]
brauchen precisar de [prəsi'zar də]; *(Zeit)* levar [lə'var]

braun castanho [kɐʃˈtɐɲu]; marrom [maˈʀõ] *(Bras)*
Brechreiz as náuseas [ɐʒ ˈnauzjɐʃ]
breit largo [ˈlargu]
Breite largura [lɐrˈgurɐ]
Bremse o travão [u trɐˈvɐ̃u]; freio [ˈfreju] *(Bras)*
Bremsflüssigkeit líquido dos travões [ˈlikidu duʃ trɐˈvõiʃ]; líquido dos freios [ˈlikidu dus ˈfrejus] *(Bras)*
Bremslichter as luzes dos travões [ɐʒ ˈluzəʒ duʃ trɐˈvõiʃ]; as luzes dos freios [ɐʒ ˈluzəʒ dus ˈfrejus] *(Bras)*
Brief carta [ˈkartɐ]
Briefkasten caixa do correio [ˈkaiʃɐ du kuˈʀeju]
Briefmarke selo [ˈselu]
Briefumschlag o envelope [u ẽvəˈlɔpə]
bringen *(herbringen)* trazer [trɐˈzer]; *(wegbringen)* levar [ləˈvar]
Bronchitis a bronquite [ɐ brõˈkitə]
Brot o pão [u pɐ̃u]
Brötchen os pãezinhos [uʃ pɐ̃iˈziɲuʃ]
Bruch *(Knochenbruch)* fratura [fraˈturɐ]
Brücke a ponte [ɐ ˈpõtə]
Bruder o irmão [u irˈmɐ̃u]
Brust peito [ˈpeitu]
Buch livro [ˈlivru]
buchen *(Platz)* reservar [ʀəzərˈvar]
buchstabieren soletrar [suləˈtrar]
Buchung reserva [ʀəˈzɛrvɐ]
Bus autocarro [autoˈkaʀu]; o ônibus [u ˈonibus] *(Bras)*
Busbahnhof a estação rodoviária [ɐ ʃtɐˈsɐ̃u ʀɔdɔˈvjarjɐ]
Bußgeld multa [ˈmultɐ]
Butter manteiga [mɐ̃ˈteigɐ]
Bypass o bypass [u baiˈpas]

C

Café o café [u kɐˈfɛ]
Camping o campismo [u kɐ̃ˈpiʒmu]; o camping [u ˈkẽmpiŋ] *(Bras)*
Campingausweis o cartão de campista [u kɐrˈtɐ̃u də kɐ̃ˈpiʃtɐ]
Campingplatz o parque de campismo [u ˈparkə də kɐ̃ˈpiʒmu]; o camping [u ˈkẽmpiŋ] *(Bras)*
Chor coro [ˈkoru]
Computerfachgeschäft loja de computadores [ˈlɔʒɐ də kõputɐˈdorəʃ]
Cousin, Cousine primo, prima [ˈprimu, ˈprimɐ]
Creme o creme [u ˈkrɛmə]

D

da *(Ort)* aí [ɐˈi]; lá [la]; *(Grund)* como [ˈkomu]; já que [ʒa kə]; **da sein** estar presente [ʃtar prəˈzẽntə]
Dach telhado [təˈʎadu]
dafür sein ser a favor de [ser ɐ fɐˈvɔr də]
dagegen sein ser contra [ser ˈkõtrɐ]
daheim em casa [ɐ̃i ˈkazɐ]
Damen as senhoras [ɐʃ səˈɲorɐʃ]
danach depois [dəˈpoiʃ]
danken agradecer [ɐgrɐdəˈser]
dann então [ẽnˈtɐ̃u]; depois [dəˈpoiʃ]
Darm intestino [ĩtɐʃˈtinu]
dass que [kə]
dasselbe o mesmo [u ˈmeʒmu]
Datum data [ˈdatɐ]
Decke teto [ˈtɛtu]
Defekt falha [ˈfaʎɐ]
dein teu [tɛu]; tua [ˈtuɐ]
denken an pensar em [pẽˈsar ɐ̃i]
Deo(dorant) o desodorizante [u dəzɔduriˈzɐ̃tə]

DEUTSCH – PORTUGIESISCH
WÖRTERBUCH

deshalb por isso [pur‿'isu]
desinfizieren desinfetar [dəzĩfɛ'tar]
deutsch alemão [ɐlə'mɐ̃u]
Deutsche/r o alemão, a alemã [u ɐlə'mɐ̃u, ɐ alə'mɐ̃]
Diabetes a diabetes [ɐ djɐ'bɛtəʃ]
Diabetiker diabético [djɐ'bɛtiku]
Diagnose diagnóstico [djɐg'nɔʃtiku]
Diät dieta ['djɛtɐ]
dich te [tə]; ti [ti]
dick gordo ['gordu]; *(geschwollen)* inchado [ĩ'ʃadu]
Dieb o ladrão [u lɐ'drɐ̃u]
Diebstahl roubo ['ʀobu]
Dienstag terça-feira ['tersɐ 'feirɐ]
diese(r, -s) esta ['ɛʃtɐ]; este ['eʃtə]; essa ['ɛsɐ]; esse ['esə]
Digitalkamera máquina (fotográfica) digital ['makinɐ (futu'grafikɐ) diʒi'tal]
dir te [tə]; ti [ti]
doch mas [mɐʃ]; porém [pu'rɐ̃i]
Donnerstag quinta-feira ['kĩtɐ 'feirɐ]
doppelt duplo ['duplu]
Dorf aldeia [al'dejɐ]
dort ali [ɐ'li]; lá [la]; aí [ɐ'i]
Dose lata ['latɐ]
Dosenöffner o abre-latas [u 'abrə 'latɐʃ]
draußen lá fora [la 'fɔrɐ]
drin lá dentro [la 'dẽtru]
dringend urgente [ur'ʒẽtə]
drinnen lá dentro [la 'dẽtru]
dritte(r, -s) terceiro [tər'seiru]; terceira [tər'seirɐ]
Drogerie drogaria [drugɐ'riɐ]
Drogerieartikel os artigos de drogaria [uz‿ɐr'tiguʒ də drugɐ'riɐ]
du tu [tu]; você [vɔ'se] *(Bras)*
dunkel escuro ['ʃkuru]
dünn delgado [dɛl'gadu]
durch *(quer ~)* através de [ɐtrɐ'vɛʒ də]; *(mittels)* por meio de [pur 'meju də]
Durchfall diarreia [djɐ'ʀejɐ]
durchgebraten bem passado [bɐ̃i pɐ'sadu]
dürfen poder [pu'der]
durstig sein ter sede [ter 'sedə]
Dusche o duche [u 'duʃə]; ducha ['duʃɐ] *(Bras)*

E

Ebbe a maré baixa [ɐ mɐ'rɛ bai'ʃɐ]
Ebene a planície [ɐ plɐ'nisjə]
ebenerdig ao nível do chão [au 'nivɛl du ʃɐ̃u]
echt autêntico [au'tẽntiku]
Ehefrau a mulher [ɐ mu'ʎɛr]
Ehemann marido [mɐ'ridu]
Eier os ovos [uz‿'ɔvuʃ]
eilig apressado [ɐprə'sadu]; **es ~ haben** ter pressa [ter 'prɛsɐ]
ein(e) um [ũ]; uma ['umɐ]
einchecken fazer o check-in [fɐ'zer‿u ʃɛ'kin]
einfach simples ['sĩpləʃ]
Einfahrt entrada [ẽ'tradɐ]
einfarbig só de uma cor [sɔ d‿'umɐ kor]
Eingang entrada [ẽn'tradɐ]; *(Zugang)* acesso [ɐ'sɛsu]
einheimisch natural [nɐtu'ral]; nacional [nɐsju'nal]
einige alguns [al'gũʃ]; algumas [al'gumɐʃ]
einkaufen fazer compras [fɐ'zer 'kõprɐʃ]
Einkaufszentrum centro comercial ['sẽtru kumərsi'al]
einladen convidar [kõvi'dar]
einmal uma vez ['umɐ veʃ]

einpacken embrulhar [ẽbru'ʎar]
Einreise entrada (num país) [ẽn'trade (nũ pɐ'iʃ)]
einschalten ligar [li'gar]; *(Licht)* acender [ɐsẽ'der]
Einschreibebrief carta regist(r)ada ['kartɐ ʀəʒiʃ't(r)adɐ]
einsteigen subir [su'bir]
Eintrittskarte o bilhete (de entrada) [u bə'ʎetə (d‿ẽn'tradɐ)]
Einwohner(in) o/a habitante [u/ɐ ɐbi'tẽtə]
Eis *(Speise~)* gelado [ʒə'ladu]; gelo ['ʒelu]
Elastikbinde ligadura elástica [ligɐ'dur‿i'laʃtikɐ]
elektrisch elétrico [i'lɛtriku]
Elektrohandlung loja de artigos elétricos ['lɔʒɐ d‿ɐr'tiguz‿i'lɛtrikuʃ]
Eltern os pais [uʃ 'paiʃ]
empfangen receber [ʀəsə'ber]
Empfänger destinatário [dəʃtinɐ'tarju]
erholen; sich ~ descansar [dəʃkɐ̃'sar]
Erkältung a constipação [ɐ kõʃtipa'sɐ̃u]; resfriado [ʀes'frjadu] *(Bras)*
Ermäßigung a redução [ɐ ʀədu'sɐ̃u]
Ersatzrad roda sobresselente ['ʀɔdɐ sobrəsə'lẽntə]
erschrecken assustar [ɐsuʃ'tar]
ersetzen substituir [subʃti'twir]; *(Schaden)* inde(m)nizar [ĩdə(m)ni'zar]
erst *(zuerst)* primeiro [pri'meiru]; *(nicht früher als)* só [sɔ]
erste(r, -s) primeiro [pri'meiru]; primeira [pri'meirɐ]
erster Gang primeira (velocidade) [pri'meirɐ (vəlusi'dadə)]
Erwachsene/r adulto, adulta [ɐ'dultu, ɐ'dultɐ]
essbar comestível [kumәʃ'tivɛl]
essen comer [ku'mer]
Essen *(Nahrung)* comida [ku'midɐ]
Essig o vinagre [u vi'nagrə]
Etage o andar [u ɐ̃'dar]
Etagenbett o beliche [u bə'liʃə]
etwas algo ['algu]; alguma coisa [al'gumɐ 'koizɐ]; *(ein wenig)* um pouco [ũ 'poku]
EU-Bürger o cidadão da UE [u sidɐ'dɐ̃u dɐ uɛ]
euch *(Dativ)* lhes [ʎəʃ]; a vocês [a vɔ'seʃ] *(Bras)* *(Akkusativ)* os/as [uʃ/ɐʃ]; vocês [vɔ'seʃ] *(Bras)*
euer vosso ['vɔsu]
Euro euro ['euru]
Europa Europa [eu'rɔpɐ]
Europäer(in) europeu [euru'peu]; europeia [euru'pejɐ]
europäisch europeu [euru'peu]

F

Fabrik fábrica ['fabrikɐ]
Facharzt, -ärztin o/a especialista [u/ɐ ʃpəsjɐ'liʃtɐ]
Faden linha ['liɲɐ]
Fähre o ferry-boat [u 'fɛʀi bot]; *(in Lissabon)* cacilheiro [kɐsi'ʎeiru]
fahren ir [ir]; *(lenken)* conduzir [kõndu'zir]
Fahrer(in) condutor, condutora [kõdu'tor, kõdu'torɐ]
Fahrkarte o bilhete [u bə'ʎetə]
Fahrkartenautomat máquina automática de bilhetes ['makinɐ autu'matikɐ də bə'ʎetəʃ]

Fahrplan horário [o'rarju]
Fahrrad bicicleta [bisi'klɛtɐ]
Fahrscheinentwerter o obliterador de bilhetes [u oblitərɐ'dor də bə'ʎetəʃ]
Fahrstuhl o elevador [u iləvɐ'dor]
Fahrt a viagem [ɐ 'vjaʒɐ̃i]
fallen cair [kɐ'ir]
falls no caso de [nu 'kazu də]
falsch errado [i'ʀadu]
Familie família [fɐ'miljɐ]
Familienname apelido [ɐpə'lidu]; o sobrenome [u sobre'nomi] *(Bras)*
fangen apanhar [ɐpɐ'ɲar]
farbig de cor [də kor]
fast quase ['kwazə]
Fax o fax [u faks]
Februar fevereiro [fəvə'reiru]
fehlen faltar [fal'tar]
Fehler *(den man macht)* erro ['eʀu]; *(den man hat)* defeito [də'feitu]
Fenster janela [ʒɐ'nɛlɐ]
Fensterplatz o lugar à janela [u lu'gar‿a ʒɐ'nɛlɐ]
Ferien as férias [ɐʃ 'fɛrjɐʃ]
Ferngespräch chamada interurbana [ʃɐ'mad‿ĩtɛrur'bɐnɐ]
Fernlicht os máximos [uʒ 'masimuʃ]
Fernseher a televisão [ɐ tələvi'zɐ̃u]
fertig *(bereit, vollständig)* pronto ['prõtu]
Festland terra firme ['tɛʀɐ 'firmə]; o continente [u kõti'nẽtə]
fett gordo ['gordu]
fettarm magro ['magru]
fettarme Milch o leite magro [u 'leitə 'magru]
Feuer fogo ['fogu]
Feuerlöscher o extintor de incêndios [u ʃtĩ'tor d‿ĩ'sẽdjuʃ]
Feuerwehr os bombeiros [uʒ bõ'beiruʃ]
Fieber a febre [ɐ 'fɛbrə]
Fieberthermometer termómetro(ô) [tər'mɔmətru]
Film o filme [u 'filmə]
Filmempfindlichkeit a sensibilidade do filme [ɐ sẽsibəli'dadə du 'filmə]
finden achar [ɐ'ʃar]
Fisch o peixe [u 'peiʃə]
Fischgeschäft peixaria [peiʃɐ'riɐ]
Fläschchenwärmer o aquecedor de biberão [u ɐkɛsə'dor də bibə'rɐ̃u]
Flasche garrafa [gɐ'ʀafɐ]
Flaschenöffner o abre-cápsulas [u 'abrə 'kapsulɐʃ]
Fleck mancha ['mɐ̃ʃɐ]
Fleisch a carne [ɐ 'karnə]
Flickzeug caixa de remendos ['kaiʃɐ də rə'mẽduʃ]
fliegen voar [vu'ar]
Flipflops as havaianas [ɐz‿ɐvai'ɐnɐʃ]
Flohmarkt feira da ladra ['feirɐ dɐ 'ladrɐ]
Flug voo ['vou]
Flughafen aeroporto [ɐɛro'portu]
Föhn o secador de cabelo [u səkɐ'dor də kɐ'belu]
Foto fotografia [futugrɐ'fiɐ]
Fotoapparat máquina fotográfica ['makinɐ futu'grafikɐ]
Frage pergunta [pər'gũtɐ]
fragen perguntar [pərgũ'tar]
Frau a mulher [ɐ mu'ʎɛr]; *(Anrede, vor Namen)* Senhora D. [sə'ɲorɐ 'donɐ]; D. ['donɐ]
fremd *(ausländisch)* estrangeiro [ʃtrɐ̃'ʒeiru]; *(unbekannt)* desconhecido [dəʃkuɲə'sidu]
Fremde/r o estrangeiro, a estrangeira [u ʃtrɐ̃'ʒeiru, ɐ ʃtrɐ̃'ʒeirɐ]
freundlich amável [ɐ'mavɛl]

Frischhaltefolie película transparente [pə'likulɐ trɐ̃nʃpɐ'rẽntə]
Friseur *(für Damen)* cabeleireiro [kɐbəlei'reiru]; *(für Herren)* barbearia [bɐrbjɐ'riɐ]
Frostschutzmittel líquido anticongelante ['likidu ɐ̃tikõʒə'lẽntə]
früh cedo ['sedu]
früher mais cedo [maiʃ 'sedu]
früher *(eher)* antes ['ɐ̃təʃ]; *(damals)* antigamente [ɐ̃tigɐ'mẽtə]
Frühstück pequeno-almoço [pə'ken‿al'mosu]; o café da manhã [u ka'fɛ da ma'ɲɐ̃] *(Bras)*
Führerschein carta de condução ['kartɐ də kõdu'sɐ̃u]; carteira de condução [kar'terɐ də kõndu'sɐ̃u] *(Bras)*
funktionieren funcionar [fũsju'nar]
für para ['perɐ]; por [pur]

G

Gabel garfo ['garfu]
Gallenblase vesícula biliar [və'zikulɐ bi'ljar]
Gang *(Flur)* o corredor [u kuʀə'dor]; *(Essen)* prato ['pratu]; *(Auto)* a velocidade [ɐ vəlusi'dadə]
ganz *(als Adjektiv)* todo ['todu]; *(vollständig)* inteiro [ĩ'teiru]; *(als Adverb)* inteiramente [ĩteirɐ'mẽtə]
gar bem cozido [bɐ̃i ku'zidu]; assado [ɐ'sadu]
Garage a garagem [ɐ gɐ'raʒɐ̃i]
Garderobe vestiário [vəʃti'arju]
Gasflasche botija de gás [bu'tiʒɐ də gaʃ]
Gaskocher o fogão a gás [u fu'gɐ̃u ɐ gaʃ]
Gaspedal o acelerador [u ɐsələrɐ'dɔr]
Gebäck *(kleine Kuchen)* os biscoitos [uʒ biʃ'kɔjtuʃ]
gebacken assado [ɐ'sadu]
geben dar [dar]
gebraten assado [ɐ'sadu]; frito ['fritu]
Geburtsdatum data de nascimento ['datɐ də nɐʃsi'mẽtu]
Geburtsname o nome de solteira [u 'nomə də sol'teirɐ]
Geburtsort o local de nascimento [u lu'kal də nɐʃsi'mẽtu]
gedämpft estufado [ʃtu'fadu]
Gedeck o couvert [u ku'vɛr]
gedünstet estufado [ʃtu'fadu]
gefährlich perigoso [pəri'gozu]
gegen *(wider)* contra ['kõtrɐ]
Gegend a região [ɐ ʀə'ʒjɐ̃u]
Gegenteil contrário [kõn'trarju]; **im ~** pelo contrário ['pelu kõn'trarju]
gegenüber em frente (de) [ɐ̃i 'frẽtə (də)]
gehen ir [ir]; *(zu Fuß)* ir a pé [ir‿ɐ pɛ]
Gehirn cérebro ['sɛrəbru]
Gehirnerschütterung traumatismo craniano [traumɐ'tiʒmu krɐni'ɐnu]
Gehör ouvido [o'vidu]; *(Sinn)* a audição [ɐ audi'sɐ̃u]
gekocht *(gegart)* cozido [ku'zidu]; *(Flüssigkeiten)* fervido [fər'vidu]
gelb amarelo [ɐmɐ'rɛlu]
Geld dinheiro [də'ɲeiru]
Geldautomat multibanco [multi'bɐ̃ŋku]
Geldschein nota ['nɔtɐ]

Geldwechsel câmbio ['kẽbju]
Gelenk a articulação [a artikulɐ'sɐ̃u]
geöffnet aberto [ɐ'bɛrtu]
Gepäck a bagagem [ɐ bɐ'gaʒɐ̃i]
Gepäckausgabe entrega da bagagem [ẽ'trɛgɐ dɐ bɐ'gaʒɐ̃i]
Gepäckwagen carro de bagagem ['kaʀu də bɐ'gaʒɐ̃i]
gerade *(als Adjektiv)* direito [di'reitu]; *(zeitlich)* justamente [ʒuʃtɐ'mẽtə]
geradeaus em frente [ɐ̃i 'frẽntə]; a direito [ɐ di'reitu]
geräuchert (de)fumado [(də) fu'madu]
gern com muito gosto [kõ 'mũintu 'goʃtu]; **nicht ~** contra vontade ['kõntrɐ võn'tadə]
geröstet *(Kartoffeln)* coradas [kɔ'radɐʃ]
Geschirr louça ['losɐ]
Geschirrspülmaschine máquina de lavar a louça ['makinɐ də lɐ'var ɐ 'losɐ]
Geschirrtuch pano da louça ['pɐnu dɐ 'losɐ]
geschwollen inchado [ĩ'ʃadu]
Geschwür úlcera ['ulsərɐ]
Gespräch conversa [kõ'vɛrsɐ]
gestern ontem ['õtɐ̃i]
gesund saudável [sɐu'davɛl]
Getränk bebida [bə'bidɐ]
Getriebe caixa de velocidades ['kaiʃɐ də vəlusi'dadəʃ]
Gewicht peso ['pezu]
Gewürz condimento [kõndi'mẽtu]
Gift veneno [və'nenu]
giftig venenoso [vənə'nozu]
Glas copo ['kɔpu]
Gleis linha ['liɲɐ]
Glück a sorte [ɐ 'sɔrtə]
glücklich feliz [fə'liʃ]
Glühbirne lâmpada ['lɐ̃pɐdɐ]
Gold ouro ['oru]
goldfarben dourado [do'radu]
Gräte espinha ['ʃpiɲɐ]
grau cinzento [sĩ'zẽntu]; cinza ['sĩzɐ] *(Bras)*
Grenze fronteira [frõ'teirɐ]
Grill o grelhador [u grəʎɐ'dor]
Grillkohle o carvão [u kɐr'vɐ̃u]
Grippe a gripe [ɐ 'gripə]
groß grande ['grɐ̃də]
Großmutter a avó [a 'vɔ]
Großraumwagen a carruagem de salão [ɐ kɐʀu'aʒɐ̃i də sɐ'lɐ̃u]
Großvater o avô [u ɐ'vo]
grün verde ['verdə]
grüne Versicherungskarte carta verde ['kartɐ 'verdə]
gültig válido ['validu]
Gürtel cinto ['sĩntu]
gut *(als Adjektiv)* bom [bõ]; *(als Adverb)* bem [bɐ̃i]

H

Haar cabelo [kɐ'belu]
haben ter [ter]
Hackfleisch a carne picada [ɐ 'karnə pi'kadɐ]
Hafen porto ['portu]
Haferflocken os flocos de aveia [uʃ 'flɔkuʒ d ɐ'veiɐ]
Hähnchen frango ['frɐ̃gu]
Haken gancho ['gɐ̃ʃu]
halb meio ['meju]
Halbpension a meia-pensão [ɐ 'mejɐ pẽ'sɐ̃u]
Halsschmerzen as dores de garganta [ɐʒ 'dorəʃ də gɐr'gɐ̃tɐ]
Halstabletten os comprimidos para a garganta [uʃ kõpri'miduʃ 'per a gɐr'gɐ̃tɐ]
halt! alto! ['altu]

halten *(fest~)* segurar [səgu'rar]; *(Versprechen)* cumprir [kũ'prir]
Haltestelle a paragem [ɐ pɐ'raʒɐ̃i]; parada [pa'radɐ] *(Bras)*
Hammelfleisch a carne de carneiro [ɐ 'karnə də kɐr'neiru]
Hammer martelo [mɐr'tɛlu]
Handbike bicicleta adaptada [bisi'klɛtɐ ɐdɐp'tadɐ]; bicicleta handcycle [bisi'klɛtɐ ɐ̃d'sajkəl]
Handbremse o travão de mão [u trɐ'vɐ̃u də mɐ̃u]; freio de mão ['freju də mɐ̃u] *(Bras)*
Handcreme o creme para as mãos [u 'krɛmə 'pɐr‿aʒ mɐ̃uʃ]
Handgas *(Auto)* o acelerador manual [u ɐsələrɐ'dor mɐnu'al]
handgemacht feito à mão ['feitu‿a mɐ̃u]
Handtasche mala de mão ['malɐ də mɐ̃u]; carteira [kɐr'teirɐ]
Handtuch toalha ['twaʎɐ]
Handy o telemóvel [u tɛlɛ'mɔvɛl]; o celular [u selu'lar] *(Bras)*
hart duro ['duru]
Hauptbahnhof a estação central [ɐ ʃtɐ'sɐ̃u sẽ'tral]
Hauptrolle o papel principal [u pɐ'pɛl prĩsi'pal]
Hauptsaison a estação alta [ɐ ʃtɐ'sɐ̃u 'altɐ]
Hauptspeise prato principal ['pratu prĩsi'pal]
Hauptstadt a capital [ɐ kɐpi'tal]
Hauptstraße rua principal ['ʀuɐ prĩsi'pal]; *(Hauptland~)* estrada principal ['ʃradɐ prĩsi'pal]
Haus casa ['kazɐ]
Haushaltswaren os artigos domésticos [uz‿ɐr'tiguʒ du'mɛʃtikuʃ]
Hausnummer número da porta ['numəru dɐ 'pɔrtɐ]
Haut a pele [ɐ 'pɛlə]
heiß quente ['kẽntə]
heißen chamar-se [ʃɐ'marsə]
Hemd camisa [kɐ'mizɐ]
Herd o fogão [u fu'gɐ̃u]
Hering *(Fisch)* o arenque [u ɐ'rẽkə]; *(Zelt)* estaca ['ʃtakɐ]
Herr o senhor [u sə'ɲor]
Herren os homens [uz‿'ɔmɐ̃iʃ]
Herz o coração [u kurɐ'sɐ̃u]
Herzanfall o ataque cardíaco [u ɐ'takə kɐr'diɐku]
Herzbeschwerden as perturbações cardíacas [ɐʃ pərturbɐ'sõiʃ kɐr'diɐkɐʃ]
heute hoje ['oʒə]
hier aqui [ɐ'ki]
Hilfe ajuda [ɐ'ʒudɐ]; **erste Hilfe** os primeiros socorros [uʃ pri'meiruʃ su'koʀuʃ]
hinten atrás [ɐ'traʃ]
hinter atrás de [ɐ'traʃ də]
hinterlegen depositar [dəpuzi'tar]
Hirnhautentzündung a meningite [ɐ mənĩ'ʒitə]
hoch alto ['altu]
Honig o mel [u mɛl]
hören ouvir [o'vir]
Hose as calças [ɐʃ 'kalsɐʃ]
hungrig sein ter fome [ter 'fɔmə]
Hupe buzina [bu'zinɐ]
Husten a tosse [ɐ 'tɔsə]
Hustensaft o xarope para a tosse [u ʃɐ'rɔpə 'pɐr‿ɐ 'tɔsə]
Hut o chapéu [u ʃɐ'pɛu]

I

ich eu [eu]
Idee ideia [i'dejɐ]

ihr *(als Personalpronomen)* vocês [vɔˈseʃ]; *(als Possessivpronomen: Singular f)* seu [seu]; sua [ˈsuɐ]; dela [ˈdɛlɐ]; *(als Possessivpronomen Plural)* deles [ˈdeləʃ]; delas [ˈdɛlɐʃ]
immer sempre [ˈsẽprə]
Impfung vacina [vɐˈsinɐ]
in em [ɐ̃i]
in einer Woche dentro de uma semana [ˈdẽtru d‿ˈumɐ səˈmɐnɐ]
Infektion a infe(c)ção [ɐ ĩfɛˈsɐ̃u]
Infusion a infusão [ɐ ĩfuˈzɐ̃u]
Inlandsflug voo doméstico [ˈvou duˈmɛʃtiku]
interessant interessante [ĩntərəˈsɐ̃tə]
Internetbuchung reserva por Internet [ʀəˈsɛrvɐ pur ĩntɐrˈnɛtə]
Ischias ciática [ˈsjatikɐ]

J

Jacke casaco [kɐˈsaku]
Januar janeiro [ʒɐˈneiru]
Jeans as calças de ganga [ɐʃ ˈkalsɐʒ də ˈgɐ̃gɐ]
jeden Tag todos os dias [ˈtoduz‿uʒ ˈdiɐʃ]
jeder *(als Adjektiv)* cada [ˈkɐdɐ]; *(als Pronomen)* cada um [ˈkɐdɐ ũ]
jemand alguém [alˈgɐ̃i]
jene(r, -s) aquele [ɐˈkelə]; aquela [ɐˈkɛlɐ]
jetzt agora [ɐˈgɔrɐ]
Joghurt o iogurte [u joˈgurtə]
jucken fazer comichão [fɐˈzer kumiˈʃɐ̃u]
Juli julho [ˈʒuʎu]
jung novo [ˈnovu]
Juni junho [ˈʒuɲu]

K

Kabarett o cabaré [u kabaˈrɛ]
Kabine o camarote [u kɐmɐˈrɔtə]
Kaffee o café [u kɐˈfɛ]
Kaffeefilter filtro de café [ˈfiltru də kɐˈfɛ]
Kai o cais [u ˈkaiʃ]
Kalbfleisch a carne de vitela [ɐ ˈkarnə də viˈtɛlɐ]
kalorienarm com poucas calorias [kõ ˈpokɐʃ kɐluˈriɐʃ]
kalt frio [ˈfriu]
kaltes Wasser água fria [ˈagwɐ ˈfriɐ]
Kamm o pente [u ˈpẽtə]
Kapitän o comandante [u kumɐ̃nˈdɐ̃ntə]
kaputt estragado [ʃtrɐˈgadu]; partido [pɐrˈtidu]
Knochen osso [ˈosu]
Käse queijo [ˈkeiʒu]
Kasse bilheteira [bəʎəˈteirɐ]; bilheteria [biʎeteˈriɐ] *(Bras)*
kaufen comprar [kõˈprar]
Kaufhaus o grande armazém [u ˈgrɐ̃nd‿armɐˈzɐ̃i]
Kaugummi pastilha elástica [pɐˈʃtiʎ‿iˈlaʃtikɐ]
Kaution a caução [ɐ kauˈsɐ̃u]
Kehrschaufel a pá [ɐ pa]
kein nenhum [nəˈɲũ]
Kellner(in) empregado, empregada [ẽprəˈgadu, ẽprəˈgadɐ]; o garçom, a garçonete [u garˈsõ, a garsoˈnɛti] *(Bras)*
kennen conhecer [kuɲəˈser]; **kennen lernen** conhecer [kuɲəˈser]
Kette a corrente [ɐ kuˈʀẽntə]
Kette o colar [u kuˈlar]; *(fein)* fio [ˈfiu]
Kilogramm o quilograma [u kiluˈgrɐmɐ]; quilo [ˈkilu]

DEUTSCH - PORTUGIESISCH

WÖRTERBUCH

Kilometer quilómetro (ô) [ki'lɔmətru]
Kind criança [krj'ẽsɐ]
Kinderbetreuung o babysitting [u 'beibi'sitiŋ]
Kinderbett cama de criança ['kɐmɐ də krj'ẽsɐ]
Kinderfahrkarte meio-bilhete ['meju bə'ʎetə]
Kinderkrankheit doença infantil ['dwẽs‿ĩfẽ'til]
Kindersitz assento para criança [ɐ'sẽtu 'pɐrɐ krj'ẽsɐ]; *(fürs Auto)* assento de automóvel para criança [ɐ'sẽtu d‿autu'mɔvɛl 'pɐrɐ krj'ẽsɐ]
Kinderteller prato de criança ['pratu də krj'ẽsɐ]
Kino o cinema [u si'nemɐ]
kitschig piroso [pi'rosu]
Klasse a classe [ɐ 'klasə]
Kleid vestido [vəʃ'tidu]
Kleiderbügel cruzeta [kru'zetɐ]
Kleidung roupa ['ʀopɐ]
klein pequeno [pə'kenu]
Kleingeld dinheiro miúdo [də'ɲeiru 'mjudu]; os miúdos [uʒ 'mjuduʃ]; *(Wechselgeld)* troco ['troku]
Klima o clima [u 'klimɐ]
Klimaanlage o ar condicionado [u ar kõndəsju'nadu]
Knochen osso ['osu]
Knochenbruch fratura [fra'turɐ]
Knopf o botão [u bu'tɐ̃u]
Koch cozinheiro [kuzə'ɲeiru]
kochen *(Essen zubereiten)* cozinhar [kuzə'ɲar]; *(Wasser)* ferver [fər'ver]
Kocher o fogão [u fu'gɐ̃u]
Koffer mala ['malɐ]
Kofferraum mala do carro ['malɐ du 'kaʀu]
kommen vir [vir]
können poder [pu'der]; *(gelernt haben)* saber [sɐ'ber]
Konsulat consulado [kɔ̃su'ladu]
Konto conta ['kõtɐ]
Kontrolleur o revisor [u ʀəvi'zor]
Konzert concerto [kõ'sertu]
Kopfhörer o auscultador [u auʃkultɐ'dor]
Kopfschmerzen as dores de cabeça [ɐʒ dorəʒ də kɐ'besɐ]
Kopfschmerztabletten os comprimidos para a dor de cabeça [uʃ kõpri'miduʃ 'pɐra dor də kɐ'besɐ]
Korkenzieher o saca-rolhas [u 'sakɐ'ʀoʎɐʃ]
Körper corpo ['korpu]
kosten custar [kuʃ'tar]
kostenlos gratuito [grɐ'tuitu]
krank doente ['dwẽtə]
Krankenhaus o hospital [u ɔʃpi'tal]
Krankenkasse Caixa de Seguro de Doença ['kaiʃɐ də sə'guru də 'dwẽsɐ]
Krankenschwester enfermeira [ẽfər'meirɐ]
Krankheit doença ['dwẽsɐ]
Kräuter as ervas aromáticas [az‿ɛrvɐz‿ɐru'matikɐʃ]
Krebs cancro ['kɐ̃ŋkru]; o câncer [u 'kɐ̃sɛr] *(Bras)*
Kreditkarte o cartão de crédito [u kɐr'tɐ̃u də 'krɛditu]
Kreislaufstörung a perturbação circulatória [ɐ pərturbɐ'sɐ̃u sirkulɐ'tɔrjɐ]
Kreuzfahrt cruzeiro [kru'zeiru]
Kreuzung cruzamento [kruzɐ'mẽtu]
Kuchen bolo ['bolu]
Kugelschreiber esferográfica [ʃfɛrɔ'grafikɐ]
kühl fresco ['freʃku]

Kühler o radiador [u ʀɐdjɐ'dor]
Kühlschrank frigorífico [frigu'rifiku]; geladeira [ʒela'derɐ] *(Bras)*
Kühltasche mala térmica ['malɐ 'tɛrmikɐ]
Kühlwasser água de refrigeração ['agwɐ də ʀəfriʒərɐ'sɐ̃u]
Kunde, Kundin o/a cliente [u/ɐ kli'ẽntə]
Kunst a arte [ɐ 'artə]
Kunsthändler o comerciante de objetos de arte [u kumərsi'ẽntə d‿ɔb'ʒɛtuʃ d‿'artə]
Kupplung a embraiagem [ɐ ẽbrɐ'jaʒɐ̃i]
Kurve curva ['kurvɐ]
kurz *(räumlich)* curto ['kurtu]; *(kurzgefasst)* breve ['brɛvə]
kurzfristig a curto prazo [ɐ 'kurtu 'prazu]
kürzlich recentemente [ʀəsẽtə'mẽtə]
Küste costa ['kɔʃtɐ]

L

lachen rir [ʀir]
Ladegerät o carregador de baterias [u kɐʀəgɐ'dor də betə'riɐʃ]
Ladekabel cabo de carregamento ['kabu də kɐʀəgɐ'mẽtu]
Lammfleisch a carne de borrego [ɐ 'karnə də bu'ʀegu]
Lampe candeeiro [kẽ'djeiru]
Land o país [u pɐ'iʃ]; *(Gegensatz zu Wasser)* terra ['tɛʀɐ]
Landausflug a excursão a terra [ɐ ʃkur'sɐ̃u ɐ 'tɛʀɐ]
Landkarte o mapa [u 'mapɐ]
Landstraße estrada ['ʃtradɐ]
Landung a aterragem [a‿tə'ʀaʒɐ̃i]; a aterrissagem [a‿ateʀi'saʒɐ̃i] *(Bras)*
lang comprido [kõ'pridu]
langsam *(als Adjektiv)* lento ['lẽtu]; *(als Adverb)* devagar [dəvɐ'gar]
langweilig aborrecido [ɐbuʀə'sidu]
Laptop o portátil [u pur'tatil]
laufen correr [ku'ʀer]
laut alto ['altu]
Leben vida ['vidɐ]
leben viver [vi'ver]
Lebensmittelgeschäft mercearia [mərsjɐ'riɐ]
Lebensmittelvergiftung a intoxicação alimentar [ɐ ĩtɔksikɐ'sɐ̃u ɐlimẽ'tar]
Leber fígado ['figɐdu]
lecker delicioso [dəli'sjozu]
ledig solteiro [sol'teiru]
leer vazio [vɐ'ziu]
Leerlauf ponto morto ['põtu 'mortu]
Leerung recolha [ʀə'koʎɐ]
legen pôr [por]
leicht *(einfach)* fácil ['fasil]; *(Gewicht)* leve ['lɛvə]
leider infelizmente [ĩnfəliʒ'mẽtə]
leihen *(jemandem)* emprestar [ẽprəʃ'tar]; *(von jemandem)* pedir emprestado [pə'dir‿ẽprəʃ'tadu]
leise baixo ['baiʃu]
Leistenbruch hérnia inguinal ['ɛrnjɐ ĩgi'nal]
lernen aprender [ɐprẽ'der]
lesen ler [ler]
letzte(r, -s) último ['ultimu]; última ['ultimɐ]
Leute a gente [ɐ 'ʒẽtə]
Licht a luz [ɐ luʃ]
Lichtmaschine o alternador [altərnɐ'dor]; dínamo ['dinɐmu]
Lichtschutzfaktor o fator de proteção solar [u fa'tor də prutɛ'sɐ̃u su'lar]
liegen *(sich befinden)* encontrar-se [ẽkõ'trarsə];

WÖRTERBUCH DEUTSCH - PORTUGIESISCH

(ausgestreckt sein) estar deitado [ʃtar dei'tadu]
Liegewagenplatz o lugar no vagão-cama [u lu'gar nu va'gẽu 'keme]
linke(r, -s) esquerdo ['ʃkerdu]; esquerda ['ʃkerde]
links à esquerda [a 'ʃkerde]
Linse a lente [a 'lẽtə]
Loch buraco [bu'raku]
Löffel a colher [ɐ ku'ʎɛr]
Loge o camarote [u kemɐ'rɔtə]
Lorbeer louro ['loru]
Luft o ar [u ar]
Luftpumpe bomba de ar ['bõbɐ d‿ar]
Lunge o pulmão [u pul'mẽu]
Lungenentzündung pneumonia [pneumu'niɐ]
lustig alegre [ɐ'lɛgrə]; *(erheiternd)* divertido [divər'tidu]

M

machen *(herstellen)* fazer [fɐ'zer]
Mädchen menina [mə'ninɐ]; moça ['mosɐ] *(Bras)*
Magen estômago ['ʃtomɐgu]
Magenschmerzen as dores de estômago [ɐʒ dorəʒ də 'ʃtomɐgu]
mager magro ['magru]
Mai maio ['maju]
manchmal às vezes [aʒ 'vezəʃ]
Mandelentzündung a amigdalite [ɐ‿amigdɐ'litə]
Mandeln *(Frucht)* as amêndoas [ɐz‿ɐ'mẽdwɐʃ]; *(Körper)* as amígdalas [ɐz‿ɐ'migdɐlɐʃ]
Mantel *(Damenmantel)* casaco comprido [kɐ'zaku kõm'pridu]; *(Herrenmantel)* sobretudo [sobrə'tudu]
Mantel *(Reifen)* o pneu [u pneu]
Markt mercado [mər'kadu]
Marmelade o doce [u 'dosə]; *(Quitten)* marmelada [mɐrmɐ'lada]
März março ['marsu]
Matratze o colchão [u kol'ʃẽu]
Maut a portagem [ɐ pur'taʒẽi]
Medikament medicamento [mədikɐ'mẽtu]
Mehl farinha [fɐ'riɲɐ]
mehr mais [maiʃ]; **mehr als** mais (do) que [maiʃ (du) kə]
mein meu [meu]; minha ['miɲɐ]
meinen achar [ɐ'ʃar]
meinetwegen por mim [pur mĩ]
Meinung a opinião [ɐ opə'njẽu]
Memorystick o pen drive [u pẽn'draivə]
Mensch o homem [u 'ɔmẽi]; o ser humano [u ser u'menu]
Menü ementa [i'mẽtɐ]; o menu [u me'nju]
Messer faca ['fakɐ]
Meter metro ['mɛtru]
Metzgerei talho ['taʎu]; o açougue [u a'soɡi] *(Bras)*
mich me [mə]; mim [mĩ]
mieten alugar [ɐlu'gar]
Migräne enxaqueca [ẽʃɐ'kɛkɐ]
Milch o leite [u 'leitə]
Mineralwasser água mineral ['agwɐ minə'ral]
mir me [mə]; mim [mĩ]
Mitbringsel lembrança [lẽ'brẽsɐ]
mitnehmen levar [lə'var]
Mittag o meio-dia [u 'meju 'diɐ]
Mittagessen almoço [al'mosu]
mittags ao meio-dia [ɐu 'meju 'diɐ]

DEUTSCH - PORTUGIESISCH
WÖRTERBUCH

Mitte meio ['meju]
Mittelohrentzündung a otite [ɐ ɔ'titə]
Mittwoch quarta-feira ['kwartɐ 'feirɐ]
Modeschmuck bijutaria [biʒutɐ'riɐ]; bijuteria [biʒute'riɐ] *(Bras)*
möglich possível [pu'sivɛl]
Monat o mês [u meʃ]
Montag segunda-feira [sə'gũdɐ 'feirɐ]
Morgen a manhã [ɐ mɐ'ɲɐ̃]
morgen amanhã [amɐ'ɲɐ̃]
Motel o motel [u mo'tɛl]
Motor o motor [u mu'tor]
MP3-Player o leitor de MP3 [u lei'tor də 'ɛmə pe treʃ]
Mücke mosquito [muʃ'kitu]
Mückenschutz o protetor contra insetos [u prutɛ'tor 'kõtrɐ ĩn'sɛtuʃ]
Mullbinde a gaze [ɐ 'gazə]
Mund boca ['bokɐ]
Münze moeda ['mwɛdɐ]
Museum o museu [u mu'zeu]
Muskatnuss a noz-moscada [ɐ nɔʒ muʃ'kadɐ]
Muskel músculo ['muʃkulu]
Müsli o muesli [u 'musli]
Mutter a mãe [ɐ mɐ̃i]

N

nach para ['pɐrɐ]
nach *(zeitlich)* depois de [də'poiʒ də]; **nach Portugal** a/para Portugal [ɐ/'pɐrɐ purtu'gal]
Nachbar(in) vizinho, vizinha [və'ziɲu, və'ziɲɐ]
Nachmittag a tarde [ɐ 'tardə]
nachmittags de tarde [də 'tardə]
Nachricht notícia [nu'tisjɐ]
Nachsaison a estação baixa [ɐ ʃtɐ'sɐ̃u 'baiʃɐ]
nächste(r, -s) próximo, próxima ['prɔsimu, 'prɔsimɐ]
Nacht a noite [ɐ 'noitə]
nachts de noite [də 'noitə]
nackt nu [nu]
Nadel agulha [ɐ'guʎɐ]
nah perto ['pɛrtu]
nähen coser [ku'zer]; dar pontos [dar 'põtuʃ]
Name o nome [u 'nomə]
Narkose anestesia [ɐnəʃtə'ziɐ]
Nase o nariz [u nɐ'riʃ]
nass molhado [mu'ʎadu]; *(durchnässt)* encharcado [ẽʃɐr'kadu]
Naturschutzgebiet reserva natural [ʀə'zɛrvɐ nɐtu'ral]
Navigationsgerät GPS [ʒepe'ɛsə]
Nebel nevoeiro [nə'vweiru]
neben junto de ['ʒũtu də]; ao lado de [ɐu 'ladu də]
Nebenstraße rua lateral ['ʀuɐ lɐtə'ral]
nett simpático [sĩ'patiku]
Netz a rede [ɐ 'ʀedə]
neu novo ['novu]
nicht não [nɐ̃u]; **gar nicht** de maneira nenhuma [də mɐ'neirɐ nə'ɲumɐ]
nichts nada ['nadɐ]
nie nunca ['nũkɐ]
nieder baixo ['baiʃu]
niedrig baixo ['baiʃu]
niemand ninguém [nĩ'gɐ̃i]
Niere o rim [u ʀĩ]
niesen espirrar [ʃpi'ʀar]
nirgends em parte nenhuma [ɐ̃i' partə nə'ɲumɐ]
noch ainda [ɐ'ĩdɐ]; **noch nicht** ainda não [ɐ'ĩdɐ nɐ̃u]
Norden o norte [u 'nɔrtə]
nördlich von ao norte de [ɐu 'nɔrtə də]
Notausgang saída de emergência [sɐ'idɐ d͜imər'ʒẽsjɐ]
Notebook o notebook [u notə'buk]; agenda eletrónica de bolso [ɐ'ʒẽnd͜ilɛ'trɔnikɐ də 'bolsu]

Notfall emergência [imər'ʒẽsjɐ]
Notrufsäule o poste avisador de SOS [u 'pɔʃtə ɐvizɐ'dor də ɛs ɔ ɛs]
November novembro [nu'vẽbru]
Nudeln massa ['masɐ]
Nummer número ['numəru]
Nummernschild placa de matrícula ['plakɐ də mɐ'trikulɐ]
nur só [sɔ]

O

ob se [sə]
oben em cima [ɐ̃i 'simɐ]
Ober empregado [ẽprə'gadu]
Objektiv objetiva [obʒɛ'tivɐ]
Obst fruta ['frutɐ]
obwohl embora [ẽ'bɔrɐ]
oder ou [o]
offen aberto [ɐ'bɛrtu]
öffnen abrir [ɐ'brir]
oft muitas vezes ['mũitɐʒ 'vezəʃ]
ohne sem [sɐ̃i]
Ohrringe os brincos [uʒ 'brĩŋkuʃ]
Oktober outubro [o'tubru]
Öl óleo ['ɔlju]
Olivenöl o azeite [u ɐ'zeitə]
Ölwechsel mudança de óleo [mu'dɐ̃sɐ d‿'ɔlju]
Oper ópera ['ɔpərɐ]
Operation a operação [ɐ opərɐ'sɐ̃u]
Optiker o oculista [u ɔku'liʃtɐ]
orange cor-de-laranja [kor də lɐ'rɐ̃ʒɐ]
Orangensaft sumo de laranja ['sumu də lɐ'rɐ̃ʒɐ]; suco de laranja ['suku də lɐ'rɐ̃ʒɐ] *(Bras)*
Orchester orquestra [or'kɛʃtrɐ]
Ortsgespräch chamada local [ʃɐ'madɐ lu'kal]
Osten o leste [u 'lɛʃtə]
Österreich Áustria ['auʃtrjɐ]
Österreicher(in) austríaco [auʃ'triɐku]; austríaca [auʃ'triɐkɐ]
östlich von a leste de [ɐ 'lɛʃtə də]

P

Paar o par [u par]
Päckchen encomenda postal pequena [ẽku'mẽdɐ puʃ'tal pə'kenɐ]
Paket encomenda postal [ẽku'mẽdɐ puʃ'tal]
Panne avaria [ɐvɐ'riɐ]
Pannenhilfe posto de socorros ['poʃtu də su'kɔʀuʃ]
Papier o papel [u pɐ'pɛl]
Papiere os documentos [uʒ duku'mẽtuʃ]
Papiertaschentücher os lenços de papel [uʒ 'lẽsuʒ də pɐ'pɛl]
Paprika o colorau [u kulu'rau]
parken estacionar [ʃtɐsju'nar]
Parkplatz o parque de estacionamento [u 'parkə də‿ʃtɐsjunɐ'mẽtu]
Pass *(Ausweis)* o passaporte [u pasɐ'pɔrtə]; *(Gebirgs~)* desfiladeiro [dəʃfilɐ'deiru]
Passagier passageiro [pɐsɐ'ʒeiru]
Passkontrolle o controle de passaportes [u kõ'trolə də pasɐ'pɔrtəʃ]
Pauschalpreis preço total ['presu tu'tal]
Pause intervalo [ĩtər'valu]
Pension a pensão [ɐ pẽ'sɐ̃u]
Person pessoa [pə'soɐ]
Personalausweis o bilhete de identidade [u bə'ʎetə d‿idẽti'dadə]; a carteira de identidade [a kar'terɐ d‿idẽnti'dadə] *(Bras)*
Petersilie salsa ['salsɐ]

Pfanne frigideira [friʒi'deirɐ]
Pfeffer pimenta [pi'mẽtɐ]
Pflaster adesivo [ɐdə'zivu]
Pilot(in) piloto [pi'lotu]
Pilz *(Essen)* cogumelo [kugu'mɛlu]; *(Krankheit)* fungo [fũgu]
Plastikbeutel saquinho de plástico [sɐ'kiɲu də plaʃtiku]
Platten furo ['furu]
Platz *(in der Stadt)* praça ['prasɐ]; *(Raum, Sitz)* o lugar [u lu'gar]
Polizei polícia [pu'lisjɐ]
Portion a dose [ɐ 'dɔzə]
Porto o porte [u 'pɔrtə]; franquia [frɐ̃'kiɐ]
Portugal Portugal [purtu'gal]
Portugiese, Portugiesin, o português, a portuguesa [u purtu'geʃ, ɐ purtu'gezɐ]
portugiesisch português [purtu'geʃ]
Postamt correio [ku'ʀeju]
Postkarte o postal [u puʃ'tal]
Postleitzahl código postal ['kɔdigu puʃ'tal]
praktisch prático ['pratiku]
Preis preço ['presu]
Problem o problema [u pru'blemɐ]
Programm o programa [u pru'gremɐ]
Programmheft o programa [u pru'gremɐ]
Pullover camisola [kɐmi'zɔlɐ]; o pulôver [u pu'lovɛr]
Puls pulso ['pulsu]
pünktlich pontual [põ'twal]
putzen limpar [lĩ'par]

Q

Quadratmeter metro quadrado ['mɛtru kwa'dradu]
Qualität a qualidade [ɐ kwɐli'dadə]
Quark o requeijão [u rəkei'ʒɐ̃u]
Quittung recibo [ʀə'sibu]

R

Rad roda ['ʀɔdɐ]
Rad fahren andar de bicicleta [ɐ̃n'dar də bisi'klɛtɐ]
Radarkontrolle velocidade controlada por radar [vəlusi'dadə kõtru'ladɐ pur ʀa'dar]
Rasierklingen lâmina de barba ['lɐminɐ də 'barbɐ]
Rasierpinsel o pincel de barba [u pĩ'sɛl də 'barbɐ]
Rastplatz área de repouso ['arjɐ də ʀə'pozu]
Raststätte área de serviço ['arjɐ də sər'visu]
rauchen fumar [fu'mar]
Raucher o fumador [u fumɐ'dor]
Rechnung fatura [fa'turɐ]; *(im Restaurant, etc.)* conta ['kõtɐ]
rechte(r, -s) *(als Adjektiv)* direito [di'reitu]; direita [di'reitɐ]
rechts à direita [a di'reitɐ]
Rechtsanwalt, -anwältin, advogado, advogada [ɐdvu'gadu, ɐdvu'gadɐ]
rechtzeitig *(als Adverb)* a tempo [ɐ 'tẽpu]
reden falar [fɐ'lar]
regelmäßig *(als Adjektiv)* regular [ʀəgu'lar]; *(als Adverb)* regularmente [ʀəgular'mẽtə]
Regen chuva ['ʃuvɐ]
Reifen o pneu [u pneu]
reinigen limpar [lĩ'par]
Reinigung limpeza a seco e lavandaria [lĩ'pez‿ a 'seku i lɐvɐ̃dɐ'rjɐ]
Reis o arroz [u ɐ'ʀoʃ]
Reise a viagem [ɐ 'vjaʒɐ̃i]

Reisebüro agência de viagens [ɐˈʒẽsjɐ də viˈaʒɐ̃iʃ]
Reiseführer o guia turístico [u ˈgiɐ tuˈriʃtiku]
reisen viajar [vjɐˈʒar]
Reisetasche saco de viagem [ˈsaku də ˈvjaʒɐ̃i]
reparieren reparar [ʀəpɐˈrar]
reservieren reservar [ʀəzərˈvar]
Reservierung reserva [ʀəˈzɛrvɐ]
Restaurant o restaurante [u ʀəʃtauˈrɐ̃tə]
Rettungsring boia salva-vidas [ˈbɔjɐˈsalvɐ ˈvidɐʃ]
Rezeption a receção [ɐ ʀəsɛˈsɐ̃u]
R-Gespräch chamada a pagar no destino [ʃɐˈmad‿a pɐˈgar nu dəʃˈtinu]
Rheuma reumatismo [ʀeumɐˈtiʃmu]
Richter(in) o juiz, a juíza [u ʒuˈiʃ, ɐ ʒuˈizɐ]
richtig certo [ˈsɛrtu]
Richtung a direção [ɐ dirɛˈsɐ̃u]
riechen cheirar [ʃeiˈrar]
Ring o anel [u ɐˈnɛl]
Rock *(Musik)* o rock [u ʀɔk]
Rock *(Kleidung)* saia [ˈsajɐ]
roh cru [kru]
Rollstuhl cadeira de rodas [kɐˈdeirɐ də ˈrɔdɐʃ]
Rollstuhlfahrer(in) pessoa em cadeira de rodas [pəˈsoɐ ɐ̃i kɐˈdeirɐ də ˈrɔdɐʃ]
rollstuhlgerecht equipado para cadeira de rodas [ikiˈpadu ˈpɐrɐ kɐˈdeirɐ də ˈrɔdɐʃ]
röntgen radiografar [ʀadjugrɐˈfar]
Röntgenaufnahme radiografia [ʀadjugrɐˈfiɐ]
rosa cor-de-rosa [kor də ˈʀɔzɐ]
Rosé vinho rosé [ˈviɲu roˈze]
rot vermelho [vərˈmeʎu]; encarnado [ẽkɐrˈnadu]
Röteln rubéola [ʀuˈbɛulɐ]
Rotwein vinho tinto [ˈviɲu ˈtĩtu]
Rückenschmerzen as dores nas costas [ɐʒ ˈdorəʒ nɐʃ ˈkɔʃtɐʃ]
Rückfahrkarte o bilhete de ida e volta [u bəˈʎetə d‿idɐ i ˈvɔltɐ]
Rücklicht as luzes traseiras [ɐʒ ˈluzəʃ trɐˈzeirɐʃ]
Rucksack mochila [muˈʃilɐ]
rückwärts para trás [ˈpɐrɐ traʃ]
Rückwärtsgang marcha-atrás [ˈmarʃ‿aˈtraʃ]; marcha à ré [ˈmarʃ‿a ʀɛ] *(Bras.)*
rund redondo [ʀəˈdõdu]
Rundfahrt volta [ˈvɔltɐ]; a excursão [ɐ ʃkurˈsɐ̃u]

S

Saal sala [ˈsalɐ]
Sache coisa [ˈkoizɐ]
Safe o cofre [u ˈkɔfrə]
Safran o açafrão [u ɐsɐˈfrɐ̃u]
saftig suculento [sukuˈlẽtu]
sagen dizer [diˈzer]
Sahne as natas [ɐʒ ˈnatɐʃ]
Saison a estação [ɐ ʃtɐˈsɐ̃u]
Salami o salame [u sɐˈlɐmə]
Salat salada [sɐˈladɐ]
Salbe pomada [puˈmadɐ]
Salbei salva [ˈsalvɐ]
Salmonellen as salmonelas [ɐʃ salmuˈnɛlɐʃ]
Salz o sal [u sal]
Salzstreuer saleiro [səˈleiru]
sammeln colecionar [kulɛsjuˈnar]
Samstag sábado [ˈsabɐdu]
Sandalen as sandálias [ɐʃ sɐ̃ˈdaljɐʃ]
sauer ácido [ˈasidu]
Sauger tetina [təˈtinɐ]
S-Bahn comboio (o trem) rápido suburbano [kõˈbɔju (u trɐ̃i) ˈʀapidu suburˈbɐnu]

Schaden dano [ˈdɐnu]; prejuízo [prəˈʒwizu]
Schaffner(in) o revisor, a revisora [u ʀəviˈzor, ɐ ʀəviˈzorɐ]
Schal o cachecol [u kaʃəˈkɔl]
scharf picante [piˈkẽntə]
Scheibe fatia [fɐˈtiɐ]
Scheibenwischer o limpa-para-brisas [u ˈlĩpɐ ˈparɐ ˈbrizɐʃ]
Scheinwerfer o farol [u fɐˈrɔl]
Schere tesoura [təˈzorɐ]
schicken mandar [mɐ̃ˈdar]
Schiene tala [ˈtalɐ]
Schirm o guarda-chuva [u ˈgwardɐ ˈʃuvɐ]
Schlafcouch o sofá-cama [u soˈfa ˈkɐmɐ]
schlafen dormir [durˈmir]
Schlaflosigkeit insónia (ô) [ĩˈsɔnjɐ]
Schlaftabletten os soníferos [uʃ suˈniførɯʃ]
Schlaganfall (o ataque de) apoplexia [(u ɐˈtakə d‿) ɐpopleˈksiɐ]
schlecht *(als Adjektiv)* mau [mau]; *(als Adverb)* mal [mal]
Schlüssel a chave [ɐ ˈʃavə]
schmecken saber [sɐˈber]
Schmerzen as dores [ɐʒ ˈdorəʃ]
Schmerztabletten os comprimidos contra as dores [uʃ kõpriˈmiduʃ ˈkõtr‿aʒ ˈdorəʃ]
Schmuck as joias [ɐʃ ˈʒɔjɐʃ]
Schmuggel contrabando [kõtrɐˈbɐ̃du]
Schneebesen o batedor de claras [u bətəˈdor də ˈklarɐʃ]
Schneidebrett tábua para cortar [ˈtabuɐ ˈpɐrɐ kurˈtar]
schnell *(als Adjektiv)* rápido [ˈʀapidu]; *(als Adverb)* depressa [dəˈprɛsɐ]
Schnellstraße via rápida [ˈviɐ ˈʀapidɐ]; IP (itinerário principal) [iˈpe (itənəˈrarju prĩsiˈpal)]
Schnitzerei obra de talha [ˈɔbrɐ də ˈtaʎɐ]
Schnuller chupeta [ʃuˈpetɐ]
Schnürsenkel os atacadores [uz‿ɐtɐkɐˈdorəʃ]
Schokolade o chocolate [u ʃukuˈlatə]
schon já [ʒa]
schön lindo [ˈlĩdu]
Schonkost dieta [ˈdjɛtɐ]
Schöpfkelle concha [ˈkõʃɐ]
Schrank armário [ɐrˈmarju]
schreiben escrever [ʃkrəˈver]
schriftlich por escrito [pur ˈʃkritu]
Schuh sapato [sɐˈpatu]
Schuhgeschäft sapataria [sɐpɐtɐˈriɐ]
Schuld culpa [ˈkulpɐ]; *(Geld)* dívida [ˈdividɐ]
Schule escola [ˈʃkɔlɐ]
Schüssel prato [ˈpratu]; travessa [trɐˈvɛsɐ]
Schüttelfrost os calafrios [uʃ kɐlɐˈfriuʃ]
Schwangerschaft a gravidez [ɐ grɐviˈdeʃ]
schwarz preto [ˈpretu]; negro [ˈnegru]
Schweinefleisch a carne de porco [ɐ ˈkarnə də ˈporku]
Schweiz Suíça [ˈswisɐ]
Schweizer Franken franco suíço [ˈfrɐ̃ku ˈswisu]
Schweizer(in) suíço, suíça [ˈswisu, ˈswisɐ]
Schwester a irmã [ɐ irˈmɐ̃]
schwierig difícil [diˈfisil]
schwimmen nadar [nɐˈdar]
Schwimmweste o colete de salvação [u kuˈletə də salvɐˈsɐ̃u]
schwitzen suar [swar]
schwül abafado [ɐbɐˈfadu]
See *(Meer)* o mar [u mar]; *(Binnengewässer)* lago [ˈlagu]

Seegang a ondulação [ɐ õdulɐˈsɐ̃u]
seekrank sein estar enjoado [ʃtar ẽˈʒwadu]
segeln velejar [vələˈʒar]
sehbehindert deficiente visual [dəfəsiˈẽtə vizuˈal]
sehen ver [ver]
sehr muito [ˈmũitu]
Seife o sabonete [u sɐbuˈnetə]
sein *(als Verb)* ser [ser]; *(sich befinden)* estar [ʃtar]
sein *(als Possessivpronomen)* seu [seu]; sua [ˈsuɐ]
seit *(als Präposition)* desde [ˈdeʒdə]; *(als Konjunktion)* desde que [ˈdeʒdə kə]
selten *(als Adjektiv)* raro [ˈʀaru]; *(als Adverb)* raramente [ʀarɐˈmẽtə]
Senf mostarda [muʃˈtardɐ]
September setembro [səˈtẽbru]
Serviette guardanapo [gwɐrdɐˈnapu]
sexuelle Belästigung assédio sexual [ɐˈsɛdju sɛksuˈal]
Shampoo o champô [u ʃɐ̃ˈpo]; o champu [u ʃɐ̃ˈpu] *(Bras)*, xampu [u ʃɐ̃ˈpu] *(Bras)*
Shorts o calção [u kalˈsɐ̃u]
sicher *(als Adjektiv)* seguro [səˈguru]; *(als Adverb)* com certeza [kõ sərˈtezɐ]
Sicherheitsgebühr taxa de segurança [ˈtaʃɐ də səguˈrɐ̃sɐ]
Sicherheitsgurt cinto de segurança [ˈsĩntu də səguˈrɐ̃sɐ]
Sicherheitskontrolle o controle de segurança [u kõˈtrɔlə də səguˈrɐ̃sɐ]
Sicherheitsnadel o alfinete de segurança [u alfiˈnetə də səguˈrɐ̃sɐ]
sie *(als Personalpronomen: Singular f)* ela [ˈɛlɐ]; *(als Personalpronomen: Plural m)* eles [ˈeləʃ]; *(als Personalpronomen: Plural f)* elas [ˈɛlɐʃ]
Sie *(als Personalpronomen)* você/vocês [vɔˈse/vɔˈseʃ]; o senhor/a senhora/os senhores/as senhoras [u səˈɲor/ɐ səˈɲorɐ/uʃ səˈɲorəʃ/ɐʃ səˈɲorɐʃ]
singen cantar [kɐ̃nˈtar]
Smartphone o smartphone [u smartˈfonə]
Sonnenhut o chapéu para o sol [u ʃɐˈpɛu ˈpɐrɐ u sɔl]
Sonnenöl óleo solar [ˈɔlju suˈlar]
Sonnenstich a insolação [ɐ ĩsulɐˈsɐ̃u]
Sonntag domingo [duˈmĩgu]
Spanien Espanha [ˈʃpɐɲɐ]
Spanier(in) o espanhol [u ʃpɐˈɲɔl]; a espanhola [ɐ ʃpɐˈɲɔlɐ]
spanisch espanhol [ʃpɐˈɲɔl]
spät tarde [ˈtardə]
später *(als Adjektiv)* posterior [puʃtəˈrjor]; *(als Adverb)* mais tarde [maiʃ ˈtardə]
Speicherkarte o cartão de memória [u kɐrˈtɐ̃u də məˈmɔrjɐ]
Speisekarte lista [ˈliʃtɐ]; ementa [iˈmẽtɐ]; cardápio [karˈdapju] *(Bras)*
Speiseröhre esófago [iˈzɔfɐgu]
Speisesaal sala de jantar [ˈsalɐ də ʒɐ̃nˈtar]
Speisewagen o vagão-restaurante [u vaˈgɐ̃u ʀəʃtauˈrɐ̃tə]
Spezialität a especialidade [ɐ ʃpəsjɐliˈdadə]
Spiegel espelho [ˈʃpɐʎu]
Spielplan o programa da temporada [u pruˈgrɐmɐ dɐ tẽpuˈradɐ]
Spirituosengeschäft loja de bebidas alcoólicas [ˈlɔʒɐ də bəˈbidɐz alˈkwɔlikɐʃ]
Sport desporto [dəʃˈportu]; esporte [isˈpɔrti] *(Bras)*
Sprache língua [ˈlĩgwɐ]

sprechen falar [fɐˈlar]
Sprechstunde (as horas de) consulta [(ɐz ˈɔrɐʃ də) kõˈsultɐ]
Spritze a injeção [ɐ ĩʒɛˈsɐ̃u]
Spülbürste escova para a louça [ˈʃkove ˈper‿a ˈlose]
Spülmittel o detergente para a louça [u dətərˈʒẽtə ˈper‿a ˈlose]
Staatsangehörigkeit a nacionalidade [ɐ nɐsjunɐliˈdadə]
stornieren *(Zimmer)* anular a reserva [ɐnuˈlar‿ɐ ʀəˈzɛrvɐ]; *(Fahr-, Flugkarten)* cancelar [kɐ̃səˈlar]
Stoßstange o para-choques [u ˈparɐ ˈʃɔkəʃ]
Strand praia [ˈprajɐ]
Strandschuhe os sapatos de praia [uʃ sɐˈpatuʒ də ˈprajɐ]
Straße rua [ˈʀuɐ]; *(Landstraße)* estrada [ˈʃtradɐ]
Straßenbahn elétrico [iˈlɛtriku]; o bonde [u ˈbõndi] *(Bras)*
Straßenkarte o mapa das estradas [u ˈmapɐ dɐʃ‿ˈʃˈtradɐʃ]
Streichholz fósforo [ˈfɔʃfuru]
Strohhalm palhinha [pɐˈʎiɲɐ]
Strom *(Fluss)* rio [ˈʀiu]; *(Elektrizität)* a corrente [ɐ kuˈʀẽtə]; a eletricidade [ɐ ilɛtrəsiˈdadə]
Strumpfhose os collants [uʃ ˈkɔlẽʃ]
Stück peça [ˈpɛsɐ]; bocado [buˈkadu]; **ein ~ Brot** um bocado de pão [ũm buˈkadu də pɐ̃u]
stufenloser Zugang acesso sem degraus [ɐˈsɛsu sɐ̃i dəˈgrauʃ]
Stuhl cadeira [kɐˈdeirɐ]
Stunde hora [ˈɔrɐ]; **eine halbe Stunde** meia hora [ˈmejɐ ˈɔrɐ]; **eine Viertelstunde** um quarto de hora [ũ ˈkwartu d‿ˈɔrɐ]
stündlich *(jede Stunde)* de hora a hora [d‿ˈɔr‿a ˈɔrɐ]; *(pro Stunde)* por hora [pur‿ˈɔrɐ]
Sturzhelm o capacete [u kɐpɐˈsetə]
suchen procurar [prokuˈrar]
Süden o sul [u sul]
südlich von ao sul de [ɐu sul də]
Supermarkt supermercado [supɛrmərˈkadu]
Suppe sopa [ˈsopɐ]
Suppenteller prato de sopa [ˈpratu də ˈsopɐ]
süß doce [ˈdosə]
Süßigkeiten os doces [uʒ ˈdosəʃ]
Süßstoff o adoçante [u ɐduˈsɐ̃tə]
Swimmingpool piscina [pəʃˈsinɐ]

T

Tabakladen tabacaria [tɐbɐkɐˈriɐ]
Tablette comprimido [kõpriˈmidu]
Tachometer o conta-quilómetros [u ˈkõtɐ kiˈlɔmətruʃ]
Tag o dia [u ˈdiɐ]
Tagesgericht prato do dia [ˈpratu du ˈdiɐ]
Tageskarte o bilhete diário [u bəˈʎetə diˈarju]
täglich *(jeden Tag)* todos os dias [ˈtoduz‿uʒ ˈdiɐʃ]; *(pro Tag)* por dia [pur ˈdiɐ]
tagsüber durante o dia [duˈrẽt‿u ˈdiɐ]
Tank depósito [dəˈpɔzitu]
Tasche saco [ˈsaku]
Taschendieb o carteirista [u kɐrteiˈriʃtɐ]
Taschenmesser o canivete [u kɐniˈvɛtə]
Tasse chávena [ˈʃavənɐ]; xícara [ˈʃikarɐ] *(Bras)*
Taststock bengala para cegos [bẽˈgalɐ pɐrɐ ˈsɛguʃ];

DEUTSCH - PORTUGIESISCH
WÖRTERBUCH

bengala para invisuais [bẽ'galɐ pɐrɐ ĩvizu'ajʃ]
taub surdo ['surdu]
tauchen mergulhar [mərgu'ʎar]
Taxistand praça de táxis ['prasɐ də'taksiʃ]
Tee o chá [u ʃa]
Teelöffel a colher de chá [ɐ ku'ʎɛr də ʃa]
Teilkasko seguro contra terceiros, roubo e incêndio [sə'guru 'kõtrɐ tər'seiruʃ 'ʀob͜ i ĩ'sẽdju]
Telefon o telefone [u tələ'fɔnə]
telefonieren telefonar [tələfu'nar]
Telefonkarte o cartão telefónico [u kɐr'tɐ̃u tələ'fɔniku]
Telefonnummer número de telefone ['numəru də tələ'fɔnə]
Telefonzelle cabina telefónica (ô) [ka'binɐ tələ'fɔnikɐ]
Teller prato ['pratu]
Terminal o terminal [u tərmi'nal]
teuer caro ['karu]
Theater teatro [tj'atru]
Theaterstück peça de teatro ['pɛsɐ də tj'atru]
Thermosflasche o termos [u 'tɛrmuʃ]
tief fundo ['fũdu]
Tier o animal [u ɐni'mal]
Tisch mesa ['mezɐ]
Toast torrada [tu'ʀadɐ]
Tochter filha ['fiʎɐ]
Toilette casa de banho ['kazɐ də 'bɐɲu]; banheiro [ba'ɲeru] *(Bras)*
Toilettenpapier o papel higiénico(ê) [u pɐ'pɛl͜ iʒj'ɛniku]
Topf tacho ['taʃu]
Töpferwaren os barros [uʒ 'baʀuʃ]
tragen levar [lə'var]; *(Kleidung)* usar [u'zar]
Tragödie tragédia [trɐ'ʒɛdjɐ]
Traum sonho ['soɲu]
traurig triste ['triʃtə]
treffen encontrar [ẽkõn'trar]
trinken beber [bə'ber]
Trinkflasche o biberão de água (ou chá) [u bibə'rɐ̃u d͜ 'agwɐ (o ʃa)]
Trinkgeld gorjeta [gur'ʒetɐ]
Trinkwasser água potável ['agwɐ pu'tavɛl]
trocken seco ['seku]
T-Shirt a T-shirt [ɐ ti ʃɛrt]
tun fazer [fɐ'zer]
Turnschuhe os ténis [uʃ 'tɛniʃ]; as sapatilhas [ɐʃ sɐpɐ'tiʎɐʃ]
typisch típico ['tipiku]

U

U-Bahn metropolitano [mətrupuli'tɐnu]; metro ['mɛtru]; o metrô [u me'tro] *(Bras)*
Übelkeit náusea ['nauzjɐ]; enjoo [ẽ'ʒou]
üben praticar [prɐti'kar]
über sobre ['sobrə]; por cima de [pur 'simɐ də]
überall por toda a parte [pur 'tod͜ a 'partə]
Überfall assalto [ɐ'saltu]; a agressão [a͜ agrə'sɐ̃u]
übermorgen depois de amanhã [də'poiʒ d͜ amɐ'ɲɐ̃]
übernachten pernoitar [pərnoi'tar]
Übernachtung dormida [dur'midɐ]; o pernoite [u per'noit͜] *(Bras)*
Überweisung transferência [trɐ̃ʃfə'rẽsjɐ]
um *(herum)* em volta de [ẽi 'vɔltɐ də]; *(Zeitangabe)* às/à/ao [aʃ/a/au]
um diese Zeit a esta hora [ɐ 'ɛʃtɐ 'ɔrɐ]
umbuchen mudar o voo [mu'dar͜ u 'vou]
umtauschen trocar [tru'kar]

umziehen; **sich ~** mudar de roupa [mu'dar də 'ʀɔpɐ]
unbedingt *(als Adverb)* absolutamente [ɐbsulutɐ'mẽtə]
und e [i]
unerträglich insuportável [ĩsupur'tavɛl]
Unfall o acidente [u ɐsi'dẽtə]
ungeeignet inadequado [inɐdə'kwadu]
uns nos [nuʃ]
unser(e) nosso ['nɔsu]; nossa ['nɔsɐ]
unten em baixo [ɐ̃i 'baiʃu]
unter debaixo de [də'baiʃu də]; *(zwischen)* entre ['ẽtrə]
unterbrechen interromper [ĩtəʀõ'per]
Unterkunft alojamento [ɐluʒɐ'mẽtu]
unterrichten *(informieren)* informar [ĩfur'mar]; *(Schule)* ensinar [ẽsi'nar]
Untersuchung o exame [u i'zɐmə]
Untersuchungshaft a prisão preventiva [ɐ pri'zɐ̃u prəvẽ'tivɐ]
Untertitel as legendas [ɐʒ lə'ʒẽdɐʃ]
Unterwasserkamera máquina fotográfica subaquática ['makinɐ futu'grafikɐ subɐ'qwatikɐ]
Urin urina [u'rinɐ]
Urlaub as férias [ɐʃ 'fɛrjɐʃ]

V

Vater o pai [u pai]
vegetarisch vegetariano [vəʒətɐ'rjɐnu]
Ventilator o ventilador [u vẽtilɐ'dor]; ventoinha [vẽ'tujɲɐ]
Verband penso ['pẽsu]; ligadura [ligɐ'durɐ]
Verbandskasten mala de primeiros socorros ['malɐ də pri'meiruʃ su'kɔʀuʃ]
verbinden fazer o penso [fɐ'zer u 'pẽsu]; ligar [li'gar]
Verbindung a relação [ɐ ʀəlɐ'sɐ̃u]; *(Zug; Telefon)* a ligação [ɐ ligɐ'sɐ̃u]
verboten proibido [prwi'bidu]
Verbrechen o crime [u 'krimə]
Verdauung a digestão [ɐ diʒəʃ'tɐ̃u]
Verdauungsstörung a indigestão [ɐ ĩdiʒəʃ'tɐ̃u]
vergessen esquecer(-se de) [ʃkɛ'ser(sə də)]
Vergewaltigung a violação [ɐ vjulɐ'sɐ̃u]
Vergiftung envenenamento [ẽvənənɐ'mẽtu]; a intoxicação [ɐ ĩtɔksikɐ'sɐ̃u]
verhaften prender [prẽ'der]
verheiratet casado [kɐ'zadu]
verlängern prolongar [prulõ'gar]
Verlängerungsschnur a extensão [ɐ ʃtẽ'sɐ̃u]
verletzen ferir [fə'rir]
Verletzung ferida [fə'ridɐ]
verlieren perder [pər'der]
vermieten alugar [ɐlu'gar]
verschreiben receitar [ʀəsei'tar]
Versicherung seguro [sə'guru]
Verspätung atraso [ɐ'trazu]
verstehen compreender [kõprjẽ'der]
verwitwet viúvo ['vjuvu]
viel muito ['mũitu]
Virus o vírus [u 'viruʃ]
Visum visto ['viʃtu]
Volksmusik música folclórica ['muzikɐ fɔl'klɔrikɐ]
Volksstück peça popular ['pɛsɐ pupu'lar]
voll cheio ['ʃeju] *(voll besetzt)* completo [kõ'plɛtu]; *(ganz)* total [tu'tal]

WÖRTERBUCH DEUTSCH - PORTUGIESISCH

Vollkasko seguro contra todos os riscos [sə'guru 'kõtrɐ 'toduz_uʃ 'ʀiʃkuʃ]
Vollkornbrot o pão integral [u pɐ̃u ĩtə'gral]
Vollpension a pensão completa [ɐ pẽ'sɐ̃u kõ'plɛtɐ]
von de [də]; *(Passiv)* por [pur]; **~ Zeit zu Zeit** de vez em quando [də vez_ɐ̃i 'kwɐ̃du]
vor *(räumlich)* diante de ['djɐ̃tə də]; *(zeitlich)* antes de ['ɐ̃təʒ də]; *(in der Vergangenheit)* há [a]; **~ zehn Minuten** há dez minutos [a dɛʒ mi'nutuʃ]
vorgestern anteontem [ɐ̃'tjõtɐ̃i]
vorher antes ['ɐ̃təʃ]
vorletzte(r, -s) penúltimo, penúltima [pə'nultimu, pə'nultimɐ]
Vormittag a manhã [ɐ mɐ'ɲɐ̃]
vormittags de manhã [də mɐ'ɲɐ̃]
vorn à frente [a 'frẽtə]
Vorname o nome de batismo [u 'nomə də ba'tiʒmu]
Vorsaison a estação baixa [ɐ ʃtɐ'sɐ̃u 'baiʃɐ]
Vorsicht; **~!** cuidado! [kui'dadu]
vorsichtig com cuidado [kõ kui'dadu]
Vorspeise entrada [ẽ'tradɐ]
Vorstellung espetáculo [ʃpɛ'takulu]; *(Theater)* a representação [ɐ ʀəprəzẽntɐ'sɐ̃u]; *(Kino)* a sessão [ɐ sə'sɐ̃u]
Vorverkauf venda antecipada ['vẽd_ɐ̃təsi'padɐ]
Vorwahlnummer indicativo [ĩdikɐ'tivu]; prefixo [pre'fiksu] *(Bras)*

W

wach acordado [ɐkur'dadu]
Wagenheber macaco [mɐ'kaku]
wählen escolher [ʃku'ʎer]; *(Telefon)* marcar [mɐr'kar]; discar [diʃ'kar] *(Bras)*
wahr verdadeiro [vərdɐ'deiru]
während *(als Präposition)* durante [du'rɐ̃ntə]; *(als Konjunktion)* enquanto [ẽ'kwɐ̃ntu]
wahrscheinlich *(als Adjektiv)* provável [pru'vavɛl]; *(als Adverb)* provavelmente [pruvavɛl'mẽtə]
Währung moeda ['mwɛdɐ]
Wald floresta [flu'rɛʃtɐ]; mata ['matɐ]
Wand a parede [ɐ pɐ'redə]
wandern fazer marchas [fɐ'zer 'marʃɐʃ]; caminhar [kɐmi'ɲar]
Wandern marcha ['marʃɐ]
warm quente ['kẽtə]; **~es Wasser** água quente ['agwɐ 'kẽtə]
Warndreieck triângulo [tri'ɐ̃gulu]
warten esperar [ʃpə'rar]
was (o) que [(u) kə]; **was für ein / eine ..?** que espécie de ...? [kə_'ʃpɛsjə də]
Waschbecker lavatório [lɐvɐ'tɔrju]
Wäsche roupa ['ʀopɐ]
Wäscheklammern as molas para a roupa [ɐʒ 'mɔlɐʃ 'pɐr_a 'ʀopɐ]
Wäscherei lavandaria [lɐvɐ̃dɐ'riɐ]
Wäschetrockner secadora de roupa [səkɐ'dorɐ də 'ʀopɐ]
Waschmaschine máquina de lavar a roupa ['makinɐ də lɐ'var ɐ 'ʀopɐ]
Waschmittel o detergente para a roupa [u dətər'ʒẽtə 'pɐr_a 'ʀopɐ]
Waschraum os lavabos [uʒ lɐ'vabuʃ]
Waschsalon o salão de lavandaria [u sɐ'lɐ̃u də lɐvɐ̃dɐ'riɐ]

Wasser água ['agwɐ]
wasserdicht à prova de água [a 'prɔvɐ d‿'agwɐ]
Wasserglas copo de água ['kɔpu d‿'agwɐ]
Wasserkanister o bidão de água [u bi'dɐ̃u d‿'agwɐ]
Wasserkocher o fervedor elétrico [u fərvə'dor i'lɛtriku]
Wattestäbchen as cotonetes [ɐʃ kotu'nɛtəʃ]
Wechselkurs (taxa) de câmbio [('taʃɐ də) 'kɐ̃bju]
Wegweiser o sinal itinerário [u si'nal itənə'rarju]
wehtun doer [dwer]
weich mole ['mɔlə]; macio [mɐ'siu]; *(Ton, Farbe)* suave ['swavə]
Wein vinho ['viɲu]
Weisheitszahn o dente do siso [u 'dẽtə du 'sizu]
weiß branco ['brɐ̃ŋku]
Weißbrot o pão branco [u pɐ̃u 'brɐ̃ku]
Weißwein vinho branco ['viɲu 'brɐ̃ku]
weit *(Gegenteil von eng)* largo ['largu]; *(Weg)* longo ['lõgu]; *(entfernt)* distante [dəʃ'tɐ̃tə]; *(als Adverb)* longe ['lõʒə]
Welt mundo ['mũdu]
wenig pouco ['poku]; **ein wenig (von)** um pouco (de) [ũ 'poku (də)];]; **weniger** menos ['menuʃ]
wenigstens pelo menos ['pelu 'menuʃ]
wenn *(Bedingung)* se [sə]; *(zeitlich)* quando ['kwɐ̃ndu]
werden tornar-se [tur'narsə]
Werkstatt oficina [ofi'sinɐ]
Werktag o dia útil [u 'diɐ 'util]
Werkzeug ferramenta [fəʀɐ'mẽntɐ]
Weste o colete [u ku'letə]
Western o filme de cow-boys [u 'filmə də kɔ'bɔiʃ]
westlich von a oeste de [ɐ o'ɛʃtə də]
wichtig importante [ĩpur'tɐ̃ntə]
Wickeltisch cómoda muda-fraldas ['kɔmudɐ 'mudɐ 'fraldɐʃ]
wie como ['komu]
wieder de novo [də 'novu]
wiederholen repetir [ʀəpə'tir]
Windeln as fraldas [ɐʃ 'fraldɐʃ]
Winter inverno [ĩ'vɛrnu]
Winterreifen o pneu de inverno [u pneu d‿ĩ'vɛrnu]
wir nós [nɔʃ]
Wirbelsäule coluna vertebral [ku'lunɐ vərtə'bral]
wirklich *(als Adjektiv: echt)* verdadeiro [vərdɐ'deiru]; *(als Adverb)* realmente [ʀjal'mẽtə]
wissen saber [sɐ'ber]
Witz graça ['grasɐ]; anedota [ɐnə'dɔtɐ]
WLAN Wi-Fi [wai'fai]
Woche semana [sə'mɐnɐ]
Wochenendpauschale tarifa de fim de semana [tɐ'rifɐ də fĩm də sə'mɐnɐ]
wohnen morar [mu'rar]
Wohnmobil autocaravana [autɔkɐrɐ'vɐnɐ]
Wohnort domicílio [dumi'silju]
Wohnung casa ['kazɐ]; apartamento [ɐpɐrtɐ'mẽtu]
Wohnwagen caravana [kɐrɐ'vɐnɐ]; o trailer [u 'treilɐ] *(Bras)*
Wolldecke manta de lã [ɐ 'mɐ̃tɐ də lɐ̃]
Wunde ferida [fə'ridɐ]
Wurst os enchidos [uz ɐ̃ʃiduʃ]; *(Paprikawurst)* chouriço [ʃo'risu]
würzen temperar [tẽpə'rar]
wütend furioso [fu'rjozu]

Y

Yoga o ioga [u i'ɔgɐ]

Z

Zahl número ['numəru]
zählen contar [kõn'tar]
zahlen pagar [pɐ'gar]
Zahn o dente [u 'dẽtə]
Zahnbürste escova de dentes ['ʃkovɐ də 'dẽtəʃ]
Zahncreme pasta dentrífica ['paʃtɐ dẽ'tifrikɐ]
Zahnschmerzen as dores de dentes [ɐʒ dorəʒ də 'dẽtəʃ]
Zahnstocher palito [pɐ'litu]
zart tenro ['tẽʀu]
Zecke carraça [kɐ'ʀasɐ]
Zeichentrickfilm os desenhos animados [uʒ də'seɲuz‿ɐni'maduʃ]
zeigen mostrar [muʃ'trar]
Zeit tempo ['tẽpu]
Zeitschrift revista [ʀə'viʃtɐ]
Zeitung o jornal [u ʒur'nal]
Zelt tenda ['tẽdɐ]
zelten acampar [ɐkẽ'par]
zentral central [sẽ'tral]
Zerrung a distensão [ɐ dəʃtẽ'sɐ̃u]
Zeuge, Zeugin, o/a testemunha [u/ɐ təʃtə'muɲɐ]
Ziegenkäse queijo de leite de cabra ['keiʒu də 'leitə də 'kabrɐ]
ziehen puxar [pu'ʃar]
Zigarette cigarro [si'gaʀu]
Zimmer quarto ['kwartu]
Zoll alfândega [al'fɐ̃dəgɐ]
Zollerklärung a declaração alfândegária [ɐ dəklɐrɐ'sɐ̃u alfɐ̃də'garjɐ]
zollfrei livre de taxa alfandegária ['livrə də 'taʃ‿alfɐ̃ndə'garjɐ]
zollfreier Laden loja franca ['lɔʒɐ 'frɐ̃kɐ]; loja de duty-free [lɔʒɐ də 'djut‿ fri]
Zollgebühren os direitos alfandegários [uʒ di'reituz‿alfɐ̃də'garjuʃ]
zollpflichtig sujeito a taxa alfandegária [su'ʒeit‿ɐ 'taʃ‿alfɐ̃də'garjɐ]
zu *(Richtung)* para ['pɐrɐ]; a [ɐ]; *(mit Adjektiv)* demasiado [dəmɐ'zjadu]; **~ sehr, ~ viel** de mais [də maiʃ]
zu *(als Adjektiv: geschlossen)* fechado [fə'ʃadu]
Zucker o açúcar [u ɐ sukar]
zuerst primeiro [pri'meiru]; em primeiro lugar [ɐ̃i pri'meiru lu'gar]
zufällig *(als Adverb)* por acaso [pur‿ɐ'kazu]
zufrieden satisfeito [sɐtəʃ'feitu]
Zug comboio [kõ'bɔju]; o trem [u trɐ̃i] *(Bras)*
Zündkerze vela ['vɛlɐ]
Zündschlüssel a chave de ignição [ɐ 'ʃavə d‿igni'sɐ̃u]
Zündung a ignição [ɐ igni'sɐ̃u]
Zunge língua ['lĩgwɐ]
zurück para trás ['pɐrɐ traʃ]
zusagen *(Einladung)* aceitar [ɐsei'tar]
zusammen juntos ['ʒũntuʃ]; juntamente [ʒũtɐ'mẽtə]
zusammenschlagen espancar [ʃpɐ̃ŋ'kar]
zweite(r, -s) segundo [sə'gũdu]; segunda [sə'gũdɐ]
zweitens (em) segundo (lugar) [(ɐ̃i) sə'gũdu (lu'gar)]
zwischen entre ['ẽtrə]
Zwischenlandung escala ['ʃkalɐ]

DEUTSCH - PORTUGIESISCH
WÖRTERBUCH

BILDQUELLEN

Umschlagfoto: shutterstock/Cantemir Olaru
9: © neirfy/Fotolia.com; **10:** shutterstock/portumen; **23:** shutterstock/Marcin Krzyzak; **24:** ©esebene/Fotolia.com; **57:** shutterstock/Sea Wave; **60:** shutterstock/Maen Zayyad; **79:** shutterstock/oneinchpunch; **81:** shutterstock/StockPhotosArt; **105:** shutterstock/inxti; **106:** shutterstock/Dmitriy akovlev; **114:** shutterstock/Carlos Caetano; **119:** © Gina Sanders/Fotolia.com

Zeigebilder (v.l.n.r.):

56: ArTo/Fotolia.com, Ciaobucarest/Fotolia.com, thinkstock (Michael Palis), thinkstock (iStockphoto), thinkstock (Hemera), cottonfioc/Fotolia.com, goodluz/Fotolia.com, Alen Ajan/Fotolia.com, Artur Bogacki/Fotolia.com, womue/Fotolia.com, Leonid Tit/Fotolia.com, DragonImages/Fotolia.com.

75: roobcio/Fotolia.com; Andrey Starostin/Fotolia.com; Rémy MASSEGLIA/Fotolia.com; Dreamstime/Wksp; Andrei Nekrassov/Fotolia.com; dulsita/Fotolia.com; Dani Vincek/Fotolia.com; HelleM/Fotolia.com; BSANI/Fotolia.com; felinda/Fotolia.com; iStockphoto LP/malerapaso; pedrolieb/Fotolia.com; o.meerson/Fotolia.com; ExQuisine/Fotolia.com; valeriy555/Fotolia.com; Dalmatin.o/Fotolia.com; Picture Partners/Fotolia.com; SGV/Fotolia.com; Dreamstime/Wksp; lunamarina/Fotolia.com

76: yamix/Fotolia.com; Sergejs Rahunoks/Fotolia.com; Andreas F.; Sergii Moscaliuk/Fotolia.com; Corinna Gissemann/Fotolia.com; Vikto/Fotolia.com; Picture Partners/Fotolia.com; IrisArt/Fotolia.com; BeTa-Artworks/Fotolia.com; Marius Graf/Fotolia.com; © Boris Ryzhkov/Fotolia.com; Viktor/Fotolia.com; Piovanello/Fotolia.com; Shutterstock Inc./Aleksandr Sulga; gtranquillity/Fotolia.com; Dreamstime/Travelling-light

77: valeriy555/Fotolia.com; Anna Kucherova/Fotolia.com; Irochka/Fotolia.com; iStockphoto LP./Libby Chapman; 5-9: valeriy555/Fotolia.com; Marc Dietrich/Fotolia.com; salade/Fotolia.com; Malyshchyts Viktar/Fotolia.com; iStockphoto LP./coloroftime; 16-18: valeriy555/Fotolia.com; 17; 18: margo555/Fotolia.com; iStockphoto LP./Sandra Caldwell; valeriy555/Fotolia.com

78: by-studio/Fotolia.com; valeriy555/Fotolia.com; Anna Kucherova/Fotolia.com; Tomboy2290/Fotolia.com; Irochka/Fotolia.com; iStockphoto LP./Libby Chapman; 7-10: valeriy555/Fotolia.com; Marc Dietrich/Fotolia.com; salade/Fotolia.com; iStockphoto LP./coloroftime; 14,15: valeriy555/Fotolia.com; Creativ Collection; 17; 18: margo555/Fotolia.com; iStockphoto LP./ Sandra Caldwell; valeriy555/Fotolia.com;

104: thinkstock (iStockphoto), Bauer Alex/Fotolia.com, Andres Rodriguez/Fotolia.com, Kzenon/Fotolia.com, Alex Tihonov/Fotolia.com, paul prescott/Fotolia.com, Africa Studio/Fotolia.com, mangostock/Fotolia.com, gemenacom/Fotolia.com, chamillew/Fotolia.com, lightpoet/Fotolia.com, thinkstock (Digital Vision/ RL Productions)

144: koszivu/Fotolia.com, Photographee.eu/Fotolia.com, Photographee.eu/Fotolia.com, Gerhard Seybert/Fotolia.com, playstuff/Fotolia.com, davis/Fotolia.com, Arcady/Fotolia.com, Silvano Rebai/Fotolia.com, Birgit Reitz-Hofmann/Fotolia.com, Claudio Divizia/Fotolia.com, Fiedels/Fotolia.com, Kalle Kolodziej/Fotolia.com